岩 波 文 庫

38-610-2

過 去 と 思 索

(一)

ゲルツェン 著
金子幸彦
長縄光男 訳

岩 波 書 店

Александр Герцен

БЫЛОЕ И ДУМЫ

凡　例

一、翻訳に当たっては、『ゲルツェン三十巻著作集』第八巻—第十一巻（ソヴィエト科学アカデミー編集、一九五六—一九五七年、モスクワ）を底本とした。
二、本巻には、まえがきから第二部第十二章までを収録した。
三、本書の基になっているのは金子幸彦と長縄光男の共訳による筑摩書房版『過去と思索』全三巻（一九九八—一九九九年）である。これを本文庫に収録するにあたり、長縄が改めて全巻を原文と逐一照合しつつ点検し、適宜これに修正・改訳を施した。
四、長く続くパラグラフは、読みやすさを考慮して、適宜に節を分けた。
五、フランス語、ドイツ語などロシア語以外の言語により記述されている部分は、読みやすさを考慮して、訳語のみとした。その部分は〈　〉で示した。
六、『著作集』版では題名の付いていない章があるが、これには、読者の便宜を考慮して、訳者の判断により章題を付けた。
七、『著作集』版では各章ごとにその内容を示す「小見出し」が、一括して冒頭に記載されている章もあるが、これも読者の便宜を考慮して、記事に相応しい場所に配置し直した。ただし、「小見出し」の名称や順序は必ずしも『著作集』版と同一ではないし、また、すべてでもない。

八、文中に現われる著作の題名は『　』により、新聞や雑誌の名称は《　》、論文や詩歌の題名は「　」によって示した。

九、本文・原注とも（　）は著者によるもの、〔　〕は訳者による補注である。

十、原注は＊で示し、各段落末に置いた。訳注は(1)(2)で示し、巻末にまとめた。

十一、人名・地名の表記は、今日広く用いられている形を踏襲した。

十二、文中には今日の観点から見て、不適切と思われる表現もあるが、時代性を勘案して、敢えて削除ないし修正を施さなかった。

目次

全巻の構成

ゲルツェン関係地図（概念図）

ゲルツェンの滞在した所には下線を付した.

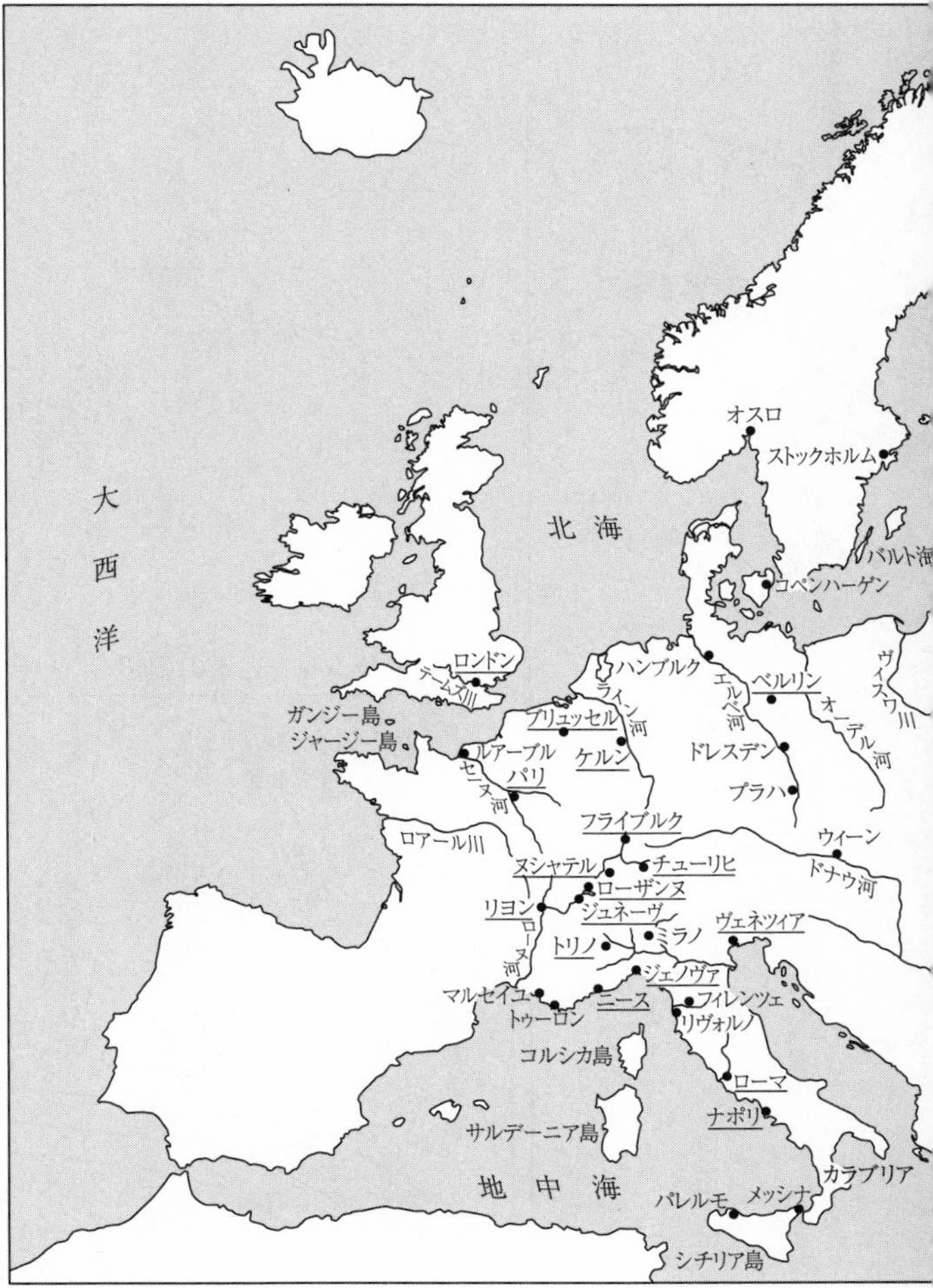

大西洋
北海
オスロ
ストックホルム
バルト海
コペンハーゲン
ロンドン
テームズ川
ハンブルク
エルベ河
ベルリン
ヴィスワ川
オーデル河
ライン河
ブリュッセル
ケルン
ドレスデン
プラハ
ガンジー島
ジャージー島
ルアーブル
セーヌ河
パリ
フライブルク
ウィーン
ドナウ河
ロアール川
ヌシャテル
チューリヒ
ローザンヌ
ジュネーヴ
リヨン
ローヌ河
ミラノ
ヴェネツィア
トリノ
ジェノヴァ
マルセイユ
トゥーロン
ニース
フィレンツェ
リヴォルノ
コルシカ島
ローマ
ナポリ
サルデーニア島
カラブリア
地中海
パレルモ
メッシナ
シチリア島

ヤウザ川
プレオブラジェンスカヤ関門
セミョーノフスカヤ関門
陸軍幼年学校
アンドロニク修道院
プロロームナヤ関門
ロゴーシスカヤ関門
0
2
km

クレムリンとその周辺

イーヴェル小聖堂
モスクワ大学
歴史博物館
ニコーリスカヤ
イリインカ
赤の広場
アレクサンドル庭園
武器庫
元老院
聖ワシーリー寺院
モホヴァーヤ
宮殿
寺院
宮殿
イワン雷帝の鐘楼
ネグリンナヤ
武器庫
モスクワ川
0
400
m

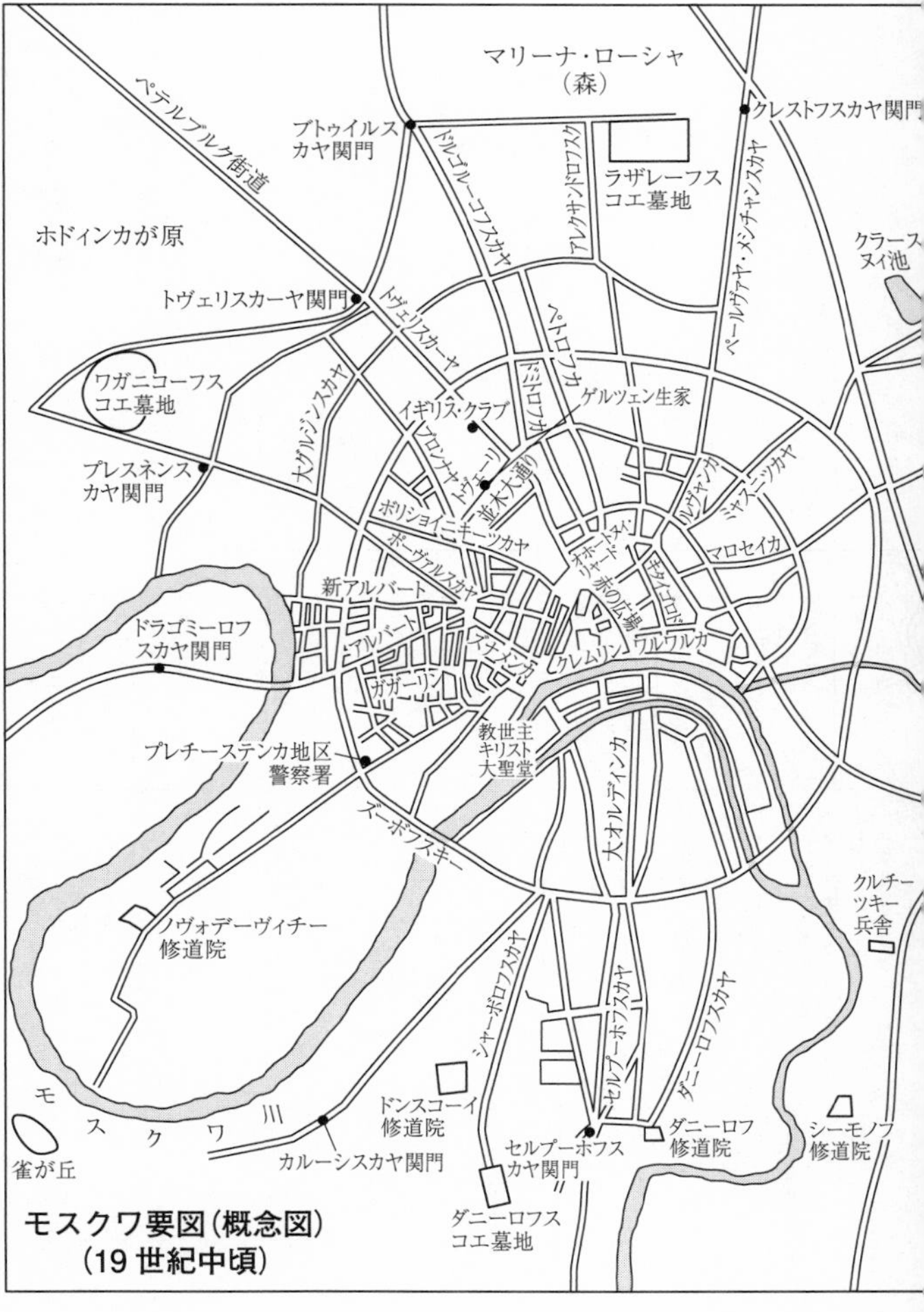

モスクワ要図（概念図）
（19 世紀中頃）

ゲルツェン家系図

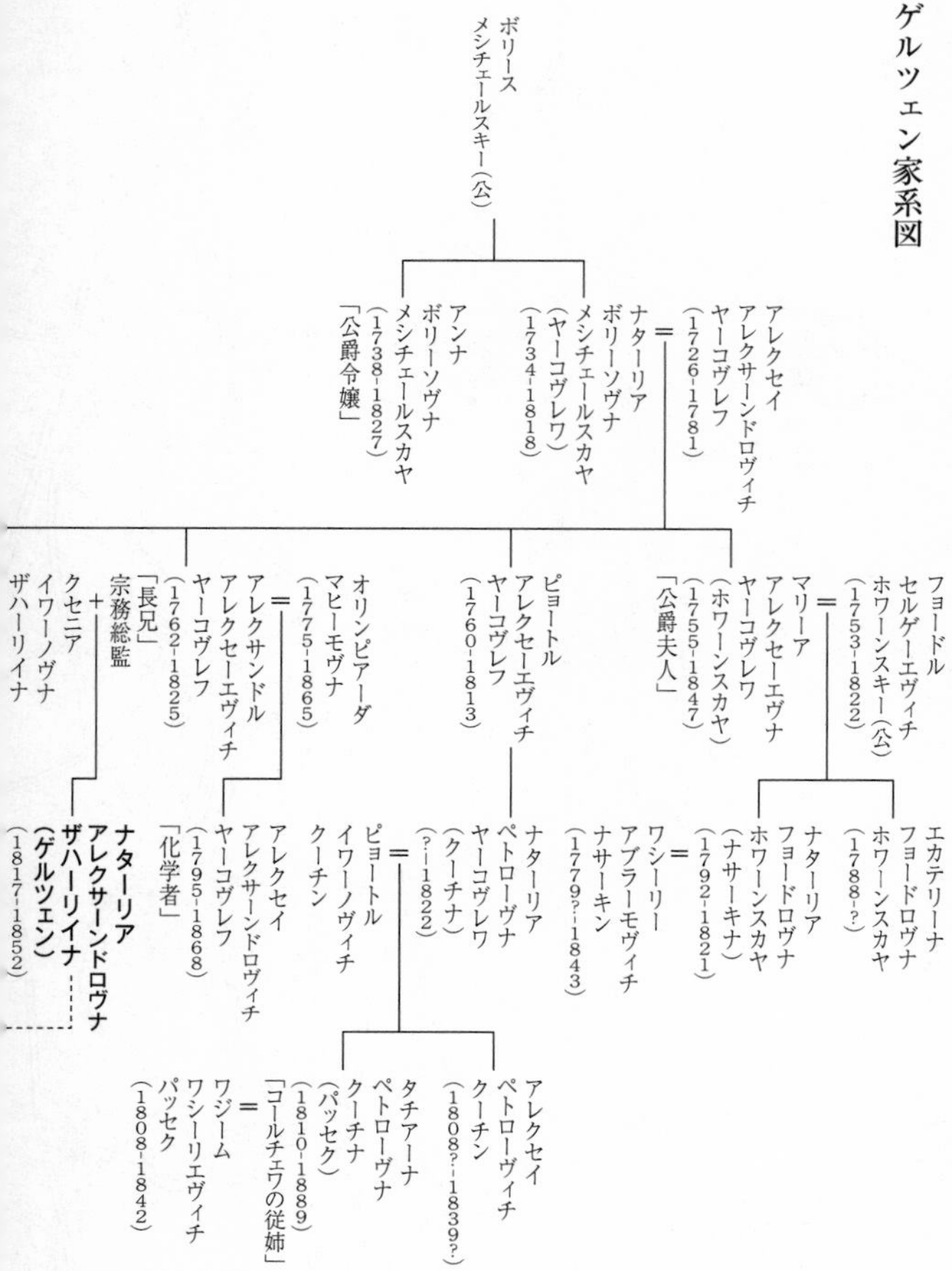
ボリース メシチェールスキー(公)
アレクセイ アレクサーンドロヴィチ ヤーコヴレフ (1726-1781)
=
ナターリア ボリーソヴナ メシチェールスカヤ (ヤーコヴレワ) (1734-1818)
アンナ ボリーソヴナ メシチェールスカヤ (1738-1827) 「公爵令嬢」
フョードル セルゲーエヴィチ ホワーンスキー(公) (1753-1822)
=
マリーア アレクセーエヴナ ヤーコヴレワ (ホワーンスカヤ) (1755-1847) 「公爵夫人」
ピョートル アレクセーエヴィチ ヤーコヴレフ (1760-1813)
オリンピアーダ マヒーモヴナ (1775-1865)
=
アレクサンドル アレクセーエヴィチ ヤーコヴレフ (1762-1825) 「長兄」 宗務総監
+
クセニア イワーノヴナ ザハーリイナ
エカテリーナ フョードロヴナ ホワーンスカヤ (1788-?)
ナターリア フョードロヴナ ホワーンスカヤ (ナサーキナ) (1792-1821)
=
ワシーリー アブラーモヴィチ ナサーキン (1779?-1843)
ナターリア ペトローヴナ ヤーコヴレワ (クーチナ) (?-1822)
=
ピョートル イワーノヴィチ クーチン
アレクセイ アレクサーンドロヴィチ ヤーコヴレフ (1795-1868) 「化学者」
ナターリア アレクサーンドロヴナ ザハーリイナ (ゲルツェン) (1817-1852)
アレクセイ ペトローヴィチ クーチン (1808?-1839?)
タチアーナ ペトローヴナ クーチナ (パッセク) (1810-1889) 「コールチェワの従姉」
=
ワジーム ワシーリエヴィチ パッセク (1808-1842)

凡例
○〔＝〕は正式の婚姻関係を示す.
○〔＋〕は内縁あるいは婚外関係を示す.
○「　」は本文中での別称を示す.
○ヤーコヴレフはゲルツェンの生家の家名
「ゲルツェン」という姓は父イワンによって創られた姓. ゲルツェン本人とその兄がこの姓を名乗った.
○女子名中の(　)内は結婚後の姓を示す.

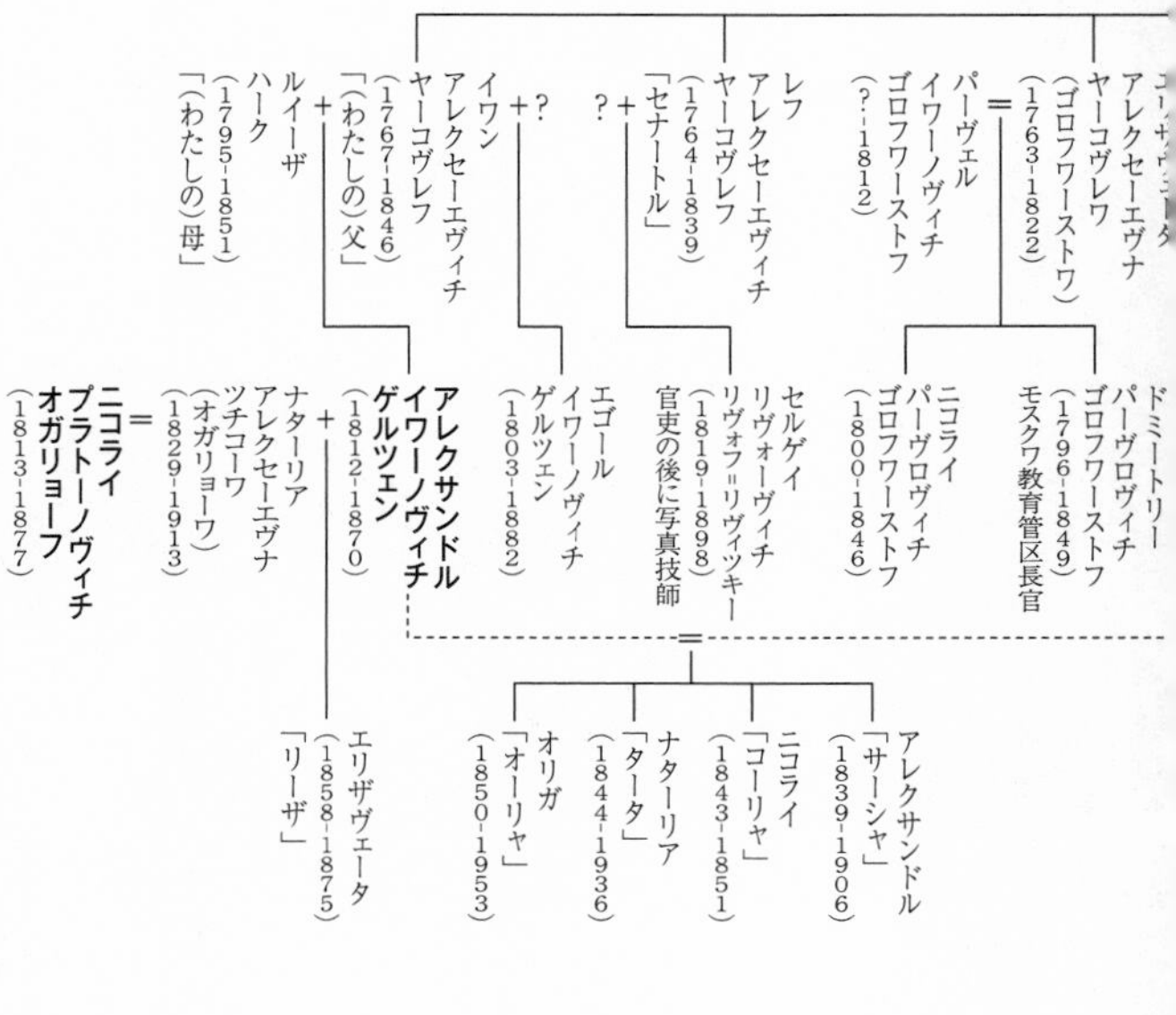

ゲルツェン

過去と思索

㈠

ニコライ・オガリョーフに捧げる

この書の中では、何よりも多く、二人の人物について語られている。その一人〔妻、ナターリア〕はすでにこの世にいない。君はまだ生きている。それ故、友よ、この書は当然君に属する。

イスカンデル

一八六〇年七月一日

ボーンマス〔英国〕、イーグルズ・ネスト

まえがき

多くの友人たちが『過去と思索』の完全な版を出し始めてはどうかと、わたしに勧めていた。これには、少なくとも第一部と第二部とについては、難しくはない。しかし彼らは、《北極星》[1]誌に載った断章が狂想曲風で統一がなく、不意に中絶したり、時には先走ったり、時には立ち止まったりしているという。わたしもその通りだとは感ずる。だが、訂正することはできない。追補を加え、各章を年代順に置き直すこと――これは難しいことではない。しかし、すべてを一気に書き直すことは、わたしはしたくない。『過去と思索』は続けて書いたものではない。ある章とある章との間には、丸々幾年もの歳月が横たわっている。そのために全巻にわたって、それぞれの時代と様々な気分との陰影が刻み込まれている――わたしはこれを消し去ってしまいたくはないのだ。

これは手記というよりは、むしろ告白であり、この告白を巡って、またこの告白を機縁として、あちこちから引き出された過去の思い出と、折に触れてなされた思索の内のまとまりのあるものとが集められている。けれどもこれらの翼舎、上屋、傍屋も、全体として見れば、そこには統一があるのだ。少なくともわたしにはそう思われる。

これらの手記は初めての試みではない。わたしが回想記のようなものを書き始めたのは、二十五歳の頃のことであった。それには次のような事情がある。ヴャトカからウラジーミルに移されて、わたしはひどく鬱屈していた。モスクワのすぐ手前に止まっていることは、わたしの心を苛立たせ、苛《さいな》んだ。わたしはあたかも、旅程の最後の駅で、馬がなくて空しく止まっている旅人のような状態にあったのだ!

実際は、これは「過ぎ去りつつあった青年時代の、最も純粋で最も真面目な時期」とさえも言える頃であった。そしてその頃、わたしは身を持て余していた。それは子供たちが祭日や誕生日の前夜に感ずるような、明るい幸せな屈託であった。わたしの手許には毎日、細かい文字で書き綴られた手紙(2)が送られてきた。わたしはそれらを誇りとし、それらによって幸せであった。わたしはそれらによって成長した。それでもやはり別れていること(3)は辛かった。わたしにはこの永遠とも思われた、――だが実際には四カ月ほどの期間を、なるべく早くやり過ごすために、何をしたらよいかを知らなかった……。わたしは与えられた忠告に従って、クルチーツキーや、ヴャトカについてのわたしの思い出を、暇にまかせて書き始めた。それは三冊のノート*になった……その後、過去のことは現在の光の中に消えてしまった。

＊第二部「牢獄と流刑」参照。

一八四〇年にベリンスキー[4]がそれを通読した。これは彼の気に入った。そこで彼はそれらのノートの内の二冊(第一冊と第三冊)を《祖国雑記》[5]誌に載せた。残りの一冊は、もし焚付けにされてしまっていなければ、今でもモスクワのわたしの家のどこかに投げ込まれてあるはずだ[6]。

それから十五年が過ぎた。

「わたしはロンドンの郊外、プリムローズ・ヒルの近くに、遠い隔たりと霧と、そして自分の意志とによって、世間から切り離されて住んでいた。

ロンドンでは、わたしに親しい人は誰もいなかった。わたしが尊敬し、またわたしに敬意を示してくれた人びとはいた。けれども親しい人は一人としていなかったのである。近付いて来たり、遠ざかって行ったり、巡り会ったりした人びとはみな同じ共通の関心事に、全人類の事業に、少なくとも国民全体の事業に携わっていた。彼らとの交わりは、いわば個性のない交わりであった。数カ月が過ぎて行った――しかしその間、話したいと思われた問題については、一言も触れられることがなかった。

……とかくする内に、わたしは、うち続いた多くの恐ろしい出来事、不幸や過ちの後に(7)、ようやく我に返り、元気を取り戻し始めていた。わたしは自分の半生の最近の数年の歴史を、ますますはっきりと思い浮かべるようになった。そしてわたしは、わたし以外の誰もこの歴史を知らず、わたしの死と共に真実もまた死ぬだろうということに気付いて、恐怖を覚えたのである。

わたしは書くことに心を決めた。しかし、一つの思い出は数百の他の思い出を呼び覚ますのであった。古きもの、半ば忘れられたものがみな蘇ってきた。少年の日の夢想、青年時代の希望、青春の血気、牢獄と流刑――心に何の苦味をも残さず、春の雷雨のようにその衝撃によって若い生命を新鮮にし、強固にしつつ過ぎ去って行った、これらの若き日の不幸の数々。*」

*「牢獄と流刑」への、一八五四年の序文。

今度はわたしは時を惜しんで書いたのではない――急いで行かねばならないところなど、どこにもなかったのだ。

わたしがこの新しい仕事に取りかかった時、わたしは自分の書いた『一青年の手記(8)』の存在についてはまったく思い出すこともなかったのだが、ある時、大英博物館でロシアの雑誌をあれこれと繙《ひもと》いていた折に、偶々《たまたま》これを見つけた。わたしは人にそれを書き写してもらって、読み返した。読み返した上での感じは、奇妙なものであった。わたしは自分が、この十五年の間に、いかに年老いたかを身に沁みて感じた。初めの内、この感情はわたしの心を激しく揺り動かした。わたしはその頃はまだ人生を、そして幸福そのものをも、あたかもそれが終わりのないものであるかのように、弄《もてあそ》んでいたのだ。『一青年の手記』の調子は、わたしがその書から何物をも取り出すことができなかったほどに、とりとめのないものであった。この手記は若い時代に属しているものであり、それはそれとして残されなければならない。それが持つ朝の光は、わたしの夕暮れの仕事にはふさわしくない。その中には多くの真実なものがある。だが、悪戯気もまた多い。しかも、わたしがヴァトカにおいて読み耽ったハイネの、わたしには懐かしい痕跡が残っている。だが、『過去と思索』に見られるのは生活の痕跡であって、それ以外のいかなるものも見られないのである。

　わたしの仕事はゆっくりと進行した……。ある過去の出来事が、慰め難く悲しい、しかし理解によって和解をもたらすような、透明な思索に定着するには、多くの時が必要であった。こうした事がなくとも誠実さはありうるだろう。しかし真実はありえないのだ！

　わたしの幾つかの試みは失敗した(9)——わたしはそれらを投げ捨てた。そして最後に、この夏、若い頃の友人のひとりを相手に最後の数冊のノートを読み直していた時、懐かしい人びとの顔がはっきりと思い浮かべられ、わたしにはそれ以上読み進めることはできなかった……。わたしの仕事は終わっていたのだ！

わたしがこの著作を買いかぶり過ぎているということは、大いにありうることだ。意味も定かとは言えない、これらの数々の記述の中に隠されている多くのことは、ただわたしひとりのためのものに過ぎないのかもしれない。恐らく、わたしは書かれてあることより遥かに多くのことを読んでいるのだろう。語られてあることはわたしの中に数々の夢を呼び覚ますが、それは解読の鍵をわたしだけが持つ、象形文字のようなものなのかもしれない。これらの文章の行間に鼓動を聞くのは、わたしだけなのかもしれない……。あるいはそうかもしれない。だが、それ故にこそ、この書はわたしにとって掛けがえのないものなのだ。この書は長い間、わたしにとって、人びとや失われたことの代わりとなってくれた。しかし、その書とも別れなくてはならない時が来たのだ。

個人的なるものは、みな速やかに崩れて行く。この衰頽には服従しなければならない。これは絶望ではない。老衰でもない。無情でも、また無関心でもない。これは――白髪の青春であり、回春の一形式であり、あるいはむしろ、回春の過程そのものである。ある傷を人間的に耐えるのは、こうしたやり方によってのみ可能なのである。

修道僧の中には、彼がいかなる年齢の者であっても、常に老人と青年とが同時に存在する。彼は個人的なるものをすべて葬り去ることによって、青春に帰ったのである。彼の心は軽く、広々としてくる……。時には広々とし過ぎることもあるのだが……。確かに、人は時として、個性のない普遍性や、歴史の持つ自然的な力や、またそれらの表面を雲の影のごとくに通り過ぎる、未来の様々な形象の狭間にあって、空虚な、そして、孤独な感じに囚われることがある。しかしそれが何であろう。人びとはできるものなら、あらゆるものを保存しておきたいと思うものだ。バラをも雪をも。彼らはぶどうの熟した房の周りに、五月の花が咲き乱れていてほしいと望むものだ！　修道僧たちというのは祈りによって不満の呟きから救われた者たちである。われわれは祈りを持たない。われわれのところにあるものは仕事である。仕事が——われわれの祈りである。祈りも仕事も結ぶ果実は同じであるかもしれない。しかし、今はこのことを語る時ではない。

　確かに人生には復帰するリズムへの、モチーフの反復への偏愛がある。老年期がいかに幼年期に似ているかを知らない者があるだろうか。よく観察すれば、人生には、その最も盛んな時期を境として、その両側に、一方には花の冠があり、他方には荊の冠があり、一方には揺り籠があり、他方には柩《ひつぎ》のある、互いに似通った特徴を持った二つの時代がしばしば繰り返されるのを見ることだろう。若き日がまだ持たなかったものはもともとなかったのだ。若き日に個人的思惑抜きに夢見たことは、より明るく、より穏やかに、そしてやはり個人的思惑抜きに、雨雲と夕焼けの彼方から現われてくるものだ。

……われわれ二人が五十歳に近い今日になって、ロシアの自由なる言葉の最初の印刷機の前に立っていることを思う時、わたしにはあの雀が丘での、われわれの子供らしいグリュートリの誓い(10)が三十三年も昔のことではなく、せいぜい三年前のこととしか思われない！

人生……さまざまな境遇、さまざまな民族、さまざまな革命、そして愛する人たちのさまざまな顔が、雀が丘とプリムローズ・ヒルとの間に入れ替わり立ち替わり現われ、そして消えて行った。それらの痕跡は、色々な出来事の無慈悲な旋風のために、もはやほとんど消し去られた。周りのものがみな変わった。テームズ川がモスクワ川に代わって流れている。そして異国の民がわたしを取り巻いている……。われわれには、もはや祖国へ帰る道はない……。損なわれずに残っているのは、一人は十三歳の、もう一人は十四歳の二人の少年の夢だけだ！

『過去と思索』をして個人的生活の決算書となし、これを目次たらしめよ。残りの思索は――仕事へ、残りの力は――闘いへ。

われらが盟約は変わらず残った。

われらのみまた物悲しい道を辿ろう、
たゆまず真理を語りつつ、
そしてあまたの夢や人びとをして[11]
われらがかたえを過ぎ行かしめよ！

ルーシの同胞たちに(1)

これらの文章の下には、死よりも先に終わった四十年の生活の塵が沈んでいる。
同胞たちよ、平安と共にこの生活の思い出を受け入れよ。

わたしを取り巻き、そしてわたしによって呼び起こされた驚きと不安とが、遂に鎮まろうとしている。わたしの周りからは人びとが減ってゆく。われわれは互いに違った道を行きつつあるので、わたしはますます孤独になるだろう。

わたしはロンドンから出ない。どこへも行くところはないし、行く用事もない……。わたしとわたしに近しいあらゆるものとを、かくも無慈悲に打ち砕き、引き廻した波濤によって、わたしはここへ打ち寄せられ、投げ出されたのである……。ここにしばし止まろう。息をつき、幾らかでも自分を取り戻すために。

わたしの生涯のこの数年に起きた恐ろしい物語を、あなたがたに語るためにこの時を利用することは、果たしてできるだろうか。間に合うだろうか。わたしには分からない。しかし、やってみよう。

この時期についての一言ひとことが、埋葬の鐘の間遠《まどお》な重苦しい響きのように、わたしの心を強く揺り動かし、締めつける。しかし、それでもやはりわたしはこのことを語りたいと思う。とはいえ、それはこのことから、わたしの過去から逃れたり訣別したりするためでは、断じてない。わたしはこれをこの世の何物に賭けても手放すことはしないだろう。わたしはこれ以外に何物も持ってはいないのだから。わたしは自分の数々の苦悩に感謝し、これらと和解している。だが、もし死[2]がわたしの行く手を横切ることがなかったならば、わたしだって、一人ではなしに、幾多の試煉を雄々しく乗り越えて行くことができただろう。過去の境の向こうには、わたしは自分のもの、個人的なるものを、何一つ持っていない。わたしは過去の中に生きている。わたしは死によって、過ぎ去ったことによって生きている。修道僧たちが髪を下ろすことによっておのれの個性を滅却し、過ぎたことを反芻し、為されたことを告白し、今は亡き人たちのために、そして、彼らの明るい復活のために祈って生きてきたように。過ぎ去ったことはわたしの中で生きている。わたしはこれを引き継いでいる。わたしはこれを終わりにしたくない。わたしは語りたい。何故ならば、このことを証言できるのは、わたしだけなのだから。

わたしの告白はわたしには必要である、君たちにも必要である。それはわたしには神聖な、そして君たちには親しい思い出にとって必要である。それはわたしの子供たちにとって必要である。

懐かしい友人たちよ、わたしは君たちと一八四七年一月二十一日に別れた(3)。わたしはその頃、力に満ち溢れていた。それに先立つわたしの生活は、わたしに多くの保証と経験とを与えてくれていたので、わたしは無謀な自負心と人生に対する不遜な確信とをもって、大胆に君たちから離れ去った。固く腕を組み、互いに睦み合い、深い愛情と共通の悲しみとによって結ばれた人びとの小さな一団の中から、わたしは性急に抜け出たのだった。わたしを誘っていたものは、別の生活、遠く離れた広々とした場所、公然たる闘い、そして、自由なる言論であった。わたしの苛立つ心は活動の舞台を、独立を求めていた。ロシアで一挙手一投足を拘束しているすべての絆を断ち切って、わたしは自分の力を自由に試してみたかったのである。

わたしは求めたものをすべて見いだした。そればかりではない。あらゆる幸福、あらゆる希望の破滅と喪失、片隅から加えられる打撃、悪賢い裏切り、何物にもためらうことなくあらゆることに対して加えられる冒瀆、そして君たちの考えも及ばないような道徳的頽廃……そういうものをも、わたしは見いだしたのである。

十五年前、まだ流刑地にいた頃、わたしの人生の最も美しい、最も詩的な時代の一つ、一八三八年の冬のことであったか春のことであったか、わたしは自分の青春の最初の回想を、心も軽く生き生きと、そして、冗談半分に書き綴った[4]ことがある。その二つの断章は検閲で歪められて印刷された。残りはなくなった。その一部は、それが警察の手に落ちて、友人たちに迷惑を及ぼすことを恐れて、二度目の流刑の前に、自分で焼き捨てたのだった。

それらの手記と今わたしが書いている文章との間では、まるまる一つの人生が過ごされ、そして、完結した。それは驚くほどに沢山の幸せと不幸とを伴った二つの生活であった。あの頃はあらゆることが息づき、あらゆることが前に向かって進んでいた。今あるのはただ思い出だけ、回顧だけだ。前に向けられた眼差しは生命の境を越える。それは子供たちに向けられているからだ。だがわたしは後ろ向きに歩いている。さながらダンテの歌の中の亡霊のように、頭を傾げて、

前方を見ることは許されなかった。[5]

十五年という歳月は、大胆な夢や実現しそうもない希望を、驚くほどに華麗に、そし

て、十全に成し遂げるための力を蓄えるのに十分ではあったが、しかし、それは私的なものも普遍的なものも、まるでカルタでできた家を突き崩すように、何もかも打ち壊すことによって、これらの夢や希望を打ち砕くのにも十分な歳月でもあった。

わたしは『一青年の手記』の続きを書こうとは思わない。そう思ったとしても、できないだろう。微笑みや過度の馴れ馴れしさは葬儀の場にはふさわしくない。柩の置かれた部屋では、たとえそれが知人のものではないにしても、人びとは低い声で話し、物思いに沈むものだ。

A・ゲルツェン

一八五二年十一月二日　ロンドン

第一部　子供部屋と大学

一八一二―一八三四

ゲルツェンの父母

昔の道を心に辿れば
過ぎし日のすべての思いが蘇る。
喜び、愁いは昔のままに
同じ不安が心をとらえる。
またもや胸が締めつけられて
心そぞろに溜息をつく。
ニコライ・オガリョーフ(『ユーモル』)

第一章　幼年時代

ばあやと大軍団

「ねえ、ヴェーラ・アルタ－モノヴナ、フランス人がモスクワへ攻めてきた時のことを、もう一度話してよ。」わたしが落ちないように、ズックで周りを縫い付けた小さな寝台の上で、わたしは身体《からだ》を伸ばしながら、綿入れの夜具にくるまって話しかけるのであった。

「おやおや何の話です！　もうなんべんも聞いたでしょう。もう寝る時間ですよ。あした早く起きた方がいいでしょ。」老婆はたいていこう答える。だが、彼女の方も自分でも大好きなこの話を、わたしが聞きたいのと同じくらいに、繰り返し語りたいのである。

「ちょっとだけでいいから話してよ。ねえ、どうして分かったの、どういうふうにしてはじまったの。」

「こうしてはじまったんですよ。あなたのお父さま(1)はね、いつもぐずぐずして、物事を引き延ばしているおかたです。今すぐ、今すぐっていつも口先ばかり！　みんなが、もう出かける時間です、何を待っているんです、町にはもう誰も残っていないんですよって言っても、パーヴェル・イワーノヴィチ*と何だかんだと話し合ってばかり。一緒に行こうと言うんですけれど、でも一方が支度ができると、今度は片方が支度ができていないというしまつで。

＊ゴロフワーストフ、わたしの父の姉の夫。

でも、とうとうわたしたちは荷造りを終え、馬車の支度もできて、旦那がたは朝食の席に着きました。すると、いきなり、うちの料理番が真っ青になって入って来て、「敵がドラゴミーロフスカヤ関門〔モスクワ西側〕に侵入しました」って言うじゃありませんか。それでわたしたちはもうみんな、心臓が止まるほどおどろいて、神さまと叫んだのでした。みんなすっかり慌ててしまったんです。そうして駆けまわったり、溜息をついたりしていましたが、見ると、立派なかぶとをかぶって、後ろに馬のしっぽをなびかせた竜騎兵〔フランスの騎馬兵〕たちが通りを駆けてゆきます。関門はみんな閉ざされてしまいました……。ですからあなたのお父さまは、どこへも行けなくなってしまったんですよ。

それにあなたを連れているし、そのころはまだあなたは乳母《うば》のダーリヤが抱いて、乳を飲ませていたんです。とても痩せた、弱い赤ちゃんでしたよ。」

そこでわたしは、自分も戦争に参加していたことに満足して、誇らしげに微笑むのであった。

モスクワの火事

「はじめの内はまだよかったんです。はじめの幾日かの間はね。よく二、三人の兵隊が入ってきて、そして酒はないかって手まねで聞くので、ちゃんと一杯ずつグラスについでそばへ持ってってやると、飲んで帰って行きます。帰る時には、敬礼してゆきました。ところが火事が起こって、それが段々広がって、すっかり混乱してしまって、物取りがはじまり、いろんな恐ろしいことが起きてきました。わたしたちはそのころ公爵令嬢(2)のお家の離れに住んでいたんですが、その家にも火の手がまわって来て、パーヴェル・イワーノヴィチが、「わたしのところへ行こう。わたしの家は石づくりで、庭の奥の方にあるし、外壁もついている」とおっしゃるので、わたしたちは行きました。旦那がたも召使もみんな一緒で。そんなときは、ちっともわけへだてなんかありません。トヴェーリ並木大通りに出ると、もう木が燃えはじめています。とうとうゴロフワーストフさまのお屋敷まで来ました。ところがそれもやはり燃えています。どの窓からも火がふき出ているんです。パーヴェル・イワーノヴィチは立ちすくんでしまいました。自分の目が信じられないみたいでした。家の後ろに、ほら、大きなお庭があったでしょう。わたしたちはあそこへ行きました。あそこなら大丈夫だと思っていたのに、それでがっかりしてベンチに腰かけていると、いきなりどこからともなく、ひどく酔っ払った兵隊の一団が出てきて、その内のひとりがパーヴェル・イワーノヴィチの着ている旅行用の毛皮外套をはぎとろうとして、飛びかかりました。ご老人はこれをやろうとしません。兵隊は短剣を引き抜いて、あのかたの顔に斬りつけました。それであのかたには死ぬまで傷跡が残ったんです。

　他の兵隊たちはわたしたちの方へやって来ました。ひとりがあなたを乳母の手からもぎとって、おむつをひろげてみて、お札《さつ》かダイヤモンドでも隠してないかと探していましたが、何もないことが分かると、その悪党はわざとおむつを引き裂いて、投げすてました。兵隊たちが行ってしまったと思うと、また災難が降りかかりました。うちにいた、兵隊に出されたプラトンという召使を覚えているでしょう。あれがとても酒好きで、この日も一杯機嫌でサーベルを下げたりして歩きまわっていました。ロストプチーン伯爵(3)が、敵の入ってくる前の日に、武器庫の武器をすっかりみんなに分けたんで、それでプラトンまでがサーベルなんか下げていたんです。

　夕方になって、竜騎兵がひとり、馬に乗ってお屋敷の中へ入ってきたのをプラトンが見つけました。厩《うまや》のそばに、馬が一頭つないであったので、竜騎兵はこの馬を連れて行こうとしたんです。ところがプラトンはまっしぐらに竜騎兵に飛びかかって行って、手綱にしがみついて、「この馬はおいらのとこの馬だ。きさまなんかにやるもんか」って言いました。竜騎兵はピストルでもって脅かしましたが、それは弾がこめてなかったようでした。だんなさまも自分でこの様子を見ていて、プラトンに怒鳴りました。「馬をほっとけ、余計なことをするな！」って。そんなことを言ったってききやしません。プラトンはサーベルを抜いて、いきなり竜騎兵の頭に斬りつけました。竜騎兵がよろめくところを、何度も何度も、めった斬りに斬りつけたんです。そこでわたしたちは、もう生きてはいられない、仲間の竜騎兵に見つかったら、命はないだろうと覚悟してました。プラトンは、竜騎兵が馬から落ちると、両足を掴んで水門のところへ引きずっていって、中へ投げこんでしまいました。可哀想に、まだ生きていたんです。竜騎兵の乗ってきた馬は、立ったまま動こうともしないで、足で地面をひっかいて、すっかり分かっているような様子です。家の者たちがこの馬を、厩の中にとじこめてしまいましたが、きっとあそこで焼け死んでしまったでしょう。わたしたちは急いで邸内から出ました。

火事はますますひどくなってきます。何も食べないで、疲れきって、一軒の焼けのこった家に入って休んでいると、一時間もたたない内に、往来からうちの下男たちが、「出てください。出てください。火がきました、火がきました!」って叫んでいます。そこでわたしは玉突き台の布片《ぬのきれ》をはぎとって、それでもってあなたを、夜風があたらないようにくるみました。それからやっとトヴェーリ広場に辿りつくと、そこではフランス兵たちが火事を消そうと懸命でした。彼らの上官が知事公邸に泊まっていたからです。わたしたちはそうして、ただ通りに座りこんでいました。歩哨がそこいらじゅうを歩きまわっているし、馬に乗った兵隊も沢山行ったり来たりしてます。

ところがあなたは泣くし、しかも、それはそれは大きな声で泣くんです。乳母は乳が出なくなってしまうし、誰もパンの一片《ひときれ》も持ってないし。そのときわたしたちと一緒に、ナターリア・コンスタンチーノヴナ(4)がいました。知っているでしょう? しっかりした娘でした。兵隊たちがすみの方で何か食べているのを見て、あの娘はあなたを抱きとって、まっすぐ兵隊たちのところへ行って、あなたを見せながら、「赤ん坊にマンジェ〔フランス語で「食べる」の意〕」とか言ってました。兵隊たちは、はじめ怖い顔をしてじろじろ見て、「アレー、アレー〔フランス語で「行け」の意〕」って言います。ナターリアは兵隊たちを罵《ののし》って、おまえさんたちはなんていうろくでなしなんだろうね、とかいろんなことを言っていました。

兵隊たちは一言も分からないんですが、でも急に笑い出して、水に漬けたパンをあなたのために渡してくれて、ナターリアにもかたいパンを一片くれました。朝早くひとりの士官がやって来て、男の人たちをみんな、あなたのお父さままで連れて行ってしまって、残ったのは女たちと、けがをしていたパーヴェル・イワーノヴィチだけです。みんな近所の火事を消すために連れて行かれたのです。それで晩までわたしたちだけで、座って泣いてばかりいました。薄暗くなって、だんなさまがお戻りになりましたが、ひとりの士官が一緒に来ました……。」

ナポレオンとわたしの父

これから先はわたしが、老婆に代わってその話を続けることをお許しいただきたい。命ぜられた消防隊長の役目を果たした時、わたしの父はストラスノーイ修道院のそばで、イタリア騎兵中隊に出会ったが、その隊長に歩み寄ると、イタリア語で、家族の置かれている状態を話した。このイタリア人は〈快き母国語〉を聞いて、父に対し、トレヴィズ公〔モルティエ〕[5]に話しておくこと、それからゴロフワーストフ家の庭で起きたような野蛮な事件を防止するために、前もって歩哨をつけてくれることを約束した。彼はひとりの士官にこの命令を与えて、わたしの父に同行させた。

その士官は、一同が前の日から何も食べていないことを聞いて、みんなを一軒の破壊された食料品店に案内してくれた。中へ入ると、花茶やレヴァント(6)産のコーヒーが、沢山の椰子《やし》の実や、乾《ほし》いちじくや、はたんきょうの実などと共に、床の上に投げ出されてあった。下男たちはこれらのものを、めいめいポケットにいっぱい詰めこんだ。デザートに不足はなかった。歩哨になってくれた士官は大変役に立った。というのは、トヴェーリ広場の片隅で野宿しようとしていたこの不幸な女中や下男の一群に、兵士たちが何度となく難癖をつけにきたが、その都度、彼の命令で退散したからである。

モルティエは、わたしの父にパリで会ったことのあるのを思い出して、このことをナポレオンに報告した。ナポレオンはわたしの父を翌朝連れて来るように命じた。わたしの父は身だしなみときわめて厳格なエチケットの信奉者ではあったが、フランス人たちの皇帝のお召しにより、狩猟の時に着ることになっていた青銅ボタンのついた藍色の着古した半燕尾服に、かつらもかぶらず、数日の間磨いていない靴をはき、汚れた下着を着て、ひげもそらずに、クレムリン宮のご座所に参上した。

その時の彼らの会話については、わたしは何度も聞かされたものだが、フェン男爵(7)の歴史書とミハイローフスキー＝ダニレーフスキー(8)の歴史書の中に、かなり正確に伝えられている。

ありきたりのせりふ、断片的な言葉、そして、その意味が非常にしばしば平凡なものであったことに人びとが気付くまで、三十五年もの間、深遠な意味を与えられてきたところの、かの簡潔な警句の後に——ナポレオンは火事のことでロストプチーンをさんざん罵り、これは野蛮な行為であると語り、例によって、平和に対する自分の打ち克ち難い愛情を断言し、自分の戦争はイギリスにおいてこそ行なわれるべきであって、ロシアにおいてではなかったということを説明した。また、養育院とウスペンスキー大寺院とに衛兵をつけたことを自慢し、アレクサンドル皇帝への苦情を述べ、皇帝は悪い臣下に取り巻かれていて、自分の平和的意向を知らされていないのだ、などと語った。

父は、講和を提議するのはむしろ勝利者のすべきことであると申し述べた。

「余はできる限りのことをした。余はクトゥーゾフ〔ロシア軍総司令官〕にあて再三使者を派遣した。彼はいかなる交渉にも応じようとせず、また余の提案を皇帝に伝えることもしなかった。彼らは戦争を欲している。これは余の罪ではない。彼らには戦争を続けさせてやろう。」

この喜劇がすべて終わってから、父はナポレオンにモスクワから出るための通行許可証の下賜を願った。

「余は通行許可証を誰にも与えぬように命じた。貴下は何故行くのか。何を恐れておるのか？　余は市場を開くことを命じたというのに。」

フランス人たちの皇帝は、この時、開かれた市場の他に、屋根のある家を持つこともさしつかえはないはずだということ、そして、トヴェーリ広場における敵の兵隊の間での生活は、必ずしも、すこぶる快適なものとは言えないのだということを忘れたようであった。

父はこのことを彼に指摘した。ナポレオンはしばらく考えていたが、急に尋ねた。

「貴下は余の手紙を皇帝に届けることを引き受けられるか？　この条件で余は貴下と貴下の家の者すべてに通行許可証を与えるように命じよう。」

「わたしは陛下のお言葉をお受けしたいのでありますが」と父は彼に言った。「しかし、保証申し上げることは困難であります。」

「貴下は、自分で手紙を届けるために、全力をつくすことを誓われるか？」

「〈名誉にかけてお誓い申します、陛下。〉」

「それで十分だ。いずれ改めて貴下を迎えにやるが、何か入用なものがあれば、申し出るがよい。」

「わたしがここにいる間、わたしの家族のための雨露をしのげるところがほしいのであります。それ以上は何もいりませぬ。」

「トレヴィズ公ができるだけのことをするであろう。」

事実、モルティエはわたしたちに総督邸の一室を与え、食料品を給するように命じた。彼の給仕長はワインさえ送って寄こした。こうして幾日かが過ぎたある朝の四時に、モルティエはひとりの副官を寄こして、父をクレムリンに行かせた。

その間にも、火事は恐るべき範囲に広がって、灼熱した空気は煙のために濁り、その暑さは耐え難いほどになっていた。ナポレオンはすでに服装を整え、気づかわしげに苛立ちながら、部屋の中を歩きまわっていた。彼は、その焼けこげた月桂冠がやがて凍りつくであろうということ、そして、ここでは事態はエジプトにおけるごとき冗談事では済まないであろうということを、感じ始めていた。この戦争の計画は馬鹿げたものであった。このことはナポレオンを除くすべての者が、——ネイ[9]、ナルボンヌ[10]、ベルティエ[11]はおろか、一般の士官たちまでもが知っていた。すべての異議に対し、彼はただ、「モスクワ」という、神秘的な一語をもって答えた。だがモスクワにきて、彼もまた気が付いたのである。

父が入って行くと、ナポレオンは机の上の封印した手紙を取り上げ、これを彼に渡し、別れしなに言った。「余は貴下の約束を信頼する。」封筒の上には〈我が兄弟なるアレクサンドル皇帝に〉と書かれてあった。

父に与えられた通行許可証は今でも保存してあるが、それはトレヴィズ公によって署名され、下の部分にモスクワ警察本部長レセップス[12]の認証が記入してある。縁もゆかりもない人たちが何人も父の通行証のことを聞きつけ、召使または親戚の者ということにして、一緒に連れて行ってくれるように頼んできて、わたしたちの一行に加わった。病気の老人とわたしの母と乳母とのために、大型の無蓋《むがい》馬車が提供された。その他の者は徒歩で出かけた。数名の槍騎兵が騎馬で、ロシア軍の後陣までわたしたちを護衛してくれた。後陣の見える地点まで来ると、彼らは「道中ご無事に」との言葉を残して、馬首を巡らして駆け去った。一分後にはコサック兵たちが奇怪な脱出者の一団を取り巻き、後陣の本営に連れて行った。本営ではヴィンツェンゲローデ[13]とイロワーイスキー四世[14]とが指揮にあたっていた。

イロワーイスキー将軍――フランス人捕虜との旅行

ヴィンツェンゲローデは手紙の話を聞いて、父に対し、二名の竜騎兵をつけて直ちにペテルブルクの皇帝の下に出立するよう告げた。

「あなたのご家族はどうしましょう」とコサックの将軍イロワーイスキーが尋ねた。

「ここにとどまっていることはできません。ここにいたのでは、銃弾の射程内にいることになります。いつどんな重大なことが起きないとも限りません。」

父は、もしできるなら、わたしたちをヤロスラーヴリの自分の領地まで送り届けてもらいたいと述べ、ただし手許には一コペイカの金も持ち合わせがないことを告げた。

「それは後で精算していただくことにして」とイロワーイスキーは言った。「とにかくご安心ください。ご家族をお届けすることをお約束します。」

父は伝令用の馬車に乗せられて、当時はまだ粗朶《そだ》を敷いただけの道を、ペテルブルクへと向かった。イロワーイスキーはわたしたちに、古い荷馬車を都合してくれた。そしてコサックの護衛をつけて、フランス兵の捕虜の一団と共に、近くの町まで送ってくれた。彼はヤロスラーヴリまでの車馬賃も与えてくれたし、全体として、戦時の繁忙と不安の中で、できる限りのことをしてくれた。

これがわたしの最初のロシア旅行であった。二度目の時には、フランスの槍騎兵もウラルのコサックもまた捕虜もいないで——わたしは一人であった。そして、わたしの傍らにはひとりの酔った憲兵が腰かけていた。[15]

愛国主義

わたしの父は真っ直ぐにアラクチェーエフ(16)のところに連れて行かれ、彼の家に止めおかれた。伯爵は手紙の提示を求めたが、父はそれを自分で届ける約束をしたことを話した。伯爵は皇帝に伺うことを約し、そのあくる日、皇帝が例の手紙を速やかに届けるべく、その受領方を伯爵に委任した旨を、書面で告げてきた。手紙を受け取ると、彼は受領証を渡した(これもいまだに保存されている)。父は一カ月ほどアラクチェーエフの家に拘禁されていた。彼との面会は誰にも許されなかった。ただ、シシコーフ(17)が皇帝の命によって、火事と敵軍の侵入の詳細、およびナポレオンとの会見について、色々と尋ねるために訪れただけだった。わたしの父はペテルブルクに現われた最初の目撃者だったのである。遂にアラクチェーエフはわたしの父に対して、皇帝が彼を釈放するように命じたこと、また、父が敵軍の司令部から通行許可証を貰ったことはあえて咎めず、それは彼の陥っていた窮状のせいであるとされた(18)ことを伝えた。父を釈放するにあたって、アラクチェーエフは、特に訣別を許された兄以外の誰とも会わせず、すぐにペテルブルクを立ち退くように命じた。

夜半にヤロスラーヴリの小さな村に着くと、父は百姓家(地主の家はこの村にはなかった)に泊まっているわたしたちを見いだした。わたしは窓の下のベンチの上に眠っていた。窓は建てつけが悪く、雪が隙間から吹き込んでベンチの一部を覆い、溶けずに窓枠の上に積もっていた。

万事が甚だしい困惑の中にあった。とりわけわたしの母[19]がそうであった。父が到着する数日前のある朝のこと、領地の村長と数名の下男が、母の泊まっていた百姓家の中へ慌ただしく入ってきて、手真似で何かを示し、母に後から付いてくることを求めた。母はその頃ロシア語は一言も話せなかった。彼女はただ、パーヴェル・イワーノヴィチの身に何かが起きたのだということを察した。彼女は何を考えたらよいのか分からなかった。彼女の脳裏には、人びとが彼を殺したか、または殺そうとしている、その後で彼女もまた殺されるであろう、という考えが浮かんだ。彼女はわたしを抱き取り、生きた心地もなく、全身震えながら、村長の後に付いて行った。〔パーヴェル・イワーノヴィチ・〕ゴロフワーストフは別の百姓家に泊まっていて、彼らはそこへ入って行った。事実、老人はテーブルのそばに息絶えて横たわっていた。彼がテーブルに向かってひげを剃ろうとしていた時に、卒中の発作が一瞬にして彼の命を絶ったのである。

煤《すす》だらけの小さな百姓家の中で、あごひげをはやして裸皮の外套を着て、まったく分からない言葉を話す、これらの半ば未開の人たちの間に置かれたこの時の母（彼女はその頃十七歳であった）の有様は、想像に難くない。しかも、これらすべての出来事は、一八一二年のあの恐ろしい冬の十一月のことだったのだ。ゴロフワーストフは彼女の唯一の頼りだったので、彼の死後、彼女は昼も夜も泣き暮らした。だがこれらの未開の人たちは、そのあらん限りの親切さとあらん限りの素朴さとをもって、心から彼女を哀れんだ。村長は幾度か息子を町へやって、彼女のために乾ぶどうや香蜜菓子やりんごや輪形のパンなどを買って来させたのであった。

それから十五年ほど経っても村長はまだ達者で、時々モスクワへやって来た。頭は禿《はげ》鷹《たか》のように白くなって、髪の毛もすっかり薄くなっていた。彼が来ると、母はいつもお茶でもてなし、彼と共に一八一二年の冬の思い出話に花を咲かせるのだった。彼女が彼を怖がっていたことや、彼らが互いに理解し合うこともできないままに、パーヴェル・イワーノヴィチの葬式の心配をしたことなどを語り合った。老人は母をルイーザと呼ばずに、あの時のように、相変わらずユリザ・イワーノヴナと呼んでいた。そして、わたしが彼のあごひげを少しも怖がらずに、よく彼のそばへ行って、腕に抱かれたことを繰り返し語るのであった。

わたしたちはヤロスラーヴリ県からトヴェーリ県[20]に移り、遂に一年後にモスクワへ戻って来た。この頃にはスウェーデンから父の兄が帰ってきていた。彼はもとウェストファリア駐在の公使を務め、その後、何かの用事でベルナドート[21]の下へ出入りしていた。

彼はわたしたちと同じ家に住むことになった。

わたしは一八二〇年代の初め頃まで残っていた焼け跡——枠もなく屋根もない、焼け焦げた大きな家々、崩れた壁、柵を巡らした空地、そこに散在する暖炉や煙突の破片などを、いまだに夢の中のことのように思い出すのである。

モスクワの火事、ボロジノーの戦闘、ベレジナ河の会戦、パリ占領などの話はわたしの子守歌であり、おとぎ話であり、わたしの『イーリアス』であり、『オデュッセイア』であった。母と召使たち、父とヴェーラ・アルタ－モノヴナは、彼らをほんの少し前に、かくも身近で、かくも突然に驚かせたこの恐るべき時期への回想に、絶えず立ち帰るのであった。その後、帰還した将軍や士官たちがモスクワにやって来るようになった。父のイズマイロフ連隊時代の古い同僚で、今ではやっと終わったばかりの血みどろの戦いに加わった者として、栄光に輝く人たちがしばしばわたしの家を訪問した。彼らは自分たちの苦労と偉業とを物語りながら、その苦労と偉業の後の休息を味わっていた。これは実に、ペテルブルクの最も輝かしい時代であった。力の自覚が新しい命を与えつつあった。仕事や煩わしい雑用は、明日の仕事日まで延ばすことにして、今はただ、勝利の喜びに酔っていたかったのである。

今やわたしは戦争の話を、ヴェーラ・アルタ－モノヴナから聞いたよりも、もっと沢山聞くことができた。わたしはミロラードヴィチ伯爵(22)の話が大好きであった。彼はきわめて生き生きと、そして表情も豊かに、高い笑い声を立てながら話した。そして、わたしは彼の話を聞いている内に、彼の後ろの長椅子の上で、眠ってしまうことが幾度もあった。

こうした環境の中にあって、わたしが熱狂的な愛国者となり、連隊入りを志望していたことは言うまでもない。しかし、国民性の排他的な感情は決してよい結果をもたらすものではない。それはわたしを次のような結果に導いた。わたしたちの家の訪問客のひとりにケンソナ伯爵(23)という人がいた。彼はフランスの亡命者で、ロシア軍の陸軍中将であった。熱烈な王党派である彼は、国王の親衛隊が人民の徽章《きしょう》を踏みにじり、マリー・アントワネットが革命の没落を祝って祝杯をあげた、あの有名な祭日(24)に参加した。ケンソナ伯爵は痩せてすらりとした、長身白髪の老人で、挙措《きょそ》の慇懃で優雅な人であった。パリでは貴族の爵位が彼を待っていた。彼はルイ十八世の即位に祝意を言上《ごんじょう》するために、一旦パリに赴き、今は領地を売り払うために、ロシアに帰ってきていたのであった。わたしにとって不幸なことには、ロシアのすべての将軍たちの内の最も鄭重《ていちょう》なこの将軍が、たまたまわたしのいるところで戦争の話を始めることになった。

「そんならおじさんはロシア軍とたたかったんですね？」とわたしは誠に無邪気に彼

に尋ねた。

「〈否、わたしの小さき者よ、否、わたしはロシア軍に参加していました。〉」

「どうして？　おじさんはフランス人でしょう、それでいてロシア軍の方についていたんですか？　変だなあ！」

わたしの父は厳しくわたしを睨んで、会話を押し止めた。伯爵は立派にその場を取り繕った。彼は父に向かって、「こういう愛国的感情が好きだ」と言った。だが、そのような感情は父には気に入らなかったので、彼は伯爵が帰ってからわたしをひどく叱りつけた。

「自分の理解していないことや理解できないことを、何でもやたらに喋ると、こういうことになるのだ。伯爵は自分の王さまに忠義を尽すために、ロシアの皇帝に仕えたのだ。」

わたしにはこのことが実に理解できなかった。

カロ

父は十二年ほどを外国で過ごした。彼の兄はもっと長い間外国にいた。彼らはあまり多くの費用をかけずに、そしてロシア式の生活の便利な点はすべて保存して、一種の外国風の生活を整えようと欲したが、それは中々うまくゆかなかった――それは彼らが物事を処理することを知らなかったためだろうか、それとも地主的天性が外国の習慣に打ち克ったためだろうか。家計は共通だったし、領地も分割していなかった。大勢の召使が家の一階に住んでいた。つまり無秩序のすべての条件が備わっていたのである。

二人のばあやがわたしの世話にあたっていた――一人はロシア人で、一人はドイツ人であった。ヴェーラ・アルターモノヴナとマダム・プローヴォ[25]は、共にきわめて善良な女であったが、わたしには彼女たちが朝から晩まで靴下を編んだり、皮肉を言い合ったりしているのを見るのは退屈であった。それ故わたしは、機会あるごとに、〔元公使の〕セナートル〔「元老院議員」の意、父の兄〕の部屋や、わたしの唯一の友――彼の侍僕であるカロ[26]の下へと逃げて行った。

わたしは、彼以上に善良で柔和で穏やかな人には、あまり出会ったことがない。身寄りのすべての者から離れて、ロシアではまったくの孤独であり、ロシア語も満足に話せなかった彼が、わたしに対しては、母性的な愛情を抱いていた。わたしは幾時間も彼の部屋で過ごし、彼にうるさくせがみ、悪戯をしては彼を困らせた。彼は人のよい微笑みを浮かべて、すべてを我慢した。厚紙を切り抜いて、面白いものを色々作ってくれたし、また、木片で色々なものを細工してくれた（そのためにわたしはどんなに彼を愛していたことだろう)。毎晩彼は下の図書室から絵入りの本を持ってきてくれた。グメリン(27)やパラス(28)の旅行記とか(コメニウスの)『世界図絵』という分厚な本などであった。わたしはこの『世界図絵』が大好きで、表装は革でできていたが、それさえ擦り切れるまで繰り返し見入った。カロは毎晩二時間ほどずつ、それらの同じ絵を示しながら、同じ説明を千度も繰り返して聞かせてくれるのであった。

わたしの誕生日や「名の日」(29)の前日には、カロは自分の部屋に閉じこもってしまう。そこからは、槌《つち》やその他の道具のさまざまな音が聞こえてくる。しばしば彼は糊をいれた小鍋だの、何か紙に包んだ物だのを持って、急ぎ足で廊下を通って行くのだが、そんな時は、必ずドアに鍵をかけておくのだった。彼がどんなものをこしらえているかを、わたしが知りたくてたまらなかったことは、想像に難くないだろう。わたしは召使の子供たちを偵察に出した。だが、カロはいつも用心していた。ある時、わたしたちは、彼の部屋の真上の階段に小さな穴をあけたが、これも役には立たなかった。その穴から見えたのは、窓の上の部分と、巨大な鼻を持ち巨大な星形勲章をつけた、痩せて鳶《とび》のような顔付きをしたフリードリヒ二世の肖像だけだった。二日ほどで音はやんで、部屋は開かれた。部屋の中はすべてがもとのままで、ただあちこちに金紙や色紙の切れはしが散らかっているばかりだった。わたしは好奇心のあまり赤くなった。だが、カロはいかにも真面目くさった硬い顔をして、わたしにとって切り出し難いその話には、触れようともしなかった。

苦しいほど待ちに待った祝いの日が遂にきた。朝の五時には、わたしはすでに目を覚まして、カロの贈り物のことを考えた。八時頃に彼自身が現われた。白いネクタイをして白いチョッキを身につけ、青い燕尾服を着て、そして、空手であった。「いつでき上がるんだろう。彼は作りそこなったんではないだろうか。」その内に時間が過ぎ、例年通りの色々な贈り物が運ばれた。すでにエリザヴェータ・アレクセーエヴナ・ゴロフワーストワ夫人の下男が、ナプキンに包んだ立派なおもちゃを持ってきていたし、セナートルもすでに何だか素敵なものを運んで来ていた。しかし、何かびっくりするようなことが起きるだろうという、不安な期待が嬉しさをかき乱した。

食事の後かお茶の後かに、いきなり、ごくさりげない調子で、ばあやがわたしに言う。「ちょっと下へ行っていらっしゃい、あなたに会いたいって言ってる人がいますよ。」「あれだ」とわたしは考えた。そして、両手を階段の手すりに乗せて、滑りながらおりて行った。広間へのドアが開かれて、ざわめきが聞こえる。音楽を演奏しているのだ。わたしの名の頭文字を表わした透かし画の火が燃えている。召使の少年たちがトルコ人の服装をして、わたしにお菓子をくれる。それから人形芝居か室内花火が始まる。カロは汗をかいて駆けまわっている。何から何まで自分で世話を焼いて、わたしに劣らず有頂天になっている。

どんな贈り物がこのような催しに比べられるだろう――わたしは一度も品物を愛したことはなかったし、所有とか蓄財とかへの執着は、わたしにあっては、幾つになっても発達しなかった。期待からくる疲労、沢山のろうそく、金モールと火薬の匂い！　ただ一つ欠けていたものといえば、それは友人であった。しかし、わたしは幼年時代の全部を孤独の内に過ごした。*この点で甘やかされてはいなかったということだ。

*父には、わたしの他に、わたしより十歳ほど年上のもうひとりの息子（エゴール・イワーノヴィチ・ゲルツェン、一八〇三―八二）がいた。わたしは彼を常に愛した。しかし彼はわたしの友にはなれなかった。十二歳から十三歳までの間を、彼は外科医のメスの下に過ごした。彼が並々ならぬ勇気をもって耐え忍んだ数々の苦しみの後に、彼の一生を一つの間歇的手術の過程に変えた挙句、医者たちは彼の病気を不治であると宣言した。彼の健康は破壊され、加うるに周りの事情と彼の性格とは、彼の健康を最終的に打ち壊すことになった。わたしは、この書の中で彼の孤独な悲しい生活について語った部分を削除した。わたしは、彼の同意なしには、それを印刷に付したくないのである。

領地の共同管理

わたしの父には、セナートルよりも年長のもう一人の兄(30)がいたが、この兄とは父もセナートルも公然と仲違いしていた。それにもかかわらず、三人は一緒に領地を管理していた。つまり協力してこれを荒廃させていた。仲違いしている兄弟の三重の管理から生まれる無秩序には、目にあまるものがあった。二人の弟は事ごとに長兄に反対し、長兄は彼らに反対した。村長たちや農民たちは途方に暮れた。ひとりが荷馬車を要求すれば、他の者は乾草を要求し、第三の者は薪《まき》を要求する。めいめいが命令し、めいめいが自分の代理人を送って寄こす。長兄が村長を任命すると、弟たちは何か詰まらぬことに言いがかりをつけて、一カ月も経つとこれをやめさせて、別の村長を任命する。長兄はこの村長を認めない。しかもこうした場合の常として、金棒引きや告げ口が横行し、スパイやお気に入りが出てくる。結局、気の毒なのは農民たちである。彼らは懲《こ》らしめも受けないが、保護も受けず、あちこちこづきまわされ、二重の仕事を課せられ、気紛れな要求の乱雑さに苦しめられる。

兄弟間の不和の最初の結果として彼らを驚かせたものは、デヴィエール伯爵〔ヤーコヴレフ家の親戚〕との大きな訴訟事件による損失であった。この訴訟事件では兄弟の方が正しかったのだが、同一の利害を持ちながらも、彼らは行動の形の上では決して合意することができなかったので、相手は当然これを利用した。広大で見事な領地を失ったばかりでなく、兄弟たちはそれぞれ、元老院の判決に基づき、訴訟費用と損害賠償として、三万紙幣ルーブルを支払う破目に陥った。この教訓は彼らの目を開かせた。そこで彼らは財産を互いに分配することに決めた。約一年ほど準備のための折衝が続いて、領地はほぼ均等な三つの部分に分けられることになった。だが、誰にどの部分が与えられるかは、運命がこれを決めなければならなかった。交渉と和解のために、セナートルと父は数年の間会ったことのない兄のところへ、幾度か出かけた。それから後に、彼がこの問題の片を付けるためにわたしたちの家へ来るという噂が広がった。長兄が来るという噂に、わたしたちの家の中は恐怖と不安とに満たされた。

これは歪んだロシアの生活だけが生み出せる、独特で異常な人間のひとりであった。彼は生まれつき才能のある人間ではあったが、一生の間にしばしば犯罪にもなるような馬鹿げたことをしてきた。彼はフランス式の高い教育を受け、大変博識な人ではあったが、死ぬまで放蕩と怠惰な空虚さとの内に時を過ごした。彼はやはり先ず、イズマイロフ近衛連隊勤務を振り出しに、ポチョムキンの下で副官のような役を勤め、それからある公使館に勤務し、ペテルブルクに帰って宗務院の総監になった。外交界も宗教界も彼の放埒な性格を和らげることはできなかった。高位の聖職者たちと争って、彼は解職になった。また総督邸の正式な饗宴の席上で、ある紳士の頰を打とうとしたか、または打ったとかのために、彼はペテルブルクに入京することを禁じられた。彼はタムボフの自分の領地に去ったが、そこでは百姓たちが、彼の不身持ちと兇暴性とに憤慨して、彼をもう少しで殺すところだった。彼は御者《ぎょしゃ》と馬たちのおかげで、やっと命拾いをしたのだった。

　こんなことがあってから、彼はモスクワに移った。すべての近親者とすべての他人に見棄てられて、彼はまったくの孤独の内に、トヴェーリ並木大通りにある自分の広大な家に住んで、召使たちを苦しめ、百姓たちを零落させていた。彼は大きな図書室と農奴の女たちの紛うことなきハーレムとを設け、そのいずれにも人を入れることを禁じていた。何一つする仕事とてなく、時には無邪気に見えるほどの恐るべき自尊心を胸に秘めつつ、彼は気晴らしのために不必要な物を色々と買い集め、またそれよりもっと不必要な訴訟を起こして、兇暴な熱意をもってこれに没頭した。アマーティ[31]作のヴァイオリンに関する訴訟は、三十年間も続いて彼の勝訴となった。彼は並々ならぬ努力を払ったある訴訟によって、二軒の家の境界をなしている共通の塀を自分のものとしたが、それは手に入れてみても彼には何の利益にもならない代物だった。退職してからの彼は、新聞を見て自分の同僚の昇進を我が身と引き比べ、同僚たちの貰った勲章を自分でも買い求めて、それらを机の上に並べ、あれもこれも胸に飾ることができただろうにと、悲しい思いに浸るのだった。

弟や妹たちも彼を恐れ、彼とはまったく交渉を持たなかった。わたしの家の召使たちは、彼に出会うことのないようにと、彼の家を避けて通った。そして、もしも彼に出会いでもすると、真っ青になってしまうのであった。女たちは彼の恥知らずな追求を恐れ、下男たちは彼のものとならぬようにと、神に祈った。

今やこの恐るべき人物がわたしたちの家に来ることになったのだ。朝から家中にただならぬ緊張が漲《みなぎ》った。わたしの父は外国から帰って、しばらくの間彼の家に寄寓し、わたしはそこで生まれたのだが、わたしは父やセナートルの「兄であり敵である」この神話的な人物を、一度も見たことがなかった。わたしは彼を是非とも一目見たいと思っていたが、同時に怖かった。何か分からないが、非常に怖かった。

彼が来る二時間ほど前に、父の一番年上の甥(32)と二名の親しい知人と、それからこの仕事を受け持っていたひとりの善良そうな太った、少しむくんだ官吏とが現われた。みんなは何事かを待ち受けるように、息を殺して席に着いていた。と、そこへ給仕が入ってきて、何だか自分の声でないような声で告げた。

「お兄上様がお着きになりました。」

「お通し申せ」とセナートルが明らかに興奮しながら言った。父は嗅《か》ぎたばこを嗅ぎはじめ、甥はネクタイを直し、官吏は脇を向いて咳払いをした。わたしは二階に上っているように命ぜられたが、全身震えながらも、近くの部屋に留まっていた。

静かに重々しげに、「兄上」が近付いて来た。セナートルとわたしの父とは彼を出迎えた。彼は結婚式か葬式の時のように、両手で胸の上に聖像《イコン》を持ち、幾らか鼻にかかった間延びした声で、弟たちに向かって次のように言った。

「父上は死ぬ前にこの聖像でわしを祝福し、わしと死んだ兄のピョートルとに、おまえたちの世話をして、父上に代わって、おまえたちの父になるように頼んだのだ……。もし、死んだ父上が兄にさからうおまえたちの所業を知ったら……。」

「だが、〈我が親愛なる兄上よ〉」と父は努めて冷やかな声で言った。「あなたも父上の最後の意志を中々立派に果たしてくれました。あなたにとってもわれわれにとっても、こうした辛い思い出は忘れた方がよろしいでしょう。」

「え、なんだと！」とこの信心深い兄は怒鳴りだした。「おまえたちはそんなことを言うためにわしを呼んだのか……。」そして聖像を激しく投げ出したので、その銀の飾縁がガチャンと音を立てた。すると、セナートルもそれに負けないほどの恐ろしい声で怒鳴り始めた。わたしは慌てて二階に駆け上った。そして、わたしに劣らず驚いた官吏と甥とが露台の方へ退避するのを、見届けただけであった。

それから何が起きてどうなったか、わたしには言えない。驚いた召使たちは方々の隅に隠れてしまったので、誰も何が起きたか少しも知らなかったし、セナートルも父も、わたしのいる前では、この事件については一度も話さなかったからだ。騒ぎはようやく鎮まり、領地の分配も済んだ。それがその時であったのか、それともそのあくる日であったのか――わたしは覚えていない。

父はワシーリエフスコエを貰った。これはモスクワ近郊のルーザ郡にある大きな領地だった。次の年には、わたしたちは夏中をそこで暮らした。その間に、セナートルはアルバート街に自分の家を買い求め、秋にはわたしたちだけが、ひと気のない死んだような大きな家に帰った。その後間もなく、父もスターラヤ・コニューシニャヤ〔「古い厩」の意〕街に家を買った。

セナートルと一緒にわたしたちの家から、第一にカロが、第二に家の中のすべての生き生きした要素が消えてしまった。カロだけが父の陰鬱な性格が家の中を支配するのを阻止していたのだが、今ではそれが自由に家中にはびこることになったのである。今度の家は陰気な家で、牢獄か病院を思わせた。階下には丸天井があり、厚い壁のせいで窓は城塞の銃眼のように見えた。家の周囲には、不必要に広い敷地が四方に広がっていた。

実際の話、セナートルと父とが別々に生活するようになったということよりは、セナートルがどうしてかくも長い間、父と同じ屋根の下で暮らすことができたかということの方が、むしろ遥かに驚くべきことだった。わたしは彼らほど互いに反対の性格を持った二人の人間を、あまり見たことがない。

セナートル

セナートルは善良な性質の、そして、気晴らしの好きな人間であった。彼はランプで照明された華やかな世界で、公式の外交界で、宮廷勤務の生活の中で一生を過ごし、もっと真剣な別の世界があることには——一七八九年から一八一五年までの間の事件はすべて、彼の身近で起きたばかりでなく、彼もそれに関係していたにもかかわらず——気付かなかったのである。ヴォロンツォーフ伯爵[33]が彼をグレンヴィル卿[34]の下に派遣し、エジプト遠征軍を残して帰国したボナパルト将軍の計画を探らせようとした。彼はナポレオン即位の時、パリに駐在していた。一八一一年に彼は、ナポレオンの命令によって、カッセルに抑留された。カッセルで彼は、わたしの父が機嫌の悪い時によく用いた表現によれば、「ツァーリ・エリョム[35]」の時代に大使を務めていたのである。つまり、彼は最近のすべての大きな事件に関与していたのであるが、その関与の仕方は何故か奇妙で、風変わりなものであった。

イズマイロフ連隊の近衛陸軍大尉でありながら、彼はロンドンの公使館に勤務していた。パーヴェル一世が名簿でこのことを知り、彼にすぐペテルブルクに出頭するように命じた。この駐在武官は最も手近な船便で出発して、皇帝の前に参上した。

「おまえはロンドンにとどまっていたいか?」とパーヴェルはしわがれ声で尋ねた。

「陛下のお許しがいただけますならば」と大使館付きの大尉は答えた。

「さがれ、すぐに行け」とパーヴェルはしわがれ声で言った。そこで彼は、モスクワに住んでいた近親たちとも会わずに出発した。

外交問題が銃剣と散弾銃とによって解決されていた間、彼は公使を務めていた。そしてウィーン会議の時に、このすべての外交の輝かしい祭日に、外交官としての経歴を終了した。ロシアに帰ると、彼はモスクワ勤務の四等侍従に昇進した。だが、モスクワには宮廷はなかったのである。法律もロシアの訴訟手続も知らずに彼は元老院に入り、後見評議院の役員、マリーア病院長、アレクサンドル寄宿女学院長などもやった。そしてすべての職務を、恐らく必要でなかった熱心さをもって、有害であった強い意志をもって、誰にも認められることのなかった潔白さをもって、遂行していた。

彼は決して家にいたことはなかった。彼は頑健な馬をつけた四頭立て馬車を一日に二台乗り回した。一台は朝に、一台は食事の後に。彼は元老院のことは決して忘れなかったし、後見評議院にも一週間に二度出勤した。さらに病院と女学院の仕事の他に、彼はフランスの芝居は一つとして見逃したことはなく、また一週に三度ほどはイギリス・クラブ〔モスクワ貴族のサロン〕に出かけた。彼には退屈している暇がなかった。彼はいつも忙しかったし、気が散っていた。彼は絶えずどこかへ出かけて行く。彼の生活は形式一点ばりの世界を、ばねつき馬車のように、軽快に疾駆していた。

その代わり、彼は七十五歳になるまで、青年のように健康であった。大きな舞踏会や晩餐会にはすべて出席した。またすべての祝賀会や年次総会――それが何の総会であろうとおかまいなしに、農学総会でも、医学総会でも、また火災保険会社の総会でも、自然科学者協会の総会でも、必ず出席していた……。しかも、恐らくそのためにこそ、彼は老年に到るまで、若干の人間らしい心情と思い遣りとを持ち続けていたのだろう。

この永久に活動的で、多血質で、ときたま自分の家に立ち寄るに過ぎないセナートルに比べて、わたしの父くらい正反対の人間は他に想像できない。彼はほとんど一度も邸内から出ず、すべての公式の社会を嫌悪し、永久に我がままな不平家であった。わたしたちの家にも(きわめて貧弱な)八頭の馬がいた。だが、厩は駄馬の養老院の観があった。父がこれらの馬を飼っていたのは体面のためでもあり、また二名の御者と二名の先導御《フォレイ》者《トル》〔先頭馬の騎手〕とに、《モスクワ通報》紙を取りに行くことと、馬車置き場と隣り屋敷との間で巧みに闘鶏をやることとの他に、何かしら仕事を持たせる必要があったからでもある。

わたしの父はほとんどまったくどこへも勤務したことがなかった。信心深い敬虔な伯母の家で、フランス人の家庭教師に教育された彼は、十六歳のときに軍曹としてイズマイロフ連隊に入った。だがパーヴェル一世の即位の時まで勤めて、近衛陸軍大尉として退職し、一八〇一年に外国に出て、色々な国々をさすらいつつ、一八一一年の末までそこに滞在した。彼はわたしが生まれる三カ月前に、わたしの母を連れて帰国し、モスクワの火災後、トヴェーリの領地で一年暮らしてからモスクワに居を定め、生活をできるだけ隠遁的で退屈なものにしようと努めていた。兄の快活さは彼を妨げた。

セナートルが転居してからは、家の中のあらゆるものがますます陰気な様相を帯びるようになった。壁も、家具も、召使たちも――すべてが不満で、不機嫌な様子をしていた。しかし、誰よりも不満なのは、もちろん、わたしの父であった。不自然な静けさ、囁《ささや》き、召使たちの用心深い歩きぶりは、心遣いを表わしているのではなく、失望と恐怖とを表わしていた。部屋部屋の中では、すべてが動かなかった。五年も六年もの間、同じ書物が同じ場所に置いてあり、その書物の中の書き込みも同じであった。父の寝室と書斎では、幾年も家具を動かしたことがなく、窓を開けたこともなかった。村に行く時には彼は、自分の不在中に誰かが床を洗ったり、壁を掃除したりする気を起こさないように、部屋の鍵をポケットに入れて持って行くのだった。

第二章　少年時代

ばあやたちの話と将軍たちの会話

十歳ぐらいになるまで、わたしは自分の境遇について、何ら不思議なことや特別なことには気が付かなかった。わたしが父の家に住んでいて、半分は彼の部屋で行儀よく過ごし、他方、母には別な部屋があって、半分はそこで思うままに大きな声を出したり、ふざけたりするということは、わたしにとっては自然な、ごく当たり前のことに思われていたのだった。セナートルはわたしを甘やかし、色々なおもちゃをくれた。カロはわたしを抱いて歩きまわった。ヴェーラ・アルタ一モノヴナはわたしに服を着せ、わたしをベッドに寝かせ、浴槽に入れて洗ってくれた。マダム・プローヴォはわたしを散歩に連れ出し、ドイツ語でわたしと話した。何年も順調に進んでいったのだが、その内、わたしは物思いに耽るようになった。

小耳にはさんだ話や不用意に語られた言葉が、わたしの注意を引くようになった。お婆さんのプローヴォと家中の召使たちは、熱烈にわたしの母を愛していた。そして、父を怖がり、まるっきり愛していなかった。時々父と母との間に起きた諍《いさか》いは、しばしばマダム・プローヴォとヴェーラ・アルターモノヴナとの話題になったが、二人ともいつもわたしの母に味方していた。

わたしの母は確かに多くの不愉快なことに耐え忍んでいた。彼女はこの上なく善良な女ではあったが、強い意志を持たず、父にすっかり圧倒されていた。そして性格の弱い人間の常として、取るに足りない詰まらないことを、必死になって言い張ったりするのだった。不幸なことに、まさにこうした詰まらない問題では、ほとんどいつも父の方が正当で、争いは彼の勝利に終わるのであった。

「わたしがもし」と、例えばマダム・プローヴォはよく言ったものであった。「奥さまの立場だったら、じきにとび出して、シュトゥットガルトへ帰ってしまうんだけどね。本当に、どんなにおつらいことでしょう。年がら年中気紛れで不機嫌で、死ぬほど退屈なんですものね。」

「本当ですとも」と、ヴェーラ・アルターモノヴナが付け加える。「だけどこれで手足を縛られているようなものですもの。」そして彼女は靴下を編んでいた編み棒でわたしの方を指し示す。「一緒に連れて行くったって、どこへ？　どうなるっていうの？　ここに、こんな家にたったひとりで置いて行くなんてことは、人ごとながら可哀想よ。」

一般に子供というものは、大人が考えているよりは、多くの洞察力を持っているものである。彼らはじきに気が紛れてしまうし、心に強い衝撃を受けたことも一時は忘れるが、しかし、とりわけてすべて神秘的なことや恐ろしいことには執拗に立ち戻って、驚くほどの根気のよさと巧妙さとをもって、真相を知ろうと努めるものだ。

ひとたび注意深くなったわたしは、数週間の内に、わたしの父と母との出会いのことや、わたしの母が両親の家を抜け出す決心をしたことや、また、彼女がカッセルのロシア大使館のセナートルの下に身を隠し、それから男装して国境を越えたことなどについて、すべての詳細を知ることができた。しかもこれらすべてのことは、誰にも一言も聞くことなしに、知ったのである。

これらの発見の第一の結果として、先に述べた家庭内の不和のことで、わたしの心は父から遠ざかって行った。わたしはこれまでにもこうした諍いを見ていたが、それをまったく当たり前のことのように思っていた。わたしは家中の者が、セナートルまでもが、わたしの父を怖がっていることや、父が誰にでも小言を言っていることに慣れ切っていたので、それを不思議とも思わなかったのだ。しかし、今やわたしの見方は変わった。

すべての運命がわたしのために忍ばれているのだという考えが、時に暗く重い雲となって、明るい少年の日の空想に影を投げるようになったのである。

その時からわたしの心に根差すようになった第二の考えは、わたしが普通の子供たちの場合よりは、遥かに少ししか自分の父に依存していないということであった。自分で勝手に考え出したこの自立性という感覚は、わたしの気に入った。

それから二、三年経ったある晩のこと、わたしの父の連隊時代の友人であるオレンブルクのエッセン(1)総督と、ボロジノーの会戦で片足を失った将軍で、(2)もとベッサラビア〔現モルドバ共和国の一地方〕の都督《ナメースニク》だったアレクセイ・バフメーチェフの二人が父を訪ねて来た。わたしの部屋は彼らのいる客間の隣りにあった。色々な話の内に、父はわたしを勤務につかせることについて、ユスーポフ公爵(3)に依頼してあるということを彼らに話した。

「無駄に時を過ごすわけにはゆかない」と彼は付け加えた。「ご承知のように、ちょっとした地位にまで勤め上げるにも、長くかかるからね。」

「なんだね君は、物好きな」と好人物らしくエッセンが言った。「息子さんを書記官なんかに仕立てる気かね。わしに任せておきなさい。わしは息子さんをウラルのコサック兵団に入れてあげる。士官にする。これが大切なところだ。それから先は、わしらもみなそうだったが、自然に昇進するさ。」

　わたしの父は同意しようとせず、軍関係のことにはすっかり嫌気がさしたということ、将来わたしをどこか暖かい国の公使館へでも勤めさせて、自分もそこへ行って余生を送りたいということを語った。

　話にあまり口を出さなかったバフメーチェフは、松葉杖をついて立ち上がりながら、父に言った。

「あんたはピョートル・キリーロヴィチ〔エッセン〕の今の忠告を、とっくり考えてみる必要があると、わしは思いますね。オレンブルクの軍管区に登録するのがいやなら、ここでもいい。わしはあんたとは古い仲間だし、わしはあんたと腹蔵なく話すことにしているからじゃが、文官にしたり大学に入れたりしたんでは、あんたんとこの若い人のためにもならんし、社会のためにもならん。息子さんは、明らかに、間違った境遇に置かれている。一挙に出世の道を開いて、息子さんの境遇を直してくれるのは軍務だけじゃ。中隊を指揮するようになるまでには、危険思想なんぞはみんなおさまってしまいますよ。軍律、これは偉大な学校じゃ。それから先は本人次第というものです。あんたは息子さんが才能を持っていると言われるが、軍務につくのは馬鹿者だけかね？　わしらやあんたも、それにわしらの仲間もみんなそうだと言うのかね。ただ、士官になるのに長くかかるという点で反対されるかもしれないが、そのことなら大丈夫、わしらが力を貸しますよ。」

この会話は、マダム・プローヴォとヴェーラ・アルターモノヴナとのやり取りに匹敵するものであった。わたしはその時すでに十三歳ほどだった。わたしがあらゆる側面から観察し、まったくの孤独の内に、数週間、数カ月にわたって考え抜いたこれらの教訓は実を結んだ。これまでわたしは、すべての子供と同じように軍隊勤務と軍服とに憧れていたので、父がわたしを文官にしようとしていることで、ほとんど泣きたいような気持ちだったのだが、この会話を聞いた結果、軍隊勤務への熱意は急に冷めてしまった。そして、肩章や肩紐やズボンの縫取りに対する愛情と執着は、いちどきにではないまでも、次第に消えて行き、遂にはすっかり消えてしまった。しかし軍服に対する消えかかった情熱が、もう一度燃え上がったことがある。わたしたちの親戚の者で、モスクワの寄宿学校に学んでいて時々休暇でわたしたちの家に来ていた少年(4)が、ヤーンブルク軽騎兵連隊に入った。一八二五年には、彼は士官候補生になってモスクワに来て、わたしたちの家に数日間滞在した。大小の色々な紐で飾り、サーベルを下げ、紐で結び付けた四角い軍帽を少し斜めにかぶった彼の姿を見た時、わたしの心は激しく高鳴った。彼は十七歳ほどだったが、背丈はあまり高くなかった。あくる朝、わたしは彼の制服を着て、サーベルを下げ、軍帽をかぶって、鏡の前に立ってみた。ああ、赤い縁取りのある、裾の短い青い軍服を着たわたしは、何と立派に見えたことだろう。房紐、前立て、弾薬盒《だんやくごう》……これらに比べて、わたしが家で着ているらくだ織のジャケットや黄色い南京木綿のズボンなどは、何と惨めに見えたことだろう。

間違った境遇

この親戚の少年の来訪は、将軍たちの言葉に反発するわたしの気持ちを動揺させはしたが、その後間もなく、周りの事情は軍服に対するわたしの愛着を、再び、そして最終的に払いのけてしまった。「間違った境遇」についての思索の内面的な結果は、わたしが二人のばあやの会話から引き出した結果と、かなり似たものであった。わたしは社会というものをまったく知らないながらも、自分が社会からより自由だという感じを一層強め、また、実際わたしは、自分自身の力に頼らなければならないのだと感じてもいた。そして、幾らか子供らしい高慢さをもって、アレクセイ・ニコラーエヴィチ〔バフメーチェフ〕とその仲間たちとに、自分の真価を見せてやろうと考えていたのだった。

これらすべてのことにもかかわらず、両親の家での僧院のような風変わりな生活が、わたしにとっていかに味気なく単調に過ぎて行ったかは、想像に難くない。刺激もなく、気晴らしもなかった。父はほとんどいつもわたしに不満であった。彼がわたしを甘やかしたのは、わたしが十歳になる頃までだった。友達はいなかった。教師たちは来て、そして去って行った。わたしは教師たちの帰る時に、外庭まで送って行く振りをして密かに逃れては、召使の子供たちと遊んだ。だがこれは厳しく禁じられていることだった。その他の時間をわたしは、何もしないか、または手当たり次第に本を読み漁りながら、昼でも窓が閉じられ、夜になれば薄暗い灯火の灯される、大きな黒ずんだ部屋から部屋へと、さまよって過ごしていたのだった。

控え室と女中部屋とは、わたしに残されていたただ一つの楽しい場所だった。そこではわたしはまったく気楽だった。わたしは喧嘩仲間の一方に加わったり、仲間と一緒になって、彼らの問題に口を出したりした。彼らの秘密もすっかり知っていた。しかし、控え室の秘密について、客間でうっかり喋るようなことは決してなかった。

ここでこの問題について語らないわけにはゆかない。しかし、これから先もわたしは、遠慮なしに脇道へ逸れたり、挿話を語ったりするだろう——話というものはすべてそうしたものであり、人生そのものもそういう進み方をするのだから。

一般に子供というものは下僕を好く。だが、両親は子供が彼らに近付くことを禁ずる。とりわけロシアではそうである。しかし、子供は両親のいうことを聞かない。何故なら、客間は退屈だが女中部屋は陽気だからである。この場合、その他の無数の場合と同じように、両親は自分たちが何をしているかを知らないのである。我がロシアの家の控え室が子供たちにとって、「喫茶室」や「休憩室」よりも有害であるとは、わたしにはどうしても考えられない。控え室では子供たちは粗暴な言葉遣いや、良からぬ行儀を見習う。これは事実である。しかし客間では、彼らは粗野な思想と、良からぬ感情とを見習うのである。

子供たちが絶えず接触している人たちに近付いてはいけないと命ずること自体が、すでに不道徳である。

我が国では召使たち、とりわけ農奴の下僕たちの深い堕落について、色々と議論されている。事実、彼らが身持ちの模範的な厳格さを特徴とするようなことはない。彼らが道徳的に堕落していることは、彼らがあまりに多くのことを耐え忍び、あまりに稀にしか怒ったり反抗したりしないという事実からも理解される。しかしこのことが問題なのではない。ロシアにおけるいかなる階級が、彼らよりもより少なく堕落しているか、知りたいものだ。貴族か、官吏か――それとも聖職者だろうか。

こんなことを考えるのはおかしいことだろうか。

何も農民だけが堕落するわけではなかろうに……。

貴族《ドヴァリヤーネ》と召使《ドヴァローヴィ》との違いは、その名称の違いと同じように、僅かなものだ。わたしは、とりわけ一八四八年の不幸〔パリの六月事件〕の後では、群集に対する煽動的なへつらいを憎む。しかし、一層厭うべきものは、民衆に対する貴族的誹謗である。下僕や農奴を放埒な獣として描き出すことによって、農場主たちは他人の注意を逸らし、自分の良心の叫びを押し殺そうとしているのである。われわれが下層の民衆よりも優れているのは稀だ。われわれはただ自分の思想や感情をより穏やかに表わし、利己心や欲情をより巧みに隠しているに過ぎない。われわれの欲望がさほど粗暴でもなく露骨でもないのは、それをたやすく満足させることができるし、また、それを無理に抑えつけたりしない習慣がついているからである。われわれはただ単により多く富んでおり、より多く満ち足りており、その結果として口うるさいという、ただそれだけのことだ。アルマヴィーヴァ伯爵が、セヴィリアの理髪師に向かって、下男に必要な資質を数え上げた時、フィガロは溜息をついて言ったものだ。「もし下男にこんなにも色々な資格が必要なら、旦那がたの中にも下男になるに適したお方がたんとおいでになるでしょうに。」(5)

おしなべて言えば、ロシアにおける堕落はさほど深刻なものではない。それは深刻なものというよりは、むしろ野性的で不潔で、騒がしくて粗暴で、だらしがなくて破廉恥なものである。聖職者は家に閉じこもり、商人と一緒に飲んだくれて、飽食している。

貴族は公然と飲んだくれてカルタにうつつを抜かし、下僕と格闘し、小間使たちを相手に漁色に耽り、自分の仕事をないがしろにして、家庭生活は一層ないがしろにしている。官吏も同じことをするが、もっと不潔であり、加うるに上役にへつらい、小刻みに収賄する。貴族はもともとあまり収賄はしない。彼らは公然と他人のものを取る。しかし場合によっては、中々狡く立ち廻ることもある。

すべてこれらの愛すべき弱点は、十四等官以下の官吏や、ツァーリに属さずに地主に属する貴族たち〔召使の意〕にあっては、一層甚だしく粗暴な形で現われる。しかし彼らが身分としていかなる点で他の者より劣るのか、わたしには分からない。

召使たちの生活

わたしの家とセナートルの家の召使ばかりでなく、わたしたちの家と親しくしていた二、三の家の下僕たちについての、二十五年にわたるわたしの記憶を辿ってみても、わたしは彼らの振舞いの内にとりわけて不道徳なものは何も思い当たらない。ただ、若干の小さな盗みのことは言っておかねばならないのだが……。とは言えここでは、問題が彼らの置かれた境遇の故に大変複雑になっているので、判断を下すことは難しい。というのも、人間であって同時に所有物であるという存在は、自分の仲間に遠慮はしないし、主人の家財を自分と同じ仲間だと思っているからである。もっともおべっか使いや、お気に入りの男女、奥向きの女中、告げ口屋といった類の連中は除外した方が公平というものだろう。何といっても第一に、彼らは例外であって——これは厩のクレインミーヘリ[6]であり、穴倉のベンケンドルフ[7]、またはふだん着のペレクーシヒナ[8]、裸足のポンパドゥール[9]である。しかも彼らこそ誰よりも行儀がよく、酒は夜にしか飲まないし、自分の服を居酒屋に質入れするようなことはしないのだから。

その他の者の素朴な堕落は、ウォッカのコップとビール瓶、陽気な話と喫煙、勝手な外出、時には取っ組み合いになる口喧嘩、非人間的で不可能なことを要求する主人に対するごまかしなどの範囲を出ない。もちろん、一方からはあらゆる教養の欠如と、他方からは奴隷状態にあることによる農民的純朴さの喪失とが、彼らの習俗の中に限りなく多くの奇形的なものと、歪められたものとを持ち込んではいる。だがそれにもかかわらず、彼らはアメリカの黒人のように、半ば子供のままである。些細《ささい》なことが彼らを慰め、また、些細なことが彼らを苦しめる。彼らの欲望は限られたものであり、不道徳というよりは、むしろ、幼稚で人間らしいものである。

ワインとお茶、居酒屋と料理屋、この二つがロシアの下僕の不断の欲望である。それらのために彼は盗みを働き、それらのために彼は貧乏であり、また、それらのために彼は迫害や懲罰を耐え忍び、家族を貧窮の中に見棄てる。マシュー神父[10]のように、素面《しらふ》の酩酊の高所に立って大酒を断罪し、また茶卓の前に座って召使たちの料理屋通いについて論じながら、家で茶を飲んでいる方が安くつくというのに召使たちは一体何のためにわざわざ料理屋まで出かけて飲むのであるか、などといぶかしがることは、この上なくたやすいことである。

酒は人間を麻痺《まひ》させ、自分を忘れさせ、人為的に陽気にし、また苛立たせる。この麻痺と苛立ちとは、酒を飲む者が遅れた人間で、狭い空虚な生活に押し込められていればいるだけ、余計に彼らの気に入るのである。下僕は永遠に控え室で働かなければならず、絶えざる貧困と隷属と売却とから免れることができない以上、どうして酒を飲まずにいられよう。彼は毎日飲めるわけではないので、飲める機会があれば、度を過ごして飲む。このことは十五年ほど前にセンコフスキー[11]が、《読書館》誌上で指摘している。イタリアや南フランスには、酒が沢山あるから大酒飲みがいるわけではない。イギリスの労働者の野性的な大酒飲みについても、まったく同様に説明される。これらの人びとは飢えと貧困とに対する出口のない力に余る闘いに、打ちひしがれてしまっているのだ。彼らはいかに努力しようとも、到るところで鉛の丸天井と冷酷な反撃とにぶつかる。それらが彼らを社会生活の暗黒のどん底に投げ返し、肉体と共に知力をも蝕む目的のない永遠の労働へと追いやったのである。人間が六日の間、梃子《てこ》となり、車輪となり、ばねとなり、ねじとなって働き続けた挙句、土曜日の晩に、工場労働の苦役から逃れて、半時間の内に酩酊してしまうことに、何の驚くべきことがあろう。まして彼は疲れ果て、多くを耐え忍ぶ力を失っているのである。モラリストたちもアイリッシュ・ウィスキーかスコッチ・ウィスキーを飲んで、沈黙を守っている方が賢明だろう。さもないと彼らは、その非人間的な博愛のために、恐ろしい責任を負うことになるだろう。

料理屋で茶を飲むことは、下僕たちにとっては別の意味を持っている。彼は家で茶を飲んだのでは、飲んだ気がしないのだ。家では、あらゆるものが彼に自分が下僕であることを思い出させるからだ。家では、彼のいる部屋は汚い下男部屋である。彼は自分で湯沸かしの用意をしなければならない。家では取手のもげた茶碗で飲まなければならないし、またいつ主人に呼ばれるかも分からない。料理屋では、彼は自由な人間である。彼は主人である。彼のために卓が布で覆われ、ランプが灯される。彼のために給仕人がお盆を持って行き来する。茶碗も湯沸かしも光っている。彼が命じ——他の者が彼の言いつけをきく。彼は嬉しくなり陽気になって、お茶だけでなく塩漬けのイクラかピロシキまでも注文したりする。

すべてこうしたことには、不道徳というよりは、むしろ子供らしい素朴さがある。印象は彼らを速やかに捉えるが、根を生やすことはない。たまたま目に付いた色々な小物や、ささやかな希望、取るに足らぬ目的で彼の頭は一杯なのだ。あるいは、むしろそれらによって気が紛れていると言った方がよい。すべての奇蹟的なものへの子供らしい信仰が大の男を臆せしめ、その同じ子供らしい信仰が、最も苦しい瞬間において、彼を慰めるのである。わたしは父の下男の内の二、三の者の臨終を見て驚いたことがある。このような場合に臨んでこそ、彼らが一生持ち続けた素朴な気楽さについて、また、彼らには良心を悩ますほどの大きな罪はまったくなかったということについて、知ることができる。もし何かがあったとしても、すでに「神父さん」に懺悔《ざんげ》が済んでいるのだ。

子供と下僕とのこの類似がまた、彼らがお互いに感じあっている強い愛情の基礎になっている。子供たちは大人たちの貴族社会と、そのお愛想だけの慇懃な態度とを憎む。何故なら子供というものは利口なものであり、大人たちが彼らを子供としてしか扱ってくれないのに、下男たちの方は彼らを一人前の人間として扱ってくれることを理解しているからである。この故に彼らはカルタやロト(12)遊びをするにも、お客たちとするよりは女中たちとする方を遥かに好む。お客たちは寛容な気持ちから子供のために遊ぶのであって、子供たちにわざと負けたり彼らをじらしたりして、自分の好きな時にやめてしまう。女中たちは普通、子供たちのためと同様に、自分たちのためにも遊ぶ。それ故、勝負は面白くなる。

女中は子供たちに対して強い愛着を持っているが、これは決して奴隷的愛着ではない。弱い者と単純な者とが互いに抱きあう愛情である。

昔は(トルコでは今でもそうだが)、地主と召使との間には家長的、王朝的愛情が存在した。今日、ルーシの地には、自分の主人の家門と家族とに忠実で誠実な下男はもはやいない。これもまた当然である。地主は自分の権力の正当性を確信していない。さりとてキリストによる最後の審判の場で、自分の召使たちのことで責任を問われるであろうとも考えず、ただ欲得のために権力を行使しているのである。召使の方も自分が従属していることの正当性を信じていない。暴圧を耐え忍ぶのも、神の罰としてでも、試煉としてでもない。ただ、彼が身を守る術を知らないからに過ぎない。泣く子と地頭には勝てないというわけだ。

若い頃、奴隷根性のこうした狂信的な信奉者の見本が二、三人いたのを覚えている。今では八十を超えた老地主たちは、こうした者たちの骨身を惜しまぬ熱心な働きぶりのことを、溜息交じりに昔語りに話しているが、その彼らの方は、自分の父や自分たちが、召使たちの自己犠牲的献身に対してどんな代償を払ってきたか、付言することは忘れている。

セナートルの領地のある村に隠居して、すなわち、食扶持《くいぶち》をもらって暮らしていた、アンドレイ・ステパーノフというよぼよぼの老人がいた。

彼はセナートルとわたしの父とが近衛に勤務していた頃の侍僕で、善良で実直で、酒を飲まない男であった。主人たち自身の言葉によれば、彼は若い主人たちの目を見て、彼らの意志を察知したということだが、このことは決してたやすいことではなかったと思われる。その後、彼はモスクワ近郊の村を管理していた。先ず、一八一二年の戦争ですべての連絡を断たれ、それから後、焼き払われた村の廃墟に、持ち金もなくただ一人取り残されて、彼は餓え死にしないために、幾らかの丸太を売り払った。セナートルがロシアに帰って、自分の領地の整理に取りかかり、遂に丸太のことを知った。セナートルは罰として彼の職務を取り上げて、彼を追い払った。老人は家族を抱えて寄食の生活を送った。わたしたちは、このアンドレイ・ステパーノフの住んでいた村を通過する時、そこに一日か二日滞在することがよくあった。卒中の発作をおこしたよぼよぼの老人は、父に挨拶をして話をするために、一本の松葉杖を頼りに、いつも必ず訪ねて来るのであった。彼の忠実さとその話し振りの穏やかさ、彼の不幸な姿、無帽の頭の両側の黄色っぽい白髪の房などは、わたしを深く感動させた。

「旦那さま」とある時彼は言った。「お兄上さまがまた勲章をおもらいなすったという話でございますが、わしも年を取りまして、もうじき神さまがお召しになるでございましょう。その前にお兄上さまの勲章を付けたお姿を拝見させていただきたいもんでございます。死ぬ前にせめて一度でも、綬《じゅ》やいろんな勲章を付けたお姿を見たいもんでございます！」

わたしは老人を見た。彼の顔はいかにも子供らしい打ちとけた顔であった。その背の曲がった姿、痛々しく歪められた顔、光の消えた目、か細い声——すべてが信頼の気持ちを起こさせた。彼は嘘をつかなかったし、へつらわなかった。彼は僅かな丸太ぐらいのことで十五年もの間自分を許すことのできなかった人間の「勲章と綬」を付けた姿を、死ぬ前に本当に見たかったのである。これは神聖というべきか、狂気じみているというべきか。だが狂気じみた人間のみが、神聖さに達することができるのではないだろうか。

新しい世代はこの種の偶像崇拝を持っていない。そして、もしも召使たちが解放されることを望まない場合があるとすれば、それは怠惰と物質的打算とによるものに過ぎない。これはより一層の堕落であって、このことに論議の余地はない。しかし、結末により近付いてもいる。恐らく、もしも彼らが主人たちの首にかけられている何物かを見たいと欲するとするならば、それはもはやウラジーミル勲章の綬ではないだろう。

ヤーコヴレフ家の召使たち

ここで、ついでにわたしたちの家の召使全般の状態について述べておこう。セナートルもわたしの父も、召使たちを特に苦しめることはなかった。すなわち、彼らを肉体的に苦しめることはしなかった。セナートルは怒りっぽく短気で、それ故にしばしば粗暴で理不尽であった。しかし、彼は召使たちとはあまり接触を持たなかったし、あまり彼らのことに気を配ることもなかったので、彼と召使たちとは互いにほとんど知らなかった。父の方は、その気紛れで彼らを困らせた。彼らの一つの目遣い、一つの言葉、一つの動作をも見逃さずに、絶えず教訓を垂れた。ロシアの下男にとっては、これはしばしば打擲《ちょうちゃく》や罵言よりも質《たち》が悪い。

体刑は、わたしの家ではほとんど知られていなかった。セナートルと父とが「仕置き場」(13)という忌むべき手段に訴えた二、三の場合はきわめて異例に属することで、家中の召使がそのことについて幾月も語り草にしたほどである。しかも、それは甚だしく大きな過失に対して行なわれたものであった。

よりしばしば行なわれたのは、下男を兵隊に出すことであった。この刑罰はすべての若い下男たちを恐怖させた。彼らは、係累もなく家族を持っていなくとも、二十年の間兵役に就くよりは、やはり農奴としてとどまっている方を望んだ。これらの恐ろしい情景はわたしの心に強い影響を与えた……。地主の招きによって二人の憲兵が現われ、泥棒のように不意に、指定の下男を捕まえる。村長は普通そこで、昨晩主人がその下男を役場へ連れて行くように命じたことを告げる。下男は涙を流しながらも、から元気を出している。女たちは泣いた。みんなは餞別を与え、わたしも自分のできる限りのもの、すなわち二十コペイカほどの金や襟巻を贈った。

今でもわたしが思い出すのは、ある村長が、集まった年貢を使い果たしてしまったということで、あごひげを剃り落とすように、わたしの父から命ぜられた時のことである。この刑罰がどういうことなのか、わたしにはまるで分からなかったが、六十歳ほどのその老人の姿はわたしを驚かせた。彼はすすり泣いて地面にひれ伏し、年貢の他に百銀ルーブル(14)の罰金を科せられてもいいから、不名誉な罰だけは許してくれるようにと願ったのである。

セナートルがわたしたちと一緒に住んでいた頃は、両方の召使は三十人の男と、ほぼ同数の女とから成っていた。しかし、結婚している女は何の勤めもしないで、自分たちの家庭の仕事をしていた。勤めをしているのは五、六人の女中と洗濯女たちで、洗濯女は二階へは上がれなかった。これにさらに小僧〔マーリチク〕と小娘〔ジョフチョンカ〕たちを加える必要がある。彼らは仕事、すなわち無為、怠惰、嘘言および安酒の飲み方を見習っていたのである。

その頃のロシアの生活を特徴づけるために、わたしは召使の給料について数言を述べることが無駄であるとは思わない。はじめ、彼らには食費として毎月五紙幣ルーブルずつ支給され、その後、これは六ルーブルになる。女にはそれより一ルーブル少なく、十歳ぐらいから上の子供には、半額が与えられる。召使たちは自分たちの間で協同組合《アルテリ》を組織していた。そして食費が足りないといって苦情を述べる者はいなかった。このことは食料がきわめて安かったことを証明している。給金の最高は年に百紙幣ルーブルで、他の者はその半額をもらった。中には年に三十ルーブルの者もいた。十八歳ぐらいより下の小僧たちは、給金というものをもらわなかった。決まったお手当の他に、召使たちは衣服、外套、下着、敷布、毛布、タオル、およびズックの藁布団を支給された。給金をもらわない小僧たちには、その精神的および肉体的清潔のための費用、すなわち、沐《もく》浴《よく》と精進との費用が支給された。すべてを計算にいれても、下男は三百紙幣ルーブルで済んだ。もしこれに薬品や医者に払う費用、たまたま村から送られてきて置き場所がないために彼らにやってしまう食料品などを計算に入れるとしても、三百五十ルーブルを超えることはない。これはパリやロンドンにおける下僕の費用の四分の一に相当する。

農場主たちは普通、奴隷制度の保険料〔ストラホヴォーイ〕、すなわち地主が支払う下男の妻子の扶養料と、老年になって村のどこかに住まわせる時に与える僅かなパン代とを計算に入れる。もとよりこれは勘定に入れておかなくてはならない金額ではあるが、しかしこの保険料は——体刑という恐怖〔ストラフ〕の割増金によって、また、召使たちが勝手に身分を変えることができず、かつどんなに悪い待遇でも、これを自分で変えることができないという事情によって、著しく減額されているわけである。

わたしは農奴という身分に対する恐ろしい意識が、召使たちの生活をいかに破壊し毒しているか、またいかに彼らの心をさいなみ、麻痺させているかを十分に見てきた。百姓たち、とりわけ年貢払い《オブローク》の百姓たちは身柄の束縛をさほど感じていない。彼らはどうやら自分が完全に隷属させられているということを信じないでいられるようである。しかしここでは、すなわち控え室の汚い椅子に朝から晩まで腰かけていたり、食卓の後ろに皿を持って立ち続けているのでは——疑問の生まれる余地はない。

もとより、水の中の魚のように控え室に住みついている者や、決して魂の目覚めを感じたこともなく、すっかり満足して、独特の腕前をもって職務を遂行している者もいる。この点で、わたしたちの家にはきわめて興味深い人物がいた——古くからの下男のバカイである。彼はレスラーのような体格をして背が高く、目鼻の大きな威厳のある顔立ちで、すこぶる思慮深そうな様子をしていた。彼は下男の地位が最も重要なものの一つであると考えつつ、非常に高齢になるまで生き永らえた。

この尊敬すべき老人は、いつでも怒っているか酔っ払っているか、あるいは同時に酔っ払って、かつ、怒っていた。自分の職務を彼はあるきわめて高い観点から遂行し、これに厳めしい荘重さを付与していた。彼は馬車の踏み段を、特別に騒々しく軋ませながら折り畳む術を心得ていたし、ドアを閉めるにも、小銃の射撃よりも激しい音を立てた。彼は馬丁台に陰気な顔をして直立し、馬車が轍《わだち》の上を通って少し揺れるごとに、轍はすでに五、六歩も後ろに通り過ぎてしまったにもかかわらず、必ず低く太い不満そうな声で、御者に向かって「静かに！」と注意するのであった。

彼の主な仕事としては、馬車の後部に乗って行くことの他に、彼が自発的に引き受けたものもあった。それは小僧たちに控え室の貴族的行儀作法を教え込むことであった。彼が酔っていない時には、授業はどうにか無事にはかどった。だが、彼の頭の中がざわめいている時には、彼は信じ難いほど杓子定規な暴君になった。時には、わたしが友達のために弁護に立つこともあったが、わたしの権威もバカイのローマ人的性格に対しては、あまり効き目はなかった。彼はわたしのために広間へのドアを開けて、

「ここはあなたのいるところじゃない。出て行きなされ。さもないと、両手にのせて運び出しますぞ」と言うのだった。

彼は小僧たちの一つの動作、一つの言葉も見逃さずに、彼らを叱りとばした。罵詈に付け加えるに、彼は拳骨を喰らわすか、あるいは「バターをほじる」、すなわち親指と小指とで、ばねのように素早く、かつ巧みに頭をはじくことも稀ではなかった。

彼が遂に小僧たちを追い散らして一人きりになると、彼の追及はその唯一の友であり、彼が養い、愛し、櫛《くし》で梳《す》いてやったり、愛撫してやったりしている、ニューファウンドランド産の大きな犬のマクベスの上に向けられる。一人ぼっちになって二、三分腰かけていてから外へ出て行くと、彼は腰かけ代わりの箱の上へマクベスを連れて来て、そこでこの犬と会話を始める。

「何だきさまは、馬鹿だな、あったかい部屋があるのに、この寒さに外に座っていやがる。何という畜生だ！　なに目玉をぎょろつかせていやがるんだ、え、何とか言わねえのか。」

それに続いてたいてい横っ面をひっぱたく。マクベスは時には自分の恩人に嚙みつく素振りをする。するとバカイは彼を叱りつけ、撫でてやらないどころか、手荒に扱う。

「まったく、犬を飼ってやったって、犬はやっぱり犬だ。歯をむき出しやがる。見さかいも何もありゃしねえ……。おれは面倒なんか見てやらねえから、かってにノミにでも食われてろ！」

そして、おのれの友の忘恩に辱められて憤慨しながら、嗅ぎたばこを嗅いで、指に残ったたばこをマクベスの鼻に投げつける。するとマクベスはくしゃみをし、恐ろしく不様な恰好をして、前足でもって鼻に落ちたたばこを目のところから取り除けようとする。そしてすっかり憤慨して、腰かけ台を離れてドアをひっかく。バカイは「ごろつきめ！」と言いながら、ドアを開けてやって、彼を足でつき出す。その頃になると、たいてい小僧たちが戻ってくる。そこで彼はまた「バターをほじる」ことにとりかかる。

マクベスの前にわたしたちの家には、ベルタという名の猟犬がいた。ベルタが重い病にかかった時、バカイはベルタを自分の藁布団の上に寝かせて二、三週間も看病した。ある朝早く、わたしが控え室に入って行こうとすると、バカイはわたしに何か言おうとしたが、声が変わってしまって、大粒の涙が頬を流れた――犬が死んだのであった。ここにも人間の心を知るための一つの事実がある。わたしは彼が小僧たちを憎んでいたとは決して思わない。それは安酒によって強められ、控え室の詩情に無意識に引き込まれた、厳しい気質に他ならなかったのだ。

しかし、奴隷制度のこれらのディレッタントと並んで、受難者たちの、望みなき犠牲者たちの、何という暗い姿が、わたしの記憶の中を悲しくも通り過ぎることだろう。

セナートルのところにひとりの料理番がいた。彼は人並み優れた才能を持ち、勤勉で酒も飲まなかったので、出世の道を歩んだ。セナートルが自ら彼を、その頃有名なフランス人の料理人のいた皇帝の調理場で働くように、世話をしてやった。彼はそこで見習いを終えてから、イギリス・クラブに勤めるようになり、金持ちになり、結婚して、旦那のような暮らしをしていた。しかし、農奴という身分の束縛が、彼をして安らかに眠ることも、自分の生活を楽しむことをも許さなかった。

気力を奮い起こし、イーヴェルの聖母像(15)に祈禱を済ませてから、アレクセイはセナートルのところへ行って、五千紙幣ルーブルで自分を解放してくれるように願った。セナートルは自分の料理番を、自分の画家を誇るのとまったく同じ気持ちで誇っていた。それ故、金は受け取らないで、自分の死んだ後に無償で解放してやると告げた。

料理番は雷に打たれたように驚いた。陰気になり、顔付きも変わり、頭髪も白くなり始めた。そして……ロシア人の常として——飲酒に耽りはじめた。仕事は投げやりになり、イギリス・クラブからは暇を出された。彼はトルベツカーヤ公爵夫人の家に雇われたが、公爵夫人はそのけちな性分によって彼を悩ませた。アレクセイは自分の考えを雄弁に述べ立てることが好きだったが、ある時、公爵夫人にあまりにひどく辱められ、持ち前の重々しい風貌と持ち前の鼻にかかった声で、彼女に言った。

「あなたさまの、そのいたってきれいなおからだには、何という穢《けが》れた魂が宿っているのでしょう！」

公爵夫人はひどく腹を立てて彼を追い出し、ロシアの貴婦人らしく、セナートルに宛てて苦情を書き送った。セナートルは何もしたくなかったが、礼儀正しい騎士として、料理番を呼び寄せて叱りつけ、公爵夫人のところへ謝りに行くように命じた。

料理番は公爵夫人のところへは行かずに、居酒屋へ行った。一年と経たない内に、彼は自分の解放のための上納金として準備しておいた金から最後の前掛けに到るまで、すべてを使い果たしてしまった。妻は彼のことでさんざん苦労した挙句、どこかにばあやとして雇われて立ち去った。彼のことについては、長い間消息がなかった。その後ある時、警察がぼろぼろの服を着て、半ば狂人のようになったアレクセイを連れて来た。彼は住む家もなく路頭をさまよい、居酒屋から居酒屋へと渡り歩いていたのである。警察としては、地主が彼を引き取ることを要求した。セナートルは哀れに思った。それに良心が咎めたのだろう。彼はアレクセイをかなり優しく迎えて、一部屋を与えた。アレクセイは相変わらず酒を飲んだ。酔うと騒ぎ立て、自分が詩を書いているのだという妄想を起こした。事実、彼はある種の混乱した幻想を持っていなかったわけではない。わたしたちはその頃ワシーリエフスコエに住んでいたのだが、セナートルは料理番をもてあまし、わたしの父ならこの男を説得できるだろうと考えて、そこへ彼を送って寄こした。

しかし、彼はあまりにも打ちひしがれてしまっていた。その時わたしは、農奴の心には主人に対するいかに凝り固まった憎悪と怨恨とが隠されているかを見た。彼は歯ぎしりをして、しかも特に話し相手が料理番の場合には、危険なことのありうるような身ぶりを交えながら話した。わたしの前では、彼は遠慮せずに喋った。彼はわたしを愛し、しばしば親しげにわたしの肩を叩きながら言った。

「腐った樹に生えた善良な枝だ。」

セナートルが死ぬと、わたしの父はすぐに彼を解放した。だがこれはすでに遅かった。ただ厄介者を追い払ったことになったに過ぎない。彼はそのまま姿を消した。

彼と並んで、農奴の身分のもうひとりの犠牲者のことを、思い出さないわけにはいかない。セナートルのところに、文書係のような仕事をしていた三十五歳ほどになる下男がいた。一八一三年に死んだわたしの父の兄が、[16]村に病院を建てるつもりで、准医師の仕事を学ばせるために、彼をある知り合いの医者のところへ見習いに出した。医者は彼のために、外科医学専門学校《アカデミア》の講義に通う許可を得てくれた。その青年には才能があり、ラテン語もドイツ語も習得し、臨床の方もどうにかできた。二十五歳の頃に、彼はある士官の娘に恋をし、身分を隠して彼女と結婚した。だが、長くだまし続けることはできなかった。彼の妻は、彼の主人の死後、自分たちが農奴の身分であることを知って驚いた。彼の新しい所有者となったセナートルは、彼らを少しも差別したりせず、むしろこの若いトロチャーノフ[17]を可愛がったのであるが、彼と妻との争いはやまなかった。彼女は夫の嘘を許すことができず、他の男と駆け落ちした。トロチャーノフは彼女を深く愛していたに違いない。彼はその時から異常なほどの憂鬱に陥った。毎晩出歩き、自分の金を持っていないので、主人の金を使い込んだ。切羽詰まった挙句、彼は一八二一年の十二月三十一日に毒を飲んだ。

その時セナートルは家にいなかった。トロチャーノフは父の部屋に入ってくると、わたしのいる前で暇乞《いとまご》いにきた旨を告げ、不足している金は彼が使ったのだということを、セナートルに伝えてほしいと言った。

「おまえは酔っている」とわたしの父は彼に言った。「行ってゆっくり寝なさい。」

「わたしはもうじき永遠に眠ります」と医者は言った。「ただ、どうかわたしのことを悪く思わないでください。」

トロチャーノフの落ち着いた様子は父を驚かせた。そして彼は、トロチャーノフを一層注意深く見つめてから尋ねた。

「どうしたんだ、おまえは、寝ぼけているのか。」

「何でもありません。砒素《ひそ》を一杯飲んだだけです。」

人びとは医師と警察とへ使いを出し、彼に吐剤を与え、牛乳を飲ませた……。吐き気を催し始めた時、彼は嘔吐を抑えて言った。

「そこにじっとしていろ、じっとしていろ、おれはおまえを吐き出してしまうために飲んだんじゃない。」

それから毒薬の作用がますますひどくなってきた時、わたしは彼の呻《うめ》き声と、「焼ける！　焼ける！　火が！」と繰り返す、苦しみに満ちた声とを聞いた。

誰かが、司祭を呼んでもらったらどうか、と彼に言った。彼はそれを望まないで、カロに向かって、死後の生活などはありえない、自分は解剖学をよく知っているのだと言った。夜の十一時を過ぎた頃に、彼は軍医長に向かって、「何時ですか」とドイツ語で尋ねた。それから、「ああ、もう新年ですね、おめでとうございます」と言って、息を引き取った。

朝になると、わたしは浴場にあてられていた小さな離れに駆けつけた。そこにトロチャーノフの遺骸が運ばれていたのである。遺体は机の上に横たえてあった。息を引き取った時のままの姿で、燕尾服を着て、ネクタイはつけずに、胸を開けはだけていた。彼の顔は恐ろしく歪み、すでに黒ずんでいた。これはわたしの見た最初の死体であった。わたしは失神せんばかりになって外へ出た。新年の祝いに贈られたおもちゃも絵もわたしを慰めなかった。黒ずんだトロチャーノフが目の前に浮かんだ。そして「焼ける！　焼ける！　火が！」という彼の声が聞こえた。

　この痛ましい話を結ぶにあたって、わたしはただ一つのことを言おう――控え室はわたしに事実上悪い影響は一つも与えなかったということを。かえってそれは、幼い頃からわたしの心の中に、あらゆる奴隷制度とあらゆる専横とに対する抜き難い憎悪を植えつけたのである。わたしがまだ小さな子供だった頃、よくヴェーラ・アルターモノヴナが、何かの悪戯をしたわたしをきつく叱る時に、「いまに見ていらっしゃい、あんたは大きくなったら、きっと他の旦那がたと同じようになるから」と言ったものだ。この言葉はひどくわたしを辱めるのであった。だが、老婆は満足してよいだろう――少なくとも、他の旦那のようには、わたしはならなかったのだから。

勉強と読書

　控え室と女中部屋との他に、わたしにはもう一つの気晴らしがあった。そしてこれには、少なくとも、妨げになるものはなかった。わたしは、勉強が嫌いであったのと同じくらいに、読書が好きであった。手当たり次第に本を読みたいという欲望は、概して、真面目な勉強の主な妨げの一つであった。わたしは、例えば、前にも後にも、語学の理論的な学習には耐えられなかったのだが、どうにか理解したり、少しは間違いながらも話したりする程度に上達するのは非常に速かった。しかしいつも、そこで止まってしまうのであった。わたしの読書にはそれで十分だったからである。

わたしの父はセナートルと共同で、十八世紀のフランスの書物からなる、かなり豊富な蔵書を持っていた。これらの書物は、セナートルの家の一階にある誰も住まない湿っぽい部屋に、幾つもの山をなして積み重ねてあった。鍵はカロが持っていた。わたしはこれらの文学の貯蔵庫の中を、好きなだけほじくり返すことを許されていた。そしてわたしは一人で読み耽った。父はこのことに二重の利益を認めていた。第一に、わたしがフランス語を早く習得することになるし、その上、わたしは没頭している、つまりおとなしくしていて、しかも自分の部屋にいるということでもある。それにわたしは持ち出した本のすべてを人に見せたり、自分の机の上に乗せて置いたりしたわけではない。ある本は戸棚の中に隠しておいた。

わたしは何を読んだのか。言うまでもなく、小説と喜劇の類である。わたしはフランス劇の『レペルトワール』[18]とロシアの『戯曲全集』[19]を五十冊ほど読了した。どの巻にも三、四篇ずつの戯曲があった。フランスの小説の他に、わたしの母のところには、ラフォンテーヌ[20]の小説やコッツェブー[21]の喜劇があって――わたしはそれらをたいてい二回ずつ読んだ。小説がわたしに大きな影響を与えたとは言えない。わたしも、すべての少年と同じように、幾らか込み入った怪しげな場面には、むさぼるように飛びついたものだが、それらがわたしをとりわけ熱中させることはなかった。遥かに強い影響を与えたのは戯曲『フィガロの結婚』である。わたしはそれが無性に好きだった。わたしは『戯曲全集』のロシア語訳で、それを繰り返し二十回も読んだ。わたしはシェリュバンと伯爵夫人とを熱愛した。それどころか、わたし自身がシェリュバンであった。それを読む時には、わたしの心臓の鼓動は止まりそうになって、自分でもそれがどういうことなのかまるで理解できなかったのだが、わたしは何か新しい感情を覚えるようになった。小姓に女の衣裳を着せてやる場面は、わたしを何と魅惑したことだろう。わたしは誰かのリボンを胸に隠して、密かにそれに接吻したい衝動に駆られた。実際は、その年頃のわたしには、婦人とのどんなつきあいもなかったのだが。

　僅かに思い出すのは、Б《ベー》家の二人の娘が時たま日曜日に、寄宿女学校からわたしたちの家に遊びにきたことである。十六歳ほどの妹の方は驚くほど美しかった。彼女が部屋に入ってくると、わたしはどぎまぎしてしまった。一度も彼女に話しかけることができずに、わたしは密かに彼女の綺麗な黒い瞳と、黒い巻き毛とに見入っていたものだ。一度も、誰にも、わたしはこのことを口に出せなかった。そして恋愛の最初の息吹は、誰にも、彼女にさえも知られずに、過ぎ去ったのだった。

幾年も経ってからでも、彼女に会うと、わたしの心臓は激しく高鳴った。そしてわたしは自分が十二歳の時に、彼女の美しさにいかに祈りを捧げたかを、思い出すのであった。

言うのを忘れていたが、『ウェルテル』は『フィガロの結婚』とほとんど同じくらいに、わたしの心を捉えていた。わたしはこの小説の半分は理解できずに飛ばして、恐ろしい終局の場面を早く読もうと急いだ。そしてそこで、わたしは狂ったように泣くのであった。一八三九年に『ウェルテル』がたまたまわたしの手に入った。これはウラジーミルでのことである。わたしは、自分が少年の頃にそれを読んでどんなに泣いたかを妻に話し、最後の手紙の部分を彼女に読んで聞かせた……。そしてあの個所まで来た時、涙が流れて、わたしは読み続けることができなかった。

十四歳ほどになるまで、わたしは父から特に抑圧されていたとは言えない。ただ、元気のいい少年にとって、家の中の雰囲気全体は重苦しいものであった。肉体上の健康についての頑《かたくな》で不必要な配慮が、精神上の健康に対する完全な無関心と並んで、わたしをひどくうんざりさせていた――風邪をひかないように、悪い物を食べないようにと、色々と配慮され、ほんの少し鼻風邪をひいたり咳をしたりしただけで、煩わしい世話を受けることになった。冬になると、わたしは幾週間も家の中で過ごした。馬車に乗って外をひと回りしてくることが許される時には、暖かい長靴をはいたり、襟巻をしたり、その他色々な身支度をさせられた。家の中は、暖炉のためにいつも耐え難いくらいの暑さだった。すべてこれらのことは、もしもわたしが母から不屈の健康を受け継いでいなかったならば、わたしを虚弱な意気地のない子供にしてしまったに違いない。だが、母にはこうした偏見はまったくなかった。そして自分の部屋では、父の部屋で禁じられていたすべてのことを、わたしに許してくれたのだった。

勉強の方は、競争もなく励まされることもほめられることもなかったので、はかどらなかった。秩序も監督もなく、わたしはいい加減な態度で勉強した。そして、記憶力と生き生きした理解力が努力の代わりをするだろうと思っていた。もちろん、教師たちに対しても何の監視もなかった。授業料で折り合いがつけば――あとは決まった時刻に来て、決まった時間だけ席に着いて帰って行く――彼らは自分のしていることについて何の報告も出さずに、幾年でも続けることができた。

わたしのその頃の勉強の最も奇妙なエピソードの一つは、わたしに朗読法を教えてもらうためにフランスの俳優ダレスを招いたことである。

「近頃の者はこれにあまり注意を払わないが」と父はわたしに言った。「兄のアレクサンドル、あれはオフレン(22)に付いて、六カ月も続けて毎晩、〈テラメーヌの独白(23)〉を読んだのだが、結局オフレンの気に入るほど上手にはなれなかったものだ。」

そういうわけで、わたしは朗読を習うことになった。

「ところで、〈ムッシュー・ダレス〉」と父はある時彼に尋ねた。「あなたは舞踊の授業もおできになるのでしょうな。」

六十歳を超えた太った老人であるダレスは、自分の才能について判断することはできないが、「〈グランド・オペラ〉のバレエには、しばしば助言を与えたことがある」ということを、深い自尊心と、それに劣らず深い謙譲の念とをもって答えた。

「わたしもそうだろうと思いましたよ」と父は彼に言って、嗅ぎたばこ入れを開いて、彼に差し出した。こんなことを彼は、ロシア人やドイツ人の教師には一度もしたことはなかったのである。「おさしつかえなかったら、朗読の後で、〈あれの気晴らしに〉ちょっと踊ってやっていただけますまいかな。」

「〈伯爵様の御意のままに。〉」

それから、パリをこよなく愛していた父は一八一〇年のオペラ座のロビーのこと、ジョルジュ(24)の若い頃のこと、高齢になってからのマルス(25)のことなどの思い出話をしたり、カフェーや劇場のことを色々尋ねたりした。

さて、わたしの小さな部屋を想像していただきたい。淋しい冬の晩、窓は凍りついて、そこから細紐を伝わって水が流れ落ちている。机の上の二本の獣脂ろうそく――そしてわたしたちの〈二人だけの対話〉。ダレスは舞台の上ではまだかなり自然に語っていたが、授業の時の朗読においては、自然からできるだけ遠ざかることを自分の義務と心得ていた。彼はラシーヌを、何だか歌うような調子で読んだ。そして詩句の区切りのところにくると、頭の後ろで髪を分ける、あのイギリス式な髪の分け方を思い出させるような切り方をする。そのために、一つひとつの詩句は折れた杖に似てくるのであった。

その際、彼は水に落ちた泳げない人のような手の動かし方をした。詩の各行を彼はわたしに数回繰り返させた。そしていつも首を振った。

「そうじゃない、全然そうじゃない!」「〈よく注意して!「われは神を畏れる、アブネールよ。」〉」そこで切ってから彼は目を閉じ、かすかに首を振って、片手でそっと波状の髪を払いのけながら、付け加える。「〈その他のものは何も畏れぬ。〉」(26)

それからこの「神の他の何ものをも畏れなかった」老人は時計を見て本を閉じ、椅子を持ってくる。この椅子がわたしの踊りの相手の婦人なのであった。

こういうことがあった以上、わたしが決して踊ったことがないのは驚くにあたらない。これらの授業は長くは続かず、二週間ほど経って、きわめて悲劇的に終わった。

わたしはセナートルと一緒にフランス劇場へ行った。前奏曲を一回終え、さらにもう一回やった。幕は中々上がらない。前の方の座席の人たちは、自分たちもパリを知っていることを示そうとして、パリで後ろの座席の連中がよくやるように、騒ぎ始めた。カーテンの前にひとりの舞台監督とおぼしき男が現われて、右にお辞儀をし、左にお辞儀をし、そして正面にお辞儀をしてから言った。

「皆様のご諒承を切にお願いいたします。わたくしたちは恐ろしい不幸に見舞われました。同僚のダレス氏が——実際に監督の声は涙で途切れがちだった——ご自分の部屋の中で、炭酸ガス中毒のためにおなくなりになっているのが発見されたのであります。」

ロシアの炭酸ガスはわたしを、こういう過激な手段で朗読と独白から、また彫刻をしたマホガニー製の四本足の貴婦人との一人踊りから、解放してくれたのである。

二人のドイツ人

十二歳頃になると、わたしの養育は女の手から男の手に移された。その頃父は、わたしにドイツ人を付けようとして、二度も失敗したことがある。

子供付きのドイツ人というのは家庭教師ではないが、さりとて養育係でもない。これはまったく特別の職業である。彼は子供に勉強を教えるわけでもなく、服を着せるわけでもない。ただ子供たちの勉強の様子や着替えの仕方を監視したり、彼らの健康に気をつけたり、彼らと一緒に散歩したり、自分勝手な下らぬことを、必ずドイツ語で話して聞かせたりするのである。家に家庭教師がいれば、ドイツ人は彼に服従する。もし養育係がいれば、養育係はドイツ人に服従する。来講券で通っている教師たちは、予期しない原因で遅刻したり、自分たちの意志と無関係の事情であまりにも早く帰って行くので、ドイツ人にお世辞を使う。そこでドイツ人は、まったく無学であるにもかかわらず、自分を学問のある人間だと思うようになる。女の家庭教師たちはドイツ人を買い物や、ありとあらゆる雑用に使うが、自分たちに言い寄ることを許すのは、肉体的にひどく欠陥がある場合と、他の崇拝者がまったくいない場合だけである。

十四歳ぐらいになると、子供たちは両親に隠れて、ドイツ人の部屋に行ってたばこを吸うようになる。ドイツ人はこれを我慢する。何故なら、彼がその家に留まっているためには、有力な援助の手立てが必要だからである。事実、たいていこの頃になると、子供付きのドイツ人は感謝され、時計を贈られ、そして暇を出される。もしも子供たちと町をぶらついたり、子供たちの鼻かぜや服の汚れのことなどで小言を言われたりすることに飽きると、子供付きのドイツ人は単なるドイツ人になり、小さな売店を開いて、かつての教え子たちに琥珀《こはく》のパイプやオーデコロンや巻きたばこを売ったり、その他の種

類の秘密の奉仕をする。＊

＊『一青年の手記』の中に述べられているオルガンの演奏者で音楽の教師であったエックは何の勢力も持たず、音楽の教師だけをしていた。

わたしに付けられた最初のドイツ人は、シレジアの生まれで、イョキシュ[27]と呼ばれていた。わたしの考えでは、彼を雇うのをやめるためには、この姓を聞いただけで十分だったはずである。背の高い頭の禿げたこの男は、この上ない不潔さを特徴としていた。農学の知識を自慢にしていたから、父が彼を雇ったのも、まさにこのためであったと思う。わたしは嫌悪の念をもって、このシレジアの巨人を眺めた。そしてわたしが彼と妥協したのは、彼がデーヴィチー原やプレスニャー池の畔《ほとり》などを散歩しながら、わたしに色々ないかがわしい笑話を話して聞かせたからで、わたしはこれを控え室で受け売りして話したのである。彼は一年もいなかった。村で何か良からぬことをしたために、園丁が彼を鎌で殺そうとしたのである。父は彼に出て行くように命じた。

彼の後任には、ブリンスヴィク・ヴォルフェンビュッテルの兵士(恐らく逃亡兵)で、フョードル・カルロヴィチという名の、達筆と類稀なる愚鈍さとを特徴とする男が来た。彼はわたしの家に来る前に、すでに二軒の家で子供付きの役をしていたことがあり、幾らか慣れていた。すなわち、自分に家庭教師らしい様子を付与していた。おまけに彼は、フランス語を話すときは、強い「シ」の発音を交ぜ、アクセントを間違えるのだった。*

＊イギリス人はドイツ人よりもフランス語を話すのは下手である。しかし、彼らは単にそれをたどたどしく話すに過ぎないが、ドイツ人はそれを卑しくしてしまう。

わたしは彼にどんな尊敬の念も持たなかった。とりわけ、わたしがどんなに教えてやっても、彼には二つのこと、すなわち小数と比例が理解できないのだということを確信してからというものは、わたしは彼をとことんいじめてやった。概して少年というものは、心の中に多くの無慈悲なもの、残酷なものをさえ持っているものだが、わたしは比例のことで、哀れなヴォルフェンビュッテルの猟兵を残酷にいじめたのである。わたしはこのことに熱中して、フョードル・カルロヴィチの愚鈍さについて、父に得意になって話したほどだった。わたしが父とこのような話をすることは、滅多になかったのだが。

加うるにフョードル・カルロヴィチは、金ボタンのついた青い新しい燕尾服を持っていることを、わたしに自慢していた。事実わたしは彼が、大き過ぎはするが、とにかく金ボタンのついている燕尾服を着て、ある結婚式に出かけて行くのを見たことがある。彼に付いている召使の小僧が、この燕尾服は彼が知り合いの化粧品店の売り子から借りてきたのだということを、わたしに密告した。わたしは少しの同情もなく、この哀れな男に、青い燕尾服はどこにあるのかと、しつこく聞いた。

「あなたの家には、衣魚《しみ》が沢山いるので、知り合いの仕立屋にあずけてあります。」

「その仕立屋はどこに住んでいるの。」

「あなたには何の関係があります。」

「どうして言えないの。」

「人のことに余計な口出しをするものではありません。」

「そんならいいや、だけど一週間経つと、ぼくの名の日がくるから、その日は仕立屋のところから青い燕尾服を取ってきて、ぼくのために着てね。」

「いえ、取ってきません。あなたにはそんなことをしてあげる必要はありません。あなたは〈無作法〉だからです。」

そこでわたしは指で彼を脅かした。

フョードル・カルロヴィチに最後の打撃を与えることになったのは、彼がある時フランス人教師のブーシェのいる前で、自分が新兵としてワーテルローの会戦に参加し、ドイツ軍がフランス軍をこっぴどくやっつけた、と言って自慢したことであった。ブーシエはちょっと彼の方を見ただけで、このナポレオンの征服者が幾らかまごついたほど、ものすごく嗅ぎたばこを嗅ぎ始めた。ブーシェは節だらけの杖に憤然ともたれながら出て行った。それからというものは、彼はフョードル・カルロヴィチのことを〈下司《げす》の兵士[28]〉としか呼ばなかった。わたしはこれがベランジェ[29]の言った洒落だということをその頃はまだ知らなかったので、ブーシェの思いつきを十分面白がることができなかった。遂に、このブリュッヘル将軍[30]の同僚はわたしの父と仲違いして、わたしたちの家を出て行ってしまった。その後、父はもはやわたしをドイツ人で苦しめることはなかった。

このブリンスヴィク・ヴォルフェンビュッテルの兵士のいた頃は、わたしは彼の友人がやはり「ドイツ人」として住みこんでいた家の少年たちのところへ時々遊びに行き、一緒に遠くへ散歩に行ったものだが、彼がわたしの家を去ってからは、わたしは再びまったくの孤独の内に取り残され――退屈し、孤独から抜け出ようとしながら、しかし出口を見いだすことができないでいた。父の意志に打ち克つことのできなかったわたしは、もしもその後間もなく次の章に述べるような、新しい知的な活動と二つの出会いとがわたしを救ってくれなかったならば、この生活の中で恐らく、打ちひしがれていたことだろう。父は自分がどんな生活をわたしに強制していたか、一度も考えたことはなかったのだと、わたしは確信している。もし気が付いていたとすれば、わたしの最も罪のない希望、最も自然な要求を拒むことはなかったはずである。

たまには彼は、セナートルと一緒にフランス劇場に行くことを、わたしに許してくれた。これはわたしにとってこの上ない楽しみだった。わたしは演劇を熱愛していたが、この楽しみも嬉しさと同じくらいの悲しみをもたらした。セナートルがわたしを連れて行くときは、芝居はすでに始まっていた。しかも彼はいつも必ずどこかへ招待されているので、終わりまで観ないで、わたしを連れ出してしまうのであった。劇場はアルバート門の近くのアプラークシン[31]の邸内にあり、わたしたちの住んでいたのはスタ－ラヤ・コニューシニャヤ街であったから、非常に近かったのだが、父にはセナートルと一緒に帰ることを、厳しく命じられていたのである。

教理問答書と福音書

わたしが十五歳ほどになった時、父はわたしに大学に入る準備に必要な範囲で神学の授業を受けさせるために、ひとりの司祭[32]を招いた。わたしが教理問答書を手にしたのはヴォルテールを読んだ後のことであった。宗教が教育上、ロシアにおけるほど控え目な役割を演じているところはない。そして、これは言うまでもなく――きわめて結構なことである。初等神学の授業に対して司祭に支払う金はいつも、他の教師の半額である。しかし、その司祭がラテン語の教授をもする場合は、彼はそれに対して、教理問答書の授業料よりも高い授業料を取ることになっていた。

父は宗教を教養ある人間にとって必要なものの一つに数えていた。彼の言うには、聖書は理屈抜きに信じなければならない。何故なら、そこでは知性は何の役にも立たず、すべて理屈ばった解釈を加えることは、対象を分かり難くしてしまうに過ぎないからである。また、自分が生まれながらに属する宗教の儀式を履行しなくてはならぬ。ただし、信心に度を過ごしてはいけない。それは年を取った女には似つかわしいが、男には向かないと。果たして彼自身は信じていたのであろうか。習慣と礼儀上、また万一の必要のため、幾分かは信じていたものと、わたしは思う。しかし彼は自分では、健康を害しているということを口実にして、教会のいかなる仕来《しきた》りをも実行したことはなかった。彼が司祭を呼んだことはほとんどなかった。あるいは呼んでも、誰もいない広間で聖歌を歌ってもらい、人をして広間へ謝礼の二十ルーブル紙幣を届けさせるだけだった。冬には彼は、司祭と輔祭が沢山の寒さを持ち込んでくるので、いつも必ず風邪をひくからと、言い訳をした。村で暮らす時には、彼は教会に通い、司祭も呼んだ。しかしこれは敬神の念からというよりは、むしろ世間的な、管理上の目的からであった。

母の方はルター派であった。従って、一段と宗教的であった。彼女は毎月一度か二度は日曜日に、自分の教会に、バカイが頑固に言い張った表現によれば、「ご自分のキルヘ〔ドイツ語で「教会」の意〕に」出かけた。わたしは何もすることがないので、彼女に付いて行った。その教会でわたしは、ドイツ人の牧師たちの身振りや、大袈裟で空虚な話し振りを、ほとんど俳優のように上手に真似することを覚えた。これはわたしが成年になるまで持っていた才能であった。

　毎年、父はわたしに精進することを命じた。わたしは懺悔することを恐れた。一般に教会的〈演出〉はわたしを驚かせ、かつ恐怖させた。わたしは本当に恐怖しながら聖餐式に臨んだ。だが、わたしはこれを宗教的感情とは呼びたくない。これはすべて了解不能なもの、秘密めかしたものが、とりわけ真面目くさった厳めしさを付与される時に生み出す恐怖である。占いやまじないもそういう働きをする。復活大祭週間の早課(33)をすませて精進を終え、赤い卵と凝乳菓子と甘パン《クリーチ》(34)とを食べてしまうと、わたしはまる一年の間、もはや宗教のことについて考えなかった。

　しかし福音書は、わたしは教会スラヴ語とルターの翻訳とで、幾度も愛情を込めて読んだ。わたしはまったく指導なしに読んだのであり、すべてを理解したわけではなかったが、その書への心からの深い尊敬を感じていた。ごく若い頃には、わたしはしばしばヴォルテール主義に熱中し、皮肉や嘲笑を好んでいた。だが、福音書を一度でも冷淡な気持ちで手にしたことはなかったと思う。それは全生涯を通じて変わらなかった。幾つになっても、色々な出来事の折節に、わたしは繰り返し福音書を繙いた。そしていつ読んでも、その内容は心に落ち着きと温かさをもたらすのであった。

司祭がわたしに授業をするようになった時、彼はわたしが福音書については全般的な知識を持っているばかりではなく、本文を一語一句間違わずに引用するのにびっくりした。「しかし神さまは——と彼は言った——知恵を開いて下さっても、まだ心を開いては下さいません。」そしてこの神学者は、両肩をすぼめながら、わたしの「二重性」に驚いてはいたが、わたしがテルノーフスキー(35)の前で返答ができるであろうと考えて、わたしに満足していたのである。

間もなく別な種類の宗教がわたしの魂を捉えた。

第三章　政治的目ざめ

アレクサンドル一世の死と十二月十四日

ある冬の朝、時ならぬ時刻にセナートルがやって来た。彼は気掛かりな面持ちで、早足に広間を通りながら、わたしには広間にいるように手で合図をすると、父の書斎に入って錠を下ろした。

幸い、わたしは何事が起きたのかについて、長く頭を悩ます必要はなかった。控え室のドアが少し開いて、仕着せのシューバ〔毛皮外套〕の狼の毛皮で半分覆われた赤い顔が、小声でわたしを呼び寄せた。これはセナートルの下男であった。わたしはドアの方へ飛んで行った。

「お聞きになりませんでしたか」と彼は言った。

「何を?」

「皇帝陛下がタガンローク〔アゾフ海沿いの街〕で亡くなられたのです。」

この知らせはわたしをひどく驚かせた。その時までわたしは、彼にも死ぬことがありうるなどと、一度も考えたことがなかったからだ。わたしはアレクサンドル皇帝に対する深い尊敬の念を抱きながら育った。そして、この少し前に彼をモスクワで見たことを思い出して、悲しくなった。散歩の途中、わたしたちはトヴェリスカーヤ関門の先で彼の姿を見かけたことがある。彼はホディンカで行なわれた演習の帰り道、二、三人の将軍を従え、馬に乗って静かに通って行った。彼は愛想よく、顔付きも温和で、丸味を帯びていた。だが、その表情は疲れて悲しげであった。すれ違う時、わたしは帽子を脱いで頭上に上げた。彼は微笑みながらうなずき返してくれた。

髪を短く刈り上げ、口ひげをはやしたメドゥサ(1)といった風貌のあのニコライとは、何という違いだろうか。ニコライは街頭でも宮廷でも、自分の子供たちや大臣たち、使者や女官たちに対しても、自分の視線ががらがら蛇の特質を持っているかどうか——つまり相手の血を凝固させてしまうことができるかどうかを、絶えず試そうとしたものである。*もしもアレクサンドルの外面的温容が仮面であったとしても——そのような偽善の方が、専制権力の厚かましい露出よりは、まだましではなかろうか。

*伝えられるところによると、ある時ニコライは自分の家庭で、すなわち秘密警察の二、三の

長官、二、三の側付女官と侍従武官たちのいる前で、マリーア・ニコラーエヴナ〔ニコライ一世の娘、一八一九―七六〕に自分の視線を試したことがある。彼女は父に似ていた。その眼差しは、実際、父親の恐ろしい眼差しを思わせるものがあった。娘は父の視線を大胆に耐えた。彼は蒼《あお》ざめ、その頬は震えはじめた。そして、両の目は一際兇暴になった。娘の方も同じ目付きで応えた。周りのすべての者が蒼ざめ、震えはじめた。側付女官や侍従武官たちはバイロンが『ドン・ジュアン』の中で描いたような、視線によるこの食人種的ツァーリ的一騎打ちに息の根が止まりそうであった。ニコライは立ち上がった――彼は鎌が石にぶつかった〔手ごわい者同士の衝突の意〕と感じたのである。

……混乱した考えがわたしの頭の中をさまよい、店でコンスタンチン帝[2]の肖像画が売られている間に、また、宣誓についての布告が伝えられ、善良な人びとが宣誓に急いでいる間に、皇太子退位の噂が広まった。それに続いて、セナートルの例の下男――これがまた大の政治好きで、馬の方は食事の後で交替するのに、彼の方は交替する暇もあらばこそ、朝から晩まで、セナートルにつき従って馬車を乗りまわして、他の元老院議員たちの家や役所の控え室に出入りしていたので、これらのニュースを集めることができたのだが、それがペテルブルクで反乱のあったこと、ガレーラ街で「大砲をぶっ放した」ことなどをわたしに知らせてくれた。

次の日の晩に、憲兵将軍のコマローフスキー伯爵[3]がわたしたちの家に来た。彼はイサーク寺院広場における包囲のこと、近衛騎兵隊の突撃のこと、ミロラードヴィチ伯爵の死のことを話した。

それから逮捕が始まった。「誰々が連行された。」「誰それが逮捕された。」「誰と誰が村から連れて行かれた。」驚いた親たちは子供たちのことを心配して震えた。暗い雲が空を覆った。

アレクサンドルの治世には政治的弾圧は稀であった。なるほど彼はプーシキンを詩のことで、またラブジーン[4]を、彼が美術院参事だった時に皇帝の御者のイリヤ・バイコフを美術院会員に推薦したかどで、流刑に処した。* しかし大々的な弾圧はなかった。秘密警察はまだ憲兵の独立した組織にまでは拡張されておらず、古いヴォルテール主義者で、ジュイー[5]を思わせるような皮肉屋で饒舌家《じょうぜつか》でユーモア作家であるデ・サングレン[6]を長とする一つの課に過ぎなかった。

*美術院総裁がアラクチェーエフを名誉会員に推薦した時、ラブジーンはアラクチェーエフ伯爵が芸術に対していかなる功績ありやと尋ねた。総裁は返答に窮したが、アラクチェーエフが「皇帝に最も近い人物」であるから、と答えた。「もしそういう理由で十分ならば、私は皇帝の御者イリヤ・バイコフを推薦する」と参事は言った。「彼は皇帝の近くにいるのみな

らず、皇帝の前に腰かけている。」ラブジーンは神秘主義者で、《シオン報知》の発行者であった。アレクサンドル自身も神秘主義者であったが、ゴリーツィンの内閣の崩壊と共に、自分のかつての「キリストと内在人格とを信ずる兄弟たち」をアラクチェーエフの手に委ねてしまった(一八二四年の出来事)。ラブジーンはシムビルスクに流された。

ニコライの治世になると、デ・サングレン自身が警察の監視の下におかれるようになり、前と少しも変わらなかったにもかかわらず、自由主義者と見なされることになった。この一事を見ても、二つの治世の違いをたやすく知ることができるだろう。

ニコライは即位するまではまったく知られていなかった。アレクサンドルの時代には、彼は何者をも意味せず、誰の関心をも引かなかった。今や、誰もが急に彼のことを色々と尋ねはじめた。近衛の士官たちだけがこれに回答を与えることができた。彼らはニコライを、その冷酷、狭量、執念深さの故に憎んでいた。市内に伝えられた最初の逸話の一つが、近衛士官たちの意見を確証して余りあった。噂によると、あるとき教練の際に、ニコライ大公はひどく激昂して、一士官の襟首を摑もうとした。士官は彼に答えた。

「殿下、わたしは手に剣を持っております。」

ニコライはあとじさりした。一言も口をきかなかった。だが、士官の返答は忘れなかった。十二月十四日の事件の後、彼はこの士官が連座しているか否かを二度も聞いた。

幸いに、この士官は連座していなかった。*

＊この士官はたしかサモイロフ伯爵であった。彼は辞職してモスクワで静かに暮らしていた。ある時、ニコライは劇場で彼を見つけた。ニコライにはサモイロフが何となく凝った風変わりな身なりをしているように思われた。そこで彼は、皇帝の資格をもって、このような服装が舞台で嘲笑されるようにとの希望を表明した。劇場の支配人で愛国者であるザゴースキンは俳優のひとりに、何かのヴォードヴィルの中で、サモイロフの役を演ずるように依頼した。この噂は市内に伝わった。劇が終わった時、本物のサモイロフが支配人のボックスに入ってきて、自分の分身に少し言いたいことがあると申し出た。支配人はちょっと臆したが、騒ぎになることを恐れて、その道化役者を呼んだ。「あなたは大変上手にわたしに扮《ふん》しました——と伯爵は彼に言った——しかし完全に似るには、一つ欠けているものがありました。このダイヤモンドです。これはいつもわたしが身につけているものです。これをあなたにお渡しします。またわたしに扮するように命ぜられた時は、これをお着けなさい。」そしてサモイロフは静かに自分の席に戻って行った。こうして彼に対する卑俗な悪戯は、チャアダーエフを狂人なりと宣言したことや、その他のやんごとなき悪戯と同様に、愚劣なる失敗に終わった。

精神的な目ざめ

社会の調子は目に見えて変わっていった。急速な道徳的低下は、ロシアの貴族たちの間に人格的尊厳の感情というものがいかに僅かしか発達していなかったかということの、悲しむべき証左となった。(婦人たちを除いては)誰も、一夜の内に逮捕された身内の者たちや友人たち、きのうまで自分たちが握手していたこれらの人びとについて、同情を示すことも、温かい言葉を発することも敢えてしなかった。反対に奴隷状態への野蛮な狂信者が現われるようになった。ある者は卑劣さから、またある者は、一層悪いことには——何の利得にも関わりなしに。

ただ婦人たちだけが、親しい者たちからのこの恥ずべき離反に加わらなかった……。十字架の傍らに立ったのは婦人たちだけであった。血まみれの断頭台の傍らに姿を現わしたのは——リュシル・デムーラン(7)、斧《おの》の傍らを離れることなく自分の番を待った、かの革命のオフェリアであり、あるいは絞首台の上で、狂信的青年アリボー(8)に同情と友愛の手を差し伸べたジョルジュ・サンド(9)であった。

流刑地に送られた人びとの妻たちは、あらゆる市民権を奪われ、財産や社会的地位を投げ捨てて、永遠の囚われの生活へ、東シベリアの恐ろしい気候の中へ、かの地の警察の一層恐るべき迫害の下へと赴いた。共に行く権利のなかった姉妹たちは宮廷から遠ざかり、その多くの者はロシアをも去った。ほとんどすべての女たちが、受難者への強い愛情を心に抱いていた。しかし、男たちにはそれがなかった。恐怖が彼らの心の中でそれを食い尽くしてしまった。不幸な人びとのことを口に出す勇気のある者は一人としていなかったのだ。

　このことに触れた以上、わたしはこれらの英雄的な物語の内、ほとんど知られていない一つの物語について、数言を述べないではいられない。

　古い家柄のイワショーフ家にひとりのフランス人女性[10]が家庭教師として住んでいた。イワショーフの一人息子[11]が彼女との結婚を望んだ。これは彼の一族を驚かせた。人びとは騒ぎ立て、涙を流し、懇願した。フランス婦人には、決闘でノヴォシーリツェフを殺し、同時に彼によって殺されたチェルノフのような兄[12]はいなかった。そこで人びとは彼女を説得してペテルブルクから去らせ、また彼には——自分の意図をしばらく延期するように言い聞かせた。イワショーフは積極的な謀反者のひとりだったので、無期徒刑の判決を受けた。しかし、イワショーフ家の人たちは彼のこの〈身分違いの結婚〉をやめさせることはできなかった。

　恐ろしい知らせがパリに戻っていた若い娘のところに届くと、彼女はすぐさまペテルブルクに向かった。そして、イルクーツク県にいる自分の婚約者イワショーフの下へ行く許可を願い出た。ベンケンドルフは彼女のこのような犯罪的意図を思い止まらせようとしたが、成功せず――ニコライに上奏した。ニコライは、徒刑に処せられた夫を見棄てなかった妻たちがどんな状態に置かれているかを、彼女に説明してやるように命じ、かつ、彼は彼女を引きとめはしないが、貞節のために夫に付いて行く妻たちの場合は、幾らか情状を酌《く》んでやるべき点もあるが、彼女の場合は、承知の上で犯罪人と結婚するのであるから、少しもそんなことをあてにする権利はないことを知らなければならない、と付言した。

彼女もニコライも約束を守った。彼女はシベリアに向かった――ニコライは彼女の運命を少しも軽くしてはやらなかった。

> 皇帝は厳しかりしかど、公平なりき。[13]

要塞監獄では、許可の出たことについては何も知らなかったので、哀れな娘はそこまで行くには行ったが、そこの当局者がペテルブルクに問い合わせている間、イワショーフの消息を知ることも、また彼に自分のことを伝えることもまったくできずに、あらゆる種類の前科者の住んでいる町に留まって、時を待たなければならなかった。

少しずつ、彼女は新しい仲間と知り合いになった。彼らの中にひとりの流刑囚の強盗がいて、その男は要塞の中へ働きに行っていた。彼女はこの男に自分の身の上を話した。あくる日、強盗は彼女にイワショーフからの短い手紙を持ってきた。さらに次の日、彼はイワショーフからの便りも伝えてやるし、彼女の手紙も渡してやると申し出た。彼は朝から晩まで要塞の中で働かなければならなかった。夜更けになると彼は、疲れているにもかかわらず、イワショーフからの手紙を持って吹雪の中を出かけて行き、明け方近くに仕事に戻って行くのであった。

遂に許可が届き、彼らは結婚した。数年の後に、徒刑は流刑に代えられた。彼らの境遇は幾らかは良くなった。だが力はすでに使い尽くされてしまっていた。妻が先ず、今までのあらゆる辛苦の重荷の下に倒れた。彼女は、南国の花がシベリアの雪の上で萎まなければならなかったように、萎んでしまった。イワショーフも間もなく彼女の後を追った。彼は妻の死後丁度一年経って死んだ。しかし、その頃でも彼はすでにこの世の者ではなかった。〔秘密警察の〕第三課をも驚かせた彼の手紙は限りなく暗く、気高い夢遊病の光なき詩の跡を留めていた。彼は妻の死後、実際は生きていたのではなく、静かに厳かに死につつあったのである。

この「聖者伝」(14)は彼らの死と共に終わったのではない。イワショーフの父は息子が流刑になった後、財産を庶子に譲り、可哀想な弟のことを忘れずに、彼の力になってやるようにと依頼した。イワショーフ夫妻の死後には、二人の子供が残された。名前を持たぬ二人の乳飲み児、未来の二人のカントニスト、[15]シベリア移住民は——保護もなく、権利もなく、父も母もなしに取り残された。イワショーフの兄は子供たちを引き取る許可をニコライに求めた。ニコライはこれを許した。数年後に彼は別の願いを出してみた。子供たちの襲名を嘆願したのだが、これもうまく行った。*[16]

*イワショーフ夫妻をよく知っていた人たちがその後わたしに語ったところによれば、この強盗についての話は幾らか疑わしいとのことである。そして子供たちを引き取ったことや兄の示した同情について語る以上は、イワショーフの姉妹たちの美しい行為を思い出さざるをえない。わたしはこの物語の詳細をシベリアにいる兄（イワショーフ）の下へ赴いたヤズィコワ夫人（エリザヴェータ・ペトローヴナ、一八〇五—四八）から聞いたのだが、強盗についての話をしたのは、彼女であったかどうか、わたしは覚えていない。ある見知らぬ分離派教徒に託して、オボレーンスキー公爵（エウゲーニー・ペトローヴィチ、一七九六—一八六五、デカブリスト）に手紙と金とを送っていたトルベツカーヤ公爵夫人（デカブリスト、セルゲイ・トルベツコーイ公爵の妻）と、イワショーフの妹とを、人びとは混同していたのではなかろうか？

またイワショーフの手紙は保存してあるのだろうか？　われわれは彼の手紙を調べる権利を持っているように思う。

騒擾や裁判についての話、モスクワ市中の恐怖はわたしの心に強い衝撃を与えた。わたしの前には、新しい世界が開けてきた。それはますますわたしの精神生活全体の中心となりつつあった。どうしてそうなったのか、わたしには分からない。事件の本質をあまりよく理解していなかった、あるいは、きわめてぼんやりとしか理解できなかったが、わたしは自分が散弾銃と勝利の側、牢獄と鉄鎖の側にいるのではないことを感じた。ペステリ(17)とその同志たちの処刑は、わたしの心の子供らしい眠りを最終的に目覚めさせたのだ。

誰もが受刑者の運命の軽減を期待していた――即位式がやがて行なわれることになっていたからである。わたしの父でさえ、その慎重さと懐疑主義とにもかかわらず、死刑の判決は実行されないだろう、すべては人の心に衝撃を与えるためだと語っていた。しかし、彼は他のすべての人と同様に、若い君主をよく知らなかったのである。ニコライはペテルブルクを去って、モスクワへは寄らずに、ペトロフスキー宮殿に滞在した(18)……。モスクワの人びとは《モスクワ通報》(19)紙上で七月十四日の恐ろしい報道を読み、自分の目をほとんど信ずることができなかった。

ロシアの国民は死刑を忘れていた。エカテリーナ二世(21)の身代わりに処刑されたミローヴィチ(20)の後には、また、プガチョーフとその仲間たちの後には、死刑はなかった。召使たちは鞭《むち》の下で死んで行った。兵士たちは〈法律上は禁じられてはいたが〉〔一列に並んだ兵士たちの〕列の間に追いやられて死ぬまで殴られていた。しかし〈法律上の〉死刑は存在しなかった。(22)人びとの語るところによれば、パーヴェル帝の治世に、ドン河の沿岸にコサックの局地的反乱があり、これに二人の士官が関係していた。パーヴェルは彼らを軍法会議に付するように命じ、コサックの首領《ゲトマン》だか将軍だかに全権を与えた。軍法会議は二人の士官に死刑の判決を下したが、この判決の執行を敢えて手続きしようとする者はいなかった。そこでコサックの首領はこれを皇帝に上奏した。

「奴らはみんな女のような者どもだ」とパーヴェルは言った。「刑の責任をわしに転嫁しようとしている。ありがたいことだ。」そして死刑を徒刑に代えた。

ニコライは死刑を、最初は法に反して、我が国の刑法の中に持ち込んだのだが、後にはこれを正式に自分の法典に加えた。(23)

恐ろしい知らせのあった次の日、クレムリンで感謝祈禱《モレーベン》が行なわれた。*(24)処刑の祝典を済ませ、ニコライは晴れてモスクワ入りを果たした。わたしはその時初めて彼を見た。彼は皇太后と若い皇后が乗っている馬車のわきを騎馬で進んだ。彼は好男子であった。しかし、それは寒気を覚えさせるような男振りであった。彼の顔くらいその人の性格を仮借なく示している顔はない。後ろに急に傾斜している額と、頭蓋の代わりに発達した下顎とは、不屈の意志と弱い思考力を、感受性よりも多くの残忍性を示していた。しかし、重要なのはその目である。それはどんな暖かさも、どんな優しさもない、冬のような目なのである。パーヴェルがロプヒナー[25]を愛したように、アレクサンドルが自分の妻以外のすべての女を愛したように、彼が一度でもある女を熱烈に愛したことがあるとは、わたしは信じない。「彼は女たちに好意を持ったことはある。」だがそれ以上ではない。

*「五人の首謀者に対するニコライの勝利を祝うために、モスクワで感謝祈禱が行なわれた。クレムリンの中で、フィラレート府主教は殺人に対して神に感謝を捧げた。皇帝の一族が祈り、傍らに元老院議員、大臣たちが居並び、その周りに巨大な広さにわたって、跪《ひざまず》いた近衛兵が密集し、軍帽を脱いで、やはり祈りを捧げていた。クレムリンの高所からは大砲が轟《とどろ》いた。

絞首台がこれほどまでに厳粛さをおびたことはいまだかつてなかった。ニコライは勝利の重要さを理解した！

十四歳の少年であったわたしは、群集の中に紛れてこの祈禱の場にいた。そしてその場で、血まみれの祈禱によって汚された祭壇の前で、わたしは処刑された人びとのために復讐することを誓った。そして、この玉座との、この祭壇との、これらの大砲との闘いに一身を捧げることを決意した。わたしはまだ復讐を果たしていない。近衛と玉座、祭壇と大砲——すべては残った。しかし三十年後の今日、わたしは一度も放棄したことのない同じ旗の下に立っ

ている。」(《北極星》一八五五年)

ヴァチカンにある新しいギャラリーには、恐らくピウス七世[26]の蒐集にかかるものと思われる、ローマとその近郊で発掘された立像、胸像、置き物の大きなコレクションがある。ローマの没落の全歴史がそこに、眉《まゆ》や、額や、唇の表情によって示されている。アウグストゥスの娘たちからポッパエア・サビナ[27]に到るまでに、貴婦人たちは娼婦に変わってしまい、娼婦の型が優勢となって残る。男性の型はアンティノオス[28]とヘルマフロディートスとにおいて、言わば自己分裂して二つに分かれる。一方には、ヘリオガバルス帝[29]の妾のように肉体的および精神的堕落、淫蕩と飽食と血と地上のすべてのものとによって汚された額の低い小粒な感じの容貌、あるいはガルバ帝[30]のように、落ち窪んだ頬を持った容貌がある。この最後の型は奇しくもナポリ王[31]の内に再現されている。

しかしまた別の型もある――これは軍司令官たちの型である。彼らの内では、市民的なものや人間的なものはことごとく死滅し、ただ一つの欲望――命令したいという欲望だけが残った。知力は狭少であり、心情はまったくない――これは権勢欲の修道僧である。彼らの容貌の内には、力と冷酷な意志とが見られる。反乱軍の指揮官たちが一時しのぎにローマ帝国に据えた近衛と軍隊の皇帝たちはこのような者である。彼らの間に、わたしはまだ口ひげのなかった頃のニコライを思わせる多くの首を見つけた。わたしは激昂しつつ死んでゆく者の傍らには、こうした陰気で不屈の番人が必要であることは理解する。しかし伸びゆく若い者に、何故彼らが必要なのだろうか。

　政治的な夢想が、昼も夜も、わたしの心を捉えていたにもかかわらず、わたしの理解は特別な洞察力を備えていたわけではない。わたしの理解はきわめて雑然としたものであって、実際のところわたしは、ペテルブルクの騒擾が皇太子〔コンスタンチン大公〕を帝位につけて、その権力を制限することを主な目的としたものだと考えていた。その結果——まる一年もの間、この変わり者を崇拝していた。その頃彼はニコライより人気があった。何故なのか、わたしには分からないのだが、彼から何一つ良いことをしてもらわなかった民衆、彼からただ災害のみを与えられた兵士たちが、彼を愛していた。わたしは、彼が戴冠式の時に、黄色っぽい、逆立った眉をしかめて、黄色い襟のリトアニア近衛兵の制服を着て、背を丸め、両肩を耳の高さにまで上げながら、蒼ざめたニコライの脇を歩いて行った姿を、よく覚えている。彼は代理の父となってニコライをロシアの帝位につけてから、ポーランド人たちを最終的に怒らせるために、ワルシャワに去った。一八三〇年の十一月二十九日(32)まで、彼のことは人びとの噂にものぼらなかった。

　我が主人公は美しくなかった——あのような型はヴァチカンにも見あたらない。わたしがサルデーニア王を見たことがなかったとしたら、この型をガッチナ(33)型と呼んだはずである。

テロリスト・ブーシェ

言うまでもないことだが、今や孤独が前にもましてわたしを苦しめるようになった。わたしは自分の意見と空想とを誰かに告げたかった。それらを検討し、それらに対する確認を聞きたかった。わたしは、自分のことをあまりにも誇らかに「謀反人」と考えていたので、このことについて沈黙していることもできなかったが、さりとて見境いなく喋ったりもしなかった。

わたしが最初に選んだ相手はロシア人の教師であった。イワン・プロトポーポフは、かの高潔な、かつ漠然とした自由主義で胸を一杯にしているような人物であった。このような自由主義は、しばしば最初の白髪と共に、また結婚や地位と共に、消え去って行くのであるが、なおかつ人間を高潔にするものである。イワン・エヴドキーモヴィチ〔プロトポーポフ〕は感動し、帰り際にわたしを抱きしめて言った、「これらの感情があなたの心の中で成熟し、強くなって行きますように」と。彼の共感はわたしにとって大きな喜びであった。彼はこのことがあってから後、わたしにプーシキンの詩、「自由への頌詩《しょうし》」、「短剣」、ルィレーエフ(34)の「思索」などを細かに書き写した、ひどく擦り切れた何冊かの手帳を持って来てくれた。わたしはそれらを密かに書き写した……（だが今ではわたしはこれらを公然と印刷している！）。(35)

　もちろん、わたしの読む本も変わった。政治が前面に出て来て、主に革命の歴史を読むようになった。それまでのわたしは、ただ、マダム・プローヴォの話を通じてそれを知っていたに過ぎない。地下室の書庫の中で、わたしはフランス王党派の書いた一七九〇年代の歴史の本を見つけた。その本は、十四歳の少年であったわたしでさえも信じなかったほど、偏ったものであった。わたしはブーシェ老人から、彼が革命の時にパリにいたことをちょっと聞いたことがあったので、彼に詳しく聞いてみたくてたまらなかったのだが、ブーシェは大きな鼻に眼鏡をかけた、厳格で気難しい人間で、決してわたしと余計な話をするようなことはなかった。動詞の変化を説明し、教本を書き取らせ、わたしを叱りつけ、そして節だらけの太い杖をつきながら帰って行くのが常であった。

「何故ルイ十六世は処刑されたんですか」とわたしは授業中に彼に質問した。

　老人は白くなった眉の一方を下げ、他方を上げながら、わたしをちょっと見た。そして眼鏡を兜《かぶと》の面覆いのように額へ上げ、大きな青いハンカチを取り出すと、それで鼻を拭きながら重々しく言った。

「〈彼は祖国に対する裏切り者だったからです。〉」

「先生がもし裁判長のひとりだったら、判決に署名しますか。」

「両手をもってしますとも。」

この授業はあらゆる接続法の授業に劣らぬほど有益だった。わたしにはそれだけで十分であった。国王が当然の報いとして処刑されたことは明らかだった。

ブーシェ老人はわたしを愛してはいなかった。わたしが満足に予習をしなかったので、わたしを取り柄のない腕白者《わんぱくもの》と見なしていたのだ。彼はしばしば、「あなたはろくな者にならない」と言っていた。しかし、彼の〈君主殺し〉の思想に対するわたしの共感を認めた時、彼は怒りを好意に変え、誤りを許し、そして、九三年の数々のエピソードを、また「放蕩息子や詐欺師ども」が勝利を得た時[36]に、彼はフランスを去ったのだということなどを物語ってくれるようになった。彼は相変わらず重々しく、笑顔も見せずに、授業を終わりまで続けた。だが、すでに寛容な態度でわたしに言うのだった。

「わたしは本当に、あなたがろくな人間にならないと思っていました。けれども、あなたの純真な気持ちがあなたを救うでしょう。」

これらの教育者的な励ましと共感に、間もなく、もっと温か味のある、そしてわたしに強い影響を与えた別の共感が加わった。

コールチェワの従姉

トヴェーリ県のある小さな町に、父の一番上の兄の孫娘(37)が住んでいた。わたしは彼女をごく小さな頃から知っていたが、わたしたちは稀にしか会わなかった。彼女は年に一度、クリスマスから洗礼祭までの期間か、(38)または乾酪週間〔カトリックの謝肉祭にあたる〕頃に、自分の伯母(39)と共にモスクワへ来て、ほんのしばらく逗留するくらいだった。それでもわたしたちは親しくなった。彼女はわたしより五つほど年上であったが、大変背丈が小さくて幼く見えたので、わたしと同い年とも見えた。わたしが彼女を好きになったのは、とりわけ彼女がわたしを子供扱いしなかった最初の人だからである。すなわち、わたしが大きくなったと言っていつも驚いてみせたりはしなかったし、わたしが何を習っているかとか、よく勉強しているかとか、軍人になるつもりなのかとか、そしてどこの連隊に入るのか、などと聞かず、大人たちが普通互いに話し合うように、わたしと話してくれたのである。ただし一般に娘たちが、自分より幾つか年下の少年に対して持ちたがる、物識りぶった威厳は失わずにではあったが。

わたしたちは一八二四年から文通していた、しかも非常にしばしば。だが手紙というものは、これは——あくまでもペンと紙であり、インクの斑点で汚れ、ペンナイフで刻まれて傷だらけになった机に向かうことに過ぎない。わたしは彼女に会いたかった。会って新しい思想について語りたかった。だから、従姉が二月(一八二六年)になったら、わたしたちの家に来て、数カ月滞在するということを聞いた時に、わたしがどんなに有頂天になったかは、想像に難くない。わたしは自分の机の上に、彼女の来る日までの日数を刻みつけて、過ぎ去った分を消して行った。時には、一度になるべく多くの日数を消し去る喜びを味わうために、わざと三日ぐらいも忘れようとしたりした。それでも時の過ぎ去るのはひどく遅かった。しかも予定の日も過ぎてしまって、改めて新しい予定日を知らせてきた。だが、例によって、その日もまた過ぎ去った。

ある晩わたしは、イワン・エヴドキーモヴィチと共に学習部屋にいた。(40) イワン・エヴドキーモヴィチは、いつものように、一つ文句を口にするたびにクワスで口直しをしながら、「六脚韻律」の説明をしていた。グネージッチ訳の(41)『イーリアス』の各行を、声と片手の動作とで韻脚に恐ろしい勢いで区切りながら。急に外から雪の軋る音が聞こえてきた。それは都会の橇《そり》が立てるのとはどこか違った音だった。橇は鈴の音の余韻をかすかに残してとまった。戸外で人声がする……。わたしの頬は紅潮した。わたしはもはや、区切って読まれた「ペーレウスの息子なるアキレウス」の怒りどころではなかった。(42) わたしはまっしぐらに控え室に向かって駆け出した。トヴェーリ県の従姉は、シューバやショールや襟巻や頭巾にくるまり、白い毛皮の長靴をはいて、厳しい寒さのために、あるいはまた嬉しさのためであったかもしれないが、顔を赤くしながら、わたしに駆けよって接吻した。

人びとは普通、青春の始めの頃について、また、その悲しみや喜びについて回想する時には、『知恵の悲しみ』の中のソフィヤ・パーヴロヴナのように、気取って、「本当に子供でした！」とでも言いたそうな様子で、(43)幾らか寛大な微笑を浮かべて語るものである。あたかも、彼らがその後は利口になって、より強く、または、より多く物事を感ずることができるようになったとでもいうように。子供たちは三年も経つと、自分のおもちゃを恥ずかしがる――それは当然だ。彼らは大人になりたいのだから。彼らはきわめて急速に成長し、変化する。彼らには、そのことが自分たちのジャケットや教科書のページによって分かる。それを見れば大人にも、「子供時代」というものが青年時代の二、三年と共に、人生でも最も充実した麗しい時期であり、そして、自分たちの今の生活に直結した、恐らくは最も重要な時代なのだということが、きっと理解できるはずだ。その時期はそれと気づかれぬ内に、未来のすべてを決定しているのである。

人というものは、立ち止まったりためらったりすることなく、足早に歩を進めている内は、また、窪地に足を取られて首の骨でも折ったりしない内は、自分の人生はまだまだこれからだといつも思い、過去を高いところから見下ろして、現在を評価できないものだ。しかし経験が春の花を落とし、夏の火照りを冷まし、自分の人生は本当のところ、もう終わっていて、残っているのはその延長に過ぎないのだということに気付くようになると、打って変わって、若かりし頃の明るく温かい、そして美しい別の思い出へと立ち返るのである。

自然はいつでも狡猾で自分の力を計算して、人間に青春を与えるが、人間が成人すると、その人間を自分のために取り上げる。自然は人を社会や家庭という、本人には大半がいかんともなし難い諸関係の中に引き込み、巻き込む。もちろん、人は自分の行為にそれなりの性格を与える。だが、彼はほんの僅かしか自分自身ではなく、個性の持つ叙情的な要素は薄められ、それだけに、知性と意思の他は、情感も喜びもいよいよ弱まってゆく。

従姉の人生にはバラの花が敷き詰められてはいなかった。彼女は子供の頃に母を失った(44)。彼女の父(45)は救い難い賭博好きで、生まれながらの賭博好きの常として、十回も貧乏し、十回も金持ちになり、そして、しまいにはすっかり落ちぶれてしまった。財産の〈残余〉を彼は養馬場の経営に注ぎ込んで、これにおのれのすべての知力と情熱とを傾けた。彼の息子は竜騎兵士官候補生で、従姉のただ一人の兄であり、きわめて善良な若者だったが、彼もまた破滅に向かってまっしぐらに突き進んだ――十九歳にして彼はすでに、父よりももっと熱狂的な賭博者になっていた。

父親は五十にもなって、何の必要もないのに、スモーリヌィ修道院の卒業生であるひとりの未婚の女性と結婚した。ペテルブルクの貴族寄宿女学校で学んだ女として、これほどに申し分のない完全なタイプには、わたしは出会ったことがない。彼女は最も優秀な生徒のひとりであり、後には、修道院の級付き女教師であった。痩せて、ブロンドで、強い近眼であった彼女は、外貌そのものの内に何か説教的で教訓的なものを持っていた。彼女は決して愚かな女ではなかったが、その言葉には熱心さの割に実感が感じられず、出来合いのフレーズで善行と忠誠とについて語り、年代学と地理学とを諳んじていた。また、厭わしいほど正確にフランス語を話し、一見謙遜しているように見えながら、その実、イエズス会士そこのけの傲慢さを隠していた。「黄色いショールを羽織った神学生たち(46)」に共通したこれらの特徴の他に、彼女は純粋にネフスキー修道院的な、あるいはスモーリヌィ修道院的な特徴を持っていた。彼女は、自分たち皆の母の訪問のことを語る時には、涙を湛えた目で天を見上げるのであった。彼女はまたアレクサンドル帝を恋慕していた。そして、エリザヴェータ女帝の書簡の一節、〈彼は好意の微笑を取り戻した！〉という文句を刻んだメダリオンだか宝石入り指輪だかを身につけていた。(47)

馬とロマと騒音と酒宴と競馬との熱狂的な愛好者である賭博好きの父親、完全なる独立の内に育てられ家の中でしたい放題のことをすることに慣れていた娘、それに年取った女教師からいきなり新婚の人妻となった博学なる処女とからなる、この調和ある〈トリオ〉がどんなものであったかは、想像に難くない。言うまでもなく、彼女は継娘を愛さなかったし、言うまでもなく、継娘の方も彼女を愛さなかった。そもそも三十五歳の女と十七歳の娘との間には、前者が自己犠牲的に性を捨てようと決意している場合にのみ、大きな友情が存在しうるのである。

わたしは継娘と継母との間の、世間によくある敵意を決して不思議とは思わない。それは自然であり、道徳的である。母親に代わって新しい家庭に入ってくる者は、子供たちに嫌悪の情を呼び起こす。第二の結婚——これは子供たちにとっては第二の葬式である。この感情の中には、子供の愛情がはっきりと表われている。この愛情はこれらの孤児に向かって——「これはおまえのお父さんの妻ではあっても、決しておまえのお母さんなんかではないのだよ」と囁く。キリスト教は初めの内こそ、それが涵養《かんよう》しようとしていた結婚の観念からすれば、また、それが説教していた霊魂不滅の観念からすれば、二度目の結婚が一般に不合理なものであることを理解してはいたが、教会は絶えず世俗に譲歩しつつ、策を弄《ろう》し過ぎて失敗した。すなわち、生活の仮借なき論理と、父の連れ合いを自分の母と見なさなければならないという敬虔なる不合理に対して、実際的に反抗した単純な子供の心とにぶつかったのである。

一方、婚礼を終えて既成の家族や子供たちの中へ入って行く女の方も、気まずい立場に置かれる。彼女には子供たちをどうすることもできない。彼女は抱くことのできない感情を押しつけなければならない。他人の子供も、自分の子供と同じようにかわいいものだということを、自分にも他人にも言い聞かせなければならない。

だから、わたしはこのかつての修道院女生徒をも、また従姉をも、二人が互いに嫌悪し合ったことの故に非難するつもりは少しもない。規律などというものに慣れていない若い娘が、親の家からどこへでも勝手に飛び出して行きたくなった気持ちが、わたしには理解できる。老境に入りかけていた父親は、おのが博学なる妻にますます服従するようになり、従姉の兄である竜騎兵の不身持ちはますます募り、要するに、家の中は重苦しかった。そして、彼女は遂に継母に頼んで、数カ月あるいは一年でも、わたしたちの家に寄寓する許しを得たのである。

来たあくる日から、従姉は授業以外のわたしの日課をすっかり覆してしまった。彼女は一緒に読書する時間を専制的に定めた。小説を読むことは勧めないで、セギュールの世界史と『アナカルシスの旅行記』とを勧めた。ストイックな見地から彼女は、たばこを紙に巻いて(そのころは巻きたばこはまだなかった)密かに吸うわたしの強い嗜好に反対した。概して、彼女はわたしに道徳を説くことを好んだ――わたしはそれを実行しないまでも、おとなしくしまいまで聞くことにしていた。幸いに彼女は長続きしない性分だった。彼女は自分の命令も忘れて、わたしと一緒に、考古学的小説の代わりに、チョッケ(48)の小説を読んだ。そして、密かに召使の少年を使いに出して、冬には、そば粉や植物性の油の入ったえんどうのゼリーを、夏には、すぐりの実などを買って来させた。

わたしは従姉からとても良い影響を受けたと思う。彼女と共に、温かい要素が、僧房のようなわたしの少年時代の生活の中に持ち込まれた。それはわたしの心の中にやっと発達しかけていながら、わたしの父の皮肉によってすっかり押し潰されてしまったかもしれない感情を温めてくれたし、あるいはこれを守ってもくれたのである。わたしは注意深くあること、一つの言葉からも悲しみを感ずること、友人について配慮すること、愛することを学んだ。さらに、わたしは感情について語ることを学んだ。彼女はわたしの抱いていた政治的志向を支持し、わたしに非凡な将来と栄光を予言した。そしてわたしは子供らしい自尊心をもって、わたしが未来の「ブルータスあるいはファブリキウス」であるという彼女の言葉を信じた。

彼女は黒いマントと黒い制服とを着たアレクサンドル驃騎兵《ひょうきへい》連隊のある士官に対する恋の秘密を、わたしだけに打ち明けた。これは本当の秘密であった。何故なら中隊を指揮しているこの士官自身も、十八歳の少女の胸の中に、自分への思慕の清らかな火が燃えていたことを、少しも知らなかったからである。わたしがその士官の運命を羨ましく思っていたかどうか、わたしは覚えていない——恐らく、幾らか羨んでいただろう——しかしわたしは、彼女が自分の秘密を打ち明ける相手に、わたしを選んでくれたことを誇りとした。そして、（ウェルテルにならって）わたしはこれこそは——自殺、毒薬および短剣をもって偉大な結末を告げるべき、かの悲劇的情熱の一つであろう、と想像した。わたしは、その士官を訪ねてすべてを話そうか、と考えたことさえあった。

従姉はコールチェワから羽根つき遊びの羽根を持って来ていた。その内の一つにピンを差したのがあって、彼女はそれより他の羽根は使わなかった。そして、それがわたしや他の者の手に渡ると、自分はそれが一番使い慣れているのだからといって、取り戻した。わたしは、常にわたしの邪悪なる誘惑者であった〈悪戯〉の悪魔に唆されて、そのピンを抜いて、別の羽根に差し込んでおいた。この悪戯は完全に成功した。従姉は相変らず、ピンの差してある羽根を取った。二週間ほど経って、わたしは彼女に話した。彼女は顔色を変え、涙を流して自分の部屋に去った。わたしはひどく驚いて、途方に暮れた。半時間ほど待って彼女のところへ赴いたが、部屋は閉ざされていた。わたしはドアを開けてくれるように頼んだ。だが、従姉は部屋へ入れてはくれなかった。彼女はからだの具合が悪いのだと言い、わたしが思い遣りのない子だから、もう自分の親友ではないと言った。わたしは彼女に手紙を書いて、わたしを許してくれるように願った。お茶の後でわたしたちは仲直りして、わたしは彼女の手に接吻し、彼女はわたしを抱きしめて、あれが彼女にとってどんなに大切なものだったかを説明した。一年前に、その驃騎兵が彼女の家で食事をして、食後、彼女と羽根つき遊びをした。その時に彼のついた羽根に彼女は印をつけておいたのである。わたしは良心の呵責に悩まされた。わたしは本当の聖物冒瀆をしたような気がした。

従姉は十月まで滞在した。彼女の父親は、一年後にはワシーリエフスコエのわたしの家に行かせてやるからと約束して、彼女に取りあえず家に帰ってくるようにと言ってきた。わたしたちは恐怖の念をもって別離の時を待った。遂に秋のある日、一台の馬車が彼女を迎えにきて、彼女の女中が木皮細工の箱や厚紙の箱を馬車の中へ運んだ。わたしの家の召使たちも、彼女のために道中一週間分もの色々な食料を積み込んで、車寄せのところに集まって、別れを惜しんだ。わたしたちは固く抱き合った——彼女は泣き、わたしも泣いた。馬車は通りに出て、そば粉菓子やえんどうのゼリーを売っていたあの場所の脇の横町を曲がって、姿を消した。わたしは庭を歩きまわった。何となく冷たい、重苦しい気持ちで。そして自分の部屋に入った。そこも何か空虚な、冷たい感じであった。わたしはイワン・エヴドキーモヴィチの授業の予習にとりかかった。だが心の中では、馬車は今どこにいるだろう——関門を通り過ぎたかしら、それともまだだろうか、などと考えていた。

ただ一つのことがわたしを慰めた。来年の六月になれば——ワシーリエフスコエでまた会えるのだ！

ワシーリエフスコエ村の思い出

わたしにとって、村は蘇りの時であった。わたしは村の生活を熱烈に愛していた。森、野原、そして自由——すべてこれらのものは、石の壁の中で綿に包まれて育ち、どんな口実があっても、許しがなくては、また、召使を連れずには門の外へ一歩も出ることのできなかったわたしにとっては、きわめて目新しいものだった……。

「今年はワシーリエフスコエへ行くんだろうか、行かないんだろうか？」この問いが、春の内からわたしの心を強く捉えるのであった。父はいつも、今年は早く行く、木の芽の萌え出るのが見たいのだ、と言うのだが、決して七月より前に出かけることはなかった。ある年など、彼はあまりに遅くなって、まるっきり行けなくなってしまったこともある。毎年冬になると、彼は村へ手紙を出して、家を掃除して暖めておくように命じた。

しかしこれは、本当に行くつもりだったからというよりは、むしろ深い政治的考慮からで――つまり村長や民会《ゼムスキー》の者が主人の到来の近いことを心配して、経営に一層注意するようにさせるためであった。

わたしたちは行くことになったらしい。父は村で休息したいということ、行って経営を監督する必要があるということを、セナートルに話していた。しかし、今度もまた数週間が過ぎた。

少しずつ事が確実になってきて、砂糖、茶、色々なひきわり、ワインなどの食料を村へ送り始めた。そこで再び中断があって、遂に村長に宛てて、これこれの日に百姓馬幾頭を差し向けるようにとの命令が出される。かくして、いよいよわたしたちは出かけるのだ！

その頃わたしは、農繁期に四日も五日も無駄にすることが、農民にとってどんなに辛いことであったかということを考えもせず、心から喜んでノートや本の荷造りを急いだ。馬が着いた。わたしは内心の満足をもって、馬たちが裏庭で飼葉を食べたり、鼻を鳴らしたりしている音を聞き、また御者たちの奔走や、どこに誰が腰かけ、どこに誰の身の廻りの品を乗せるかということについての、召使たちの争いに大きな関心を持ったりした。召使部屋では朝まで明かりが灯り、すべての者が荷造りをし、大小の袋をあちらこちらに引きずり、旅の身支度をしていた（行程は僅か八十露里《ヴェルスタ》〔約八十五キロ〕ほどに過ぎなかったのに！）。一番興奮していたのは父の侍僕で、彼は荷造りをきわめて重大なことであると考えていて、他の者がせっかく荷造りをしたものをすべて乱暴に放り出し、腹立ちのあまり自分の頭髪をかきむしり、近付き難くなっていた。

わたしの父はその朝は決していつもより早く起きることはなかった。むしろ、いつもより遅いくらいだったと思われる。やはり長いことかかってコーヒーを飲み、十一時頃になってやっと馬車に馬を付けるように命ずる。主人の馬を六頭付けた四人乗りの箱馬車の後から、三台、時には四台の荷馬車、すなわち幌馬車、半蓋馬車、それから大型の有蓋馬車か、あるいはその代わりに、二台の小型の荷馬車が続いた。これらの馬車は召使と身の廻りの品とで満ち溢れていた。荷馬車が先に幾組も出発しているにもかかわらず、どれにも荷物がぎっしりと詰まっていて、誰もがまともに腰かけることもできないほどだった。

途中わたしたちは、ナポレオン戦記に出てくるペルフーシコヴォの大きな村で休んで食事をし、馬に飼葉を与えることにしていた。この村は遺産の分配の個所で述べた、あの「長兄」の息子の所有に属していた。そこには平坦で陰気な野原を横切る大きな道路に面して、荒れ果てた地主屋敷が一軒建っているだけだったが、わたしにとっては、都会のせせこましさのあとでは、この埃《ほこり》っぽい遠景も大いに気に入った。家の中では、そり返った床や階段が揺れ、足音と話し声とが鋭く響いて、壁が驚いたようにこれに反響した。前の持ち主の美術品陳列室から出してきた古風な家具が、この配流《はいる》の地でおのれの生涯を終えつつあった。わたしは物珍しげに部屋から部屋へと歩きまわり、二階へ上がり、下におり、また調理場へも行ってみた。そこでわたしたちの家の料理番が、不機嫌で皮肉な顔をして、旅の食事の支度を急いでいた。たいてい調理場には、頭にこぶのある白髪の年老いた管理人がいた。料理番は彼に向かって、料理用の鉄板やかまどのことで苦情を訴える。管理人はそれに耳を傾け、時々言葉少なに答えた。「それは、たぶんそうかもしれないね。」そして「いつになったら厄介払いができるのか」と考えながら、うさん臭そうにこれらのすべての騒ぎを眺めているのだった。

昼食はブリキか、または何かの合金で作った、特別に〈この時のために〉買い求めたイギリス式の食器にのせて出された。そうこうする内に、馬が馬車に付けられ、控え室と玄関にはご機嫌伺いや見送りの好きな人たち、食扶持をもらって新鮮な空気の中で生涯を終えつつある召使たち、三十年前には器量よしの女中であった老婆たちが集まっている――すべてこれらの地主の家の蝗《いなご》は、本当の蝗と同様に、自分の罪ではないのだが、農民の物を食い荒らしているのだ。彼らと一緒に、明るい淡黄色の頭髪をした子供たちがやって来る。素足で、垢だらけの彼らは、絶えず人を押しのけて、前の方へ出てこようとする。老婆たちが絶えず彼らを後ろへ引き戻そうとする。子供たちは叫び、老婆たちは子供たちに向かって叫ぶ。そして機会さえあれば、わたしを捕まえて、毎年のように、わたしがたいそう大きくなったと言っては驚くのであった。わたしの父は彼らと二言、三言話をした。ある者はお手に接吻しようとして近付く。だが父は決して手を差し出したことはなかった。他の者はお辞儀をした――こうしてわたしたちは出発する。

ゴリーツィン公爵〔ドミートリー、第六章訳注(62)参照〕の領地であるヴャゼマから数露里のところで、我がワシーリエフスコエの村長が馬に乗って森の外れに待っていて、脇道へ案内するのであった。村に入って、家に通ずる菩提樹の長い並木路を行くと、司祭とその妻、堂守たち、召使たち、何人かの農民、それに知的な障害をもったプロニカなどが、主人の家のそばに迎えに出ていた。このプロニカだけは人間らしい威厳を持っていて、その汚れた帽子を一度も脱いだことはなく、少し離れたところに立って、薄笑いを浮かべていた。そして、町から来た者の誰かが近付こうとすると、一目散に逃げ出すのだった。

わたしはワシーリエフスコエ村よりも美しい土地をほとんど見たことがない。クーンツェヴォや、ユスーポフ公のアルハーンゲリスコエ村、またはサーヴィン修道院の向かいにあるロプヒーンの領地を知っている者には、ワシーリエフスコエがサーヴィン修道院から三十露里ほど離れた、同じ岸の続きにあると言うだけで十分だろう。緩やかな斜面には村と教会と古い地主の家とがあり、その向かい側には山と小さな集落とがある。そこにわたしの父は新しい家を建てた。その家からの眺めは十五露里四方にわたって開け、畑地が湖水のように波立ちながら、果てしなく広がっていた。さまざまな屋敷と、幾つもの白っぽい教会のある村々とがあちらこちらに点在して、斑《まだら》な色の森が半円形の枠をなしてそれを取り巻き、これらすべてのものの間を縫ってモスクワ川が、青い紐のように横たわっていた。わたしは朝早く二階の自分の部屋の窓を開けて見入り、聞き入り、そして息づいた。

すべてこうしたことの故に、わたしには古い石造りの家が懐かしかった。それはあるいはわたしがその家で初めて村の生活を知ったためであるかもしれない。わたしはその家に通ずる蔭の多い長い並木路と、その傍らの荒れた果樹園とをこよなく愛した。家は崩れかかっており、入口の割れ目の一つからは、ほっそりとした姿のよい白樺が一本生えていた。左側には、川に沿って柳の並木路があり、その向こうには芦と白い砂とが広がっていて、川にまで達していた。この砂の上や芦の茂みの中で、わたしは午前中を遊んで過ごした。それは十一歳か十二歳の頃のことであった。ほとんどいつでも、家の前には、腰の曲がった老人の園丁が腰かけていて、わたしのために薄荷水《はっかすい》を割ったり、苺《いちご》の類を煮つめたりしてくれた。また色々な野菜を内緒で食べさせてもくれた。果樹園には鴉《からす》が沢山いて、その巣が木々の頂きを覆っていた。鴉どもはその周りを飛びまわって鳴き交わしていた。時々、とりわけ夕暮れ時には、彼らは騒ぎ立て、仲間を呼び招きながら、幾百となく群れをなして舞い上がった。また時には、僅かに一羽だけが、木から木へと慌ただしく飛び移っていって、そしてすべてがすっかり静まり返る……。また、夜が更けてくると、どこか遠くの方から、幼児の泣くような、あるいは笑いこけるような、ふくろうの鳴き声が聞こえてくる……。わたしはこれらの怪しい悲しげな声を恐れつつも、やはりそれを聞きに行った。

毎年、あるいは少なくとも一年おきには、わたしたちはワシーリエフスコエへ行った。わたしはそこを去る時には、露台のそばの壁に、自分の身長の印をつけておいて、次の夏に着くと、すぐにそこへ行って、自分がどれだけ大きくなったかを見ることにしていた。しかし、わたしが村で計ることのできたのは肉体的成長だけではない。同じ対象に向かって周期的に立ち戻って行くことによって、その間の精神的発育の程度もはっきりと分かった。持って行く書物も変わり、注意を引く対象も変わった。一八二三年には、わたしはまだほんの子供で、わたしの携えて行った本は子供の本であった。だが、わたしはそれさえ読まずに、わたしの部屋のそばの納屋に飼ってあったうさぎとリスとに、何よりも興味を引かれた。また、父の許しを得て、毎晩一度ずつファルコネット（十六、七世紀の小型砲）を発射することも、わたしの主な楽しみの一つであった。むろん、これには召使たちもみんな夢中になり、五十歳の下男たちまでもが、わたしと同じように喜んだ。一八二七年には、わたしはプルタルコスとシラーとを持って行った。朝早くわたしは森や茂みの中へ、できるだけ遠く入って行って、木の下に横たわり、そしてこれが――ボヘミアの森[49]であると空想しながら、ひとりで声に出して読んだ。しかしまた、わたしがある召使の少年に手伝ってもらって小さな流れの中に築いた土手も、わたしの心を強く惹きつけていた。わたしは日に十回もそこへ駆けて行って、それを点検して修理した。一八二九年と三〇年とには、わたしはシラーの『ワレンシュタイン』に関する哲学論文[50]を書いた。そして、以前の遊びの内、なお魅力を持っていたのはファルコネットだけであった。

しかし、発砲遊びの他に、なお一つの楽しみがわたしの変わらぬ情熱として残った。それは村の夕暮れである。それは今でも、その頃と同じように、わたしにとって敬虔と静寂と詩情の時であり続けている。わたしの生涯の最後の穏やかで明るい時の一つが、やはり、わたしに村の夕暮れを思い出させる。太陽が火の海の中に厳かに赫々《あかあか》と沈み、その中へ溶け込んでいく……。濃い赤紫の色が急に青い闇に変わり、やがてすべてのものが灰色の霧に包まれてしまう――イタリアでは黄昏の迫るのが早い。わたしたちはラバに乗っていた。フラスカーチからローマへ行くには、小さな村を通り過ぎなければならなかった(51)。あちらこちらではすでに灯が灯り、すべては静かだった。ラバの蹄《ひづめ》が石にあたって音高く響いた。幾らか湿った爽やかな風がアペニンの山々から吹いてきた。村の出口の壁龕《へきがん》の中には聖母の小さな像が立っていて、その前に灯明が灯っていた。白い頭巾をかぶった野良《のら》帰りの百姓娘たちが、跪いて祈りを捧げ始めた。通りかかった貧しい牧人たちがこれに和した。わたしは深く心を打たれ、深く感動した。わたしたちは互いに見かわした……。そして、馬車の待たせてあるレストランへと、静かな足並でラバを進めた。家に着いて、わたしはワシーリエフスコエの夕暮れのことを話して聞かせようとした。だが、何を物語るべきだろうか。

園の木立ちは身動きもせず
村の囲いが丘を這う
遠く静かに家畜の群れが
おのがじし家路を辿る

（『ユーモル』[52]）

……牧人が長い鞭を鳴らし、白樺の皮で作った笛を吹いている。橋を渡って帰って行く牛や羊の鳴き声や足音。犬が群れを離れた一匹の羊に吠えかかり、これを追い戻そうとしている。その羊は不器用な短い跑足《だくあし》で駆けて行く。と、今度は畑から帰る農婦たちの歌声が段々と近付いて来る。だが、小路は右に逸れて、歌声は再び遠ざかって行く。家々からは、門の戸を軋らせながら、子供たち、それも女の子たちが出てきて、めいめい自分たちの家の牛や羊を迎え入れる。こうして一日の労働が終わる。子供たちは通りや川の岸で遊ぶ。彼らの澄んだ甲高い声が川面や、夕焼けの中に響き渡る。空気の中には、穀物乾燥場のきなくさい匂いが交じってくる。露が煙のようにゆっくりと野面《のづら》に降りはじめ、森の上を風が吹き渡り、木の葉はまるで沸き立つような音を立てる。と、今度は震えおののくような稲妻が、切れぎれに明滅するルリ色の光によって、辺り一面を照らし出す。そして、ヴェーラ・アルターモノヴナが菩提樹の下にわたしを見つけて、怒っているというよりは、むしろお小言のように言う。

「どこを探したっていやしない。お茶の用意だってとっくにできてるし、みなさんもお集まりになっているというのに。さんざん探したんですよ。足がくたびれてしまった。

もうわたしは駆けられる年ではないんですからね。こんな湿った草の上で寝ころんで、どうするんです……。あしたはかぜをひきますよ、きっとひくから。」

「分かった、分かった」とわたしは笑いながら老婆に言う。「かぜなんかひかないよ、お茶もほしくないよ。それよりか、クリームを内緒で取っておいてね。それも、一番上の方のおいしいところをだよ。」

「ほんとに何ていう人でしょうね。あなたには怒ることもできやしない……本当にぜいたくなんだから！　クリームは言われなくたって、ちゃんと取ってありますよ、ほら、かみなりさんだ……いいあんばいだわ！　きっと豊作ですよ。」

そしてわたしは跳んだりはねたり、口笛を吹いたりしながら、家へ帰って行く。

一八三二年以後には、わたしたちはもはやワシーリエフスコエへは行かなかった。わたしが流刑地にいる間に、父はそれを売り払ってしまったのだ。一八四三年には、わたしたちはモスクワ近郊の別の村で暮らした。それはワシーリエフスコエから二十露里ほど離れた、ズヴェニゴロド郡にあった。だが、古い思い出の土地をどうして訪れないでいられよう。そこでわたしたちは再び同じ村道に馬車を駆る。見慣れた松林や、榛《はん》の木の密生した山が広がり、ここには川を横切る浅瀬もある。これは二十年前にわたしを夢中にさせた浅瀬だ——水が勢いよく流れ、小石が音を立てている。御者たちは怒鳴り、馬どもはふんばる……。そこには村もある。司祭の家もある。あの家の中で、司祭は褐色の衣下《ころもした》を着て、小さな椅子に腰をおろしていたものだった。純朴で善良で、幾らか赤毛でいつも汗をかいて、いつも何かをかじっていて、いつもしゃっくりをしていた。あそこに村役場《コンツェリャーリア》もある。あの役場で、一度も素面でいたことのない村の書記のワシーリー・エピファーノフが、文書の上に背をまるめて、羽根ペンの先端のところを持って中指をペンの下に折りまげて、報告書を書いていたものだった。司祭は死んだ。ワシーリー・エピファーノフは相変わらず報告書を書き、よその村で酔っ払っている。わたしたちは村長の妻のところで休んだ。彼女の夫は畑へ行っていた。

　この十年の間に、そこには何かよそよそしいものが通り過ぎた。山の上には、わたしたちの家に代わって別の家が建ち、その周りは新しい果樹園になっていた。教会と墓地の傍らを通って帰る途中で、わたしたちは、ほとんど四つ這いになってのろのろと歩いてくる、醜怪なひとりの人間に出会った。それはわたしに向かって何か合図をしていた。わたしは近付いて行った。これは腰の曲がった、卒中の発作をおこして半ば神がかりのようになった老婆であった。彼女はこれまでも物乞いをして暮らし、以前の司祭の菜園で働いていたのだったが、この時、彼女はすでに七十歳ほどになっていたというのに、死は老婆を避けて通り過ぎたのだった。彼女はわたしを覚えていて、涙を流し、頭を振り、そして言った。

「おお、おまえさまも年をとりなすった。わしは歩き方でやっとおまえさまだってことが分かりましただよ――だけんどわしはもう、――わしなんぞは、おお、――おはなしになりませんわい！」

わたしたちが引き返して行った時、わたしは遠くの畑に、昔通りのあの同じ村長を見つけた。初めの内、彼はわたしが分からないようだったが、わたしたちがそばを通りかかった時、急に思い出したらしく、帽子を脱いで低くお辞儀をした。少し行ってからわたしは振り返った。村長のグリゴーリー・ゴールスキーは同じ場所に立ったまま、わたしたちの後ろ姿を見送っていた。畑の真中でお辞儀をしている彼のあごひげを生やした背の高い姿が、疎遠になったワシーリエフスコエから去って行くわたしたちに、親しみのある見送りをしてくれた。

第四章　ニックと雀が丘

「では、この場所(雀が丘)でわれわれの、すなわち、ぼくと君との人生がいかに繰り広げられたかを書きたまえ。」

一八三三年の手紙(1)

この手紙の中で言われている事のあった時よりも三年ほど前のこと、わたしたちは、モスクワ川に沿ったルージニキ、すなわち、雀が丘の対岸を散歩していた。川の間際のところで、わたしたちはシャツ一枚になっている顔見知りのフランス人家庭教師に出会った。彼はすっかりうろたえて、「おぼれる！　おぼれる！」と叫んでいた。しかしこの友人がシャツは脱いだものの、ズボンの方は脱ぎかねているうちに、ひとりのウラルのコサック兵が、雀が丘から駆け下りてきて、水の中に飛び込んで姿を消し、間もなくひとりの痩せた男を抱えて現われた。その男の首も手も、風に干してある服のように、ぶらぶらと揺れていた。コサックは、「まだ大丈夫です、水を吐かせればいい」と言いながら、彼を岸に横たえた。

居合わせた人びとは、五十ルーブルほどの金を集めてコサックに贈った。コサックは嫌な顔もせず、大変実直そうに言った。

「こんなこって金をもらうのはよくないこんです。何の骨折りでもありゃしません。ほれ、ほんの猫ぐらいの重みですわい。ですが――と彼は言い加えた――わしらは貧乏人です。ねだるわけじゃありませんが、くださるちゅうなら、ありがたくちょうだいいたしやす。」

それから金をハンカチに包むと、彼は馬の番をしに丘の方へ去った。父は彼の名前を尋ねて、あくる日、一部始終をエッセンに書き送った。エッセンはそのコサックを下士官に昇進させた。

数カ月経って、コサックはわたしたちの家を訪ねてきた。彼と一緒に、香水をつけ、あばたのある、頭の禿げ上がった、だが、ちぢらせたブロンドのかつらをかぶったひとりのドイツ人がきた。彼はコサックのことでお礼を言いに来たのである。これが溺れた当人であった。その時から、彼はしばしばわたしたちの家に出入りするようになった。

カルル・イワーノヴィチ・ゾンネンベルク(2)はその頃、ある二人の腕白小僧を教育するドイツ人教師としての担当を終了したところであった。彼はここからシムビルスクのある地主の家に移り、そこからさらにわたしの父の遠い親戚[3]の家に移って来た。ゾンネンベルクはその家の子供の健康に対する配慮と、ドイツ語の発音の教授とを依頼されていた。彼が「ニック」〔ニコライの愛称〕と呼んでいたその少年は、わたしの気に入った。この少年の内には、何か善良な優しい、そして、物思いに沈んでいるようなところがあった。わたしがそれまでに会う機会のあった他の少年たちには、彼は少しも似ていなかった。それにもかかわらず、わたしたちはすぐには親しくなれなかった。彼は口数が少なく物静かだった。わたしは悪戯好きだったが、彼にうるさく話しかけることを恐れた。

　トヴェーリ県の従姉がコールチェワへ帰った頃に、ニックのお祖母《ばあ》さんが死んだ。彼の母は彼がまだ赤ん坊の頃に亡くなっていた。家の中は立て込んでいたので、ゾンネンベルクは本当のところは何もすることはなかったのだが、それでもやはり気を揉み、すっかり疲れたような気分になっていた。そこで、彼はニックを朝からわたしたちの家に連れて来て、一日中預かってくれるように頼んで帰った。

　ニックは悲しげで、怯えていた。恐らく、彼はお祖母さんを愛していたのだろう。彼はその後、お祖母さんを想って、美しい詩を書いた。

今はたそがれ、夕やけは
長い小道に照り映える。
思い出すのはわたしの家の
昔々の古い仕来り。
いつも土曜の夕ぐれどきには
品のよい、しらが頭の坊さんが来て
ひじりの像の前にならんだ
おつきの僧とお祈りをする。

わたしの家のおばあさまも
ひじかけ椅子にもたれて立って
しきりに数珠《じゅず》を爪ぐりながら
囁くようにお祈りをする。
下男や下女の見知りの顔も
祈りに耳を傾けながら
部屋の戸口に静かに並ぶ。

それから床に跪き
永い命を神に祈った。

夕やけ空のあかい光が
窓をとおして照り映える……
広間には香炉の煙が
薄青色にうずまいている。

そして周りのすべてのものが
いとも静かに息づいている。
聞こえる音といってはただ
僧たちのお祈りの声
その時わたしの心の中に
忍びこむのはひそかな願い
我が少年の日の憧れに
朧げながら結び付くのは

すでに静かな悲しい思い
いつも何かを求める心。
（『ユーモル[4]』）

……しばらく座っていた後、わたしはシラーを読もうと提案した。二人の趣味の一致がわたしを驚かせた。彼はシラーを、わたしよりも遥かに多く暗誦できた。そしてわたしがかくも気に入っていたまさにその同じ個所を、彼もまた知っていた。わたしたちは本を閉じて、互いに色々と尋ね合いながら、いわば互いの内に共感を感じ合った。

「暴君から町を解放するために」袖の中に短剣を隠して行ったメロスの話から、またキュスナハトの狭い小道でフォークトを待ち伏せしていたウィリアム・テルの話から、十二月十四日の事件とニコライの話へと移って行くのはたやすいことであった。これらの思想とこれらへの共感とを、ニックもまた持っていた。プーシキンとルィレーエフとの未刊の詩を、彼もまた知っていた。わたしがときたま会った下らぬ少年たちとは、驚くほどの違いであった。

これより少し前のこと。ブーシェ仕込みのテロリズムで胸を一杯にしていたわたしは、プレスニャー池の畔を散歩しながら、わたしの同年者のひとりに、ルイ十六世に対する処刑の正当さを説明したことがあった。

「それはそうだ」と若いO公爵は言った。「だけど、王さまは神の聖油を塗られた人じゃないか！」

わたしは憐れむように彼を見た、そして、彼が嫌いになった。その後一度も、彼の家に行かせてくれるように頼んだことはなかった。

ニックとの間には、こうした垣は存在しなかった。彼の心はわたしの心と同じように鼓動していた。彼も陰険な保守主義の岸を離れようとしていた。力を合わせてもうひと突きすればよかった。そしてわたしたちは、多分当初は、皇太子コンスタンチンのために役立とうと決意していたのである！

初めの頃、わたしたちは長く話す機会をあまり持たなかった。カルル・イワーノヴィチが秋の蠅のように邪魔をした。どんな話をしている時でもそばについていて、それをぶち壊してしまうのだ。あらゆることに干渉し、何も分からないのに意見を述べた。ニックのルバーシカの襟を直し、急いで家に連れ帰った。一言でもって言えば、実に厭わしかった。一カ月もするとわたしたちは、会わずには、あるいは手紙を書かずには、二日と過ごすことができなくなっていた。熱しやすい性質のわたしは、ますます強くニックに心を惹かれて行き、彼は深く静かにわたしを愛した。

わたしたちの友情は、初めから真面目な性質を帯びていたに違いない。とりわけわたしたちが二人きりでいた時に、悪戯がわたしたちの第一の関心事であったようなことを、わたしは思い出せない。わたしたちは、むろん同じ場所にじっとしていたわけではない。やはり年齢がものを言った。わたしたちは大声で笑ったり、ふざけたり、ゾンネンベルクをからかったり、外庭で弓を引いたりして遊んだりもした。しかし、すべてのことの根底をなしていたものは、空虚な友情とはまったく違ったものであった。わたしたちを結び付けていたものは、同年であるとか「気質的」類似性の他に、わたしたちの共通の宗教であった。この世の中で、全人類的な利益への強い関心ほど少年期を清め、高め、そして守ってくれるものはない。わたしたちは自分たちの持つ将来を尊重した。わたしたちは予定された使命を持つ選ばれた人間を見るような気持ちで、お互いを見ていた。

しばしば、わたしはニックと一緒に町の外に出かけた。わたしたちの好きな場所があった――それは雀が丘や、ドラゴミーロフスカヤ関門の先の野原であった。彼はゾンネンベルクと朝の六時か七時頃に、わたしを呼びに来た。そしてもしわたしがまだ眠っていると、砂や小石をわたしの部屋の窓に投げつけた。わたしは微笑みながら目を覚まして、急いで彼のところへ出て行くのであった。

これらの早朝の散歩は疲れを知らぬカルル・イワーノヴィチの始めたものだった。

ゾンネンベルクはオガリョーフの地主的、家父長的教育においてビロン(5)の役割を演じていた。彼の出現と共に、傅育《ふいく》役の老人の勢力は失墜した。控え室の不平たらたらの寡頭政治も、主人の食卓で食事をする忌々しいドイツ人には勝てないことを知っているので、不本意ながらも沈黙していた。ゾンネンベルクは今までの秩序を急激に変えてしまった。傅育役は、ドイツ人奴《め》が出来合いの長靴を買いに、若様自らを店へ連れて行ったことを知った時には、涙を流しさえした。

ゾンネンベルクの改革は、ピョートル一世の改革と同じように、平和的なことにさえ軍事的性格を帯びさせることを特徴としていた。とは言え、カルル・イワーノヴィチの痩せた両肩に、かつて一度でも色々な類の肩章が乗っていたというのではない。しかし、ドイツ人というものは生まれつき、言語学や神学によって堕落したり、〈不逞《ふてい》〉になったりしない限り、どんな文官であっても、やはり一種の軍人であるようにできている。この故にカルル・イワーノヴィチも、ボタンをかけて腰を絞ったきっちりとした服を好んだ。この故に彼もまた、自己流の規律を厳格に守った。そして、朝六時に起床することに決めると、ニックを五時五十九分に起こし、六時一分より遅くなることは決してなかった。そして彼を連れて新鮮な空気を呼吸しに、外出するのであった。

カルル・イワーノヴィチの溺れかかった川を麓に控えた雀が丘は、間もなくわたしたちの「聖なる丘」となった。

ある時食事の後で、わたしの父は馬車で町の外へ行ってみる気になった。オガリョーフがわたしたちの家に来ていたので、父は彼をゾンネンベルクと一緒に誘った。これらの遠出は中々の大仕事であった。四人乗りの馬車は「ヨアヒムの製作」にかかるものではあったが、閑職にあったとはいえ、ともかく十五年の奉仕の間に不様なほどに老いぼれて、相変わらず攻城臼砲《きゅうほう》よりも重かった。これに乗ると、関門まで行くのに一時間、またはそれ以上もかかった。大きさも毛色もまちまちな四頭の馬は、為すことのない生活の内にすっかり怠惰になってしまい、食べ過ぎて太鼓腹になっていて、十五分も駆けると、全身汗とあぶくだらけになってしまうのであった。しかし、馬をそういう状態におとしいれることは、御者のアウデイには禁じられていたので、彼は並足でゆっくり歩かせる他はなかった。窓はどんなに暑い時でもたいてい閉めてあった。加うるに、父の不断の威圧的な監視と並んで、カルル・イワーノヴィチのせかせかして落ち着きのない煩瑣《はんさ》な監視の眼があった。しかしわたしとオガリョーフとは、一緒にいるためにすべてを甘受した。

ルージニキで、わたしたちは小舟に乗ってモスクワ川を渡った。丁度そこは、コサックがカルル・イワーノヴィチを水中から引きあげた場所であった。わたしの父は、いつものように陰気な顔をして、背を曲げて歩いて行った。彼の脇をカルル・イワーノヴィチが小走りにつき従いながら、噂話や無駄口で彼の注意を奪っていた。わたしとニックとは彼らよりも先の方へ行って、遠く離れてから、雀が丘にあるヴィトベルク(6)の聖堂建《こん》立《りゅう》の礎石の置かれた場所へ駆け上がった。

息を切らして真っ赤になって、わたしたちは汗を拭きながらそこに立った。太陽は沈みかけ、教会の丸屋根がそこかしこに輝き、町は山の下にどこまでも果てしなく広がっていた。爽やかな風が吹いてきた。わたしたちは立ち止まった。そのまま、互いに身を寄せ合った。そしていきなり抱き合って、モスクワ全市を目の前にして、わたしたちの生涯を自分たちの選んだ闘いのために捧げることを誓った(7)。

この光景は、きわめて不自然で芝居じみたものに見えるかもしれない。だが、二十六年経った今日でも、この時のことを思い出すと、わたしは涙の出るほどに感動するのである。それは神聖なほどに誠実なものであった。このことはわたしたちの全生涯が立証している。しかしこの場所でなされた誓いは、すべてその実現が阻まれる運命にあったようだ。アレクサンドル一世も、かつて聖堂の最初の礎石(8)を置いた時には、誠実にそれをしたのであるが、その最初の礎石は、ヨーゼフ二世(9)がノヴォロシアにおけるある町の基礎を置く時に言った(ただし間違って言った)ように、最後の石になったのである。

わたしたちは、闘いを開始したその相手の力をすべて知りつくしていたわけではない。しかし、闘いを始めた。その力はわたしたちの中の多くのものを打ち砕いた。だが、われわれを打ちのめしたのはその力ではない。そして、そのすべての打撃にもかかわらず、わたしたちはそれには屈服しなかった。その力から受けた傷跡は名誉あるものである――ヤコブの脱臼した足は、彼が夜の間に神と闘ったことの印であった[10]。

この日から雀が丘はわたしたちにとって巡礼の地となった。そして、わたしたちは一年に一度か二度はそこへ、いつも二人だけで行った。五年後にあそこで、オガリョーフがおずおずと、そして恥ずかしそうにわたしに向かって、わたしが彼の詩的才能を信ずるかどうかを尋ねた。そしてその後(一八三三年に)自分の村から次のように書いて寄こした。

「ぼくは出て行った。そして悲しくなった。今までになかったほど悲しくなった。すべては雀が丘だ。長い間ぼくは心の中に高い悦びを隠していた。はにかみ、あるいは、ぼく自身も知らない何か別の感情が、これらの悦びを口に出すことを妨げたのだ。しかし雀が丘では、この悦びは孤独によって苦しめられることはなかった。君がぼくとこの悦びを共にしてくれたからだ。これらの瞬間は忘れ難い。それらは、過ぎ去った幸福についての思い出のように、ぼくの行く道を追ってきた。だが周りに見えるのは森だけだった。すべては青かった、何もかも青く、心は暗く、あくまでも暗かった。[11]」

「この場所（雀が丘）で——と彼は手紙を結んでいた——われわれの、すなわち、ぼくと君との人生がいかに繰り広げられたかを書きたまえ。」〔本章のエピグラム〕

さらに五年が過ぎ、わたしは雀が丘から遠く離れていた。しかし、わたしの傍らにはあの丘のプロメテウス——ヴィトベルクが陰鬱に、そして悲しげに立っていた。一八四二年に最終的にモスクワに帰って、わたしは再び雀が丘を訪れた。わたしたちは再び礎石の場所に立って、同じ景色を眺めた。やはり二人だけであった——だが、それはニックとではなかった。[12]

一八二七年以来、われわれは別れたことがなかった。その頃のどんな思い出にも、別々の思い出にも、また共通の思い出にも、必ず前面に浮かび出てくるのは、少年らしい容貌とわたしに対する愛情とを抱いた彼の姿である。早くから彼の中には、ごく僅かな人にしか見られないような、聖油を塗られた者の相貌が見られた。それは不幸のためか、幸福のためか、わたしは知らない。しかし、恐らく俗人たちの中にいないためではあろう。

その後長い間、彼の父の家にはその頃（一八二七—二八年）のオガリョーフの大きな油絵の肖像画が残っていた。後年、わたしはしばしばこの肖像画の前に立って、いつまでもそれに見入ったものだ。彼はシャツの襟を開いた姿で描かれていた。画家はニックの豊かな栗色の頭髪、目鼻立ちの整いきらない少年らしい、まだ固定しない美しさ、そして幾らか浅黒い顔色を、驚くほど巧みに捉えていた。画布の上には、強い思想を予告する考え深さが見られた。灰色の大きな目は名状し難い哀愁と、この上ない優しさとを湛え、偉大な精神の未来の成長を暗示していた。誠に、彼はこのような者として成人した。この肖像画は後にわたしに贈られたのだが、あるよその婦人(13)の手に渡ってしまった。わたしのこの文章が彼女の目に触れることがあるかもしれない。そうしたら彼女はそれをわたしに送り返してくれるだろう。

何故人びとが若い頃の友情の思い出よりも、初恋の思い出の方にある独占的な優越権を与えるのか、わたしには分からない。初恋はそれが性の区別を忘れているが故に、またそれが――熱烈な友情であるが故に、かくも香わしいのだが、少年の間の友情とても、愛情のすべての激しさ、そのすべての特質を持っている。自分の感情を言葉に表わすことに対するあの内気な恐怖、自信のなさ、相手への無条件の信従、別離の苦しい悲しみと独占への妬み深い希望とは、そこにもやはりある。

わたしは久しい前からニックを愛していた。熱烈に愛していた。だが、彼を「親友」と呼ぶ決心はつかなかった。彼がクーンツェヴォで夏を過ごしていた時、わたしは彼への手紙の終わりに、「ぼくがあなたの親友なのかどうか、ぼくにはまだ分かりません」[14]と書いた。彼の方が先にわたしに君と書いて寄こすようになった。そしてカラムジーンにならって、わたしを自分のアガトン[15]と呼んだ。わたしは彼を、シラーにならって、わたしのラファイル[16]と呼んだ。

　あなたがたは微笑してくれてもよい。ただし、自分の十五歳の頃のことを思いながら微笑する時のように、心優しく微笑してほしい。あるいは、自分の「花咲く年頃のわたしはそのようであったか」[17]を思い起こし、そして、もし青春〈若さだけではこれには不十分である〉を持っていたならば、運命を祝福し、またもしその頃親友を持っていたならば、運命を二重に祝福するのがよいだろう。

　その頃のわたしたちの言葉は、今のわたしたちには堅苦しい文語的なものに思われる。わたしたちは今では、その頃の言葉の不安定な熱狂を、あるいは、突然物憂げな柔和さや子供らしい笑いと入れ替わる、情調の定まらない活気を忘れてしまった。それは有名な〈ベッティナは眠りたいのです〉[18]のように、三十歳の人間にあっては、おかしいかもしれない。しかし、その頃の少年らしい言葉、この〈青春期の隠語〉、精神的声変わりはきわめて率直なものであった。文語的な陰影さえ、理論的知識と実践的無知の年頃にあっては、自然なものだったのだ。

シラーは相変わらずわたしたちの愛読する作家であった。* 彼の戯曲の登場人物は、わたしたちにとっては実在の人物であった。わたしたちは彼らを詩的作品としてではなく、生ける人間として検討し、愛し、あるいは憎んだ。そればかりではない。わたしたちは彼らの内に自分たち自身を見た。わたしはニックがあまりにもフィエスコ(19)を愛していることが幾らか心配になって、「どんな」フィエスコにもヴェリンナ(20)がついているのだと、彼に書き送ったものだ。わたしの理想はカール・モール(21)だったが、わたしは間もなく彼を裏切って、ポーサ侯爵(22)に移った。わたしは、自分がニコライといかなる会話を交わすだろうか、それから後に彼はわたしを鉱山へ徒刑に送るのだろうか、それとも死刑に処するのだろうか、など色々と思いを巡らした。われわれの空想が、たいていシベリア流刑か死刑で終わり、ほとんど一度も勝利をもって終わったことがないというのは奇妙なことだ。これは――ロシア人に固有の幻想癖なのだろうか、それとも、五つの絞首台と苦役とをもって威嚇《いかく》するペテルブルクの、若い世代に対する反映であろうか?

*シラーの詩がわたしに対する影響力を失ったことはない。数カ月前(一八五三年)にも、わたしは息子に『ワレンシュタイン』を、この巨人的作品を読んで聞かせた。シラーに対する愛情を失う者があるとすれば、その人は老いぼれているか、またはペダントであり、心の温かさを失った人か、あるいはおのれを忘れた人である。十七歳ですでにシラーの欠点を熟知し

ているという、早熟な〈こましゃくれ〉については、何をか言わんやだ。

このようにして、オガリョーフよ、われわれは手を携えて実生活の中へと入って行ったのだった！　われわれは恐れず、誇らかに進んだ。あらゆる呼びかけに答え、心を惹かれるすべてのことに誠実に没頭した。われわれの選んだ道は平坦ではなかった。だがわれわれは一度もそれを放棄しなかった。傷つき打ちひしがれながらも、われわれは進んだ。誰もわれわれを追い越さなかった。わたしは行き着いた……。目的地にではなく、道が下り坂になるところまで。そして、思わず君の手を求める。共に脱出するために、またその手を握りしめて、悲しく微笑しながら、「もはやこれまでだ！」と言うために。

だが今のところは、さまざまな出来事のためにやむなく置かれた無為な閑暇の中にあって、新しい仕事への力も活気も持たずに、わたしはわれわれの思い出を書き綴っている。二人をかくも固く結び付けていたものの多くは、これらの紙葉の中に沈んでいる――わたしはそれらを君に贈る。君にとって、それらは二重の意味を――われわれの知っている、幾つもの名前の刻まれている墓標の意味を持っている。*

＊これは一八五三年に書かれた〔この時ゲルツェンは前の年の五月に妻を失い、同年八月に息子と共にロンドンに渡り、失意の中にあった〕。

……だが、もしゾンネンベルクが泳ぐことができたとしたら、あるいは、あのときモスクワ川で溺れていたとしたら、あるいはまた、彼を助け上げたのがウラルのコサックではなく、例えばアプシェロン歩兵連隊の兵士であったとしたら、わたしたちが巡り会うことはできなかっただろう。また、たとえ会えたとしても、もっと後に、別の機会にであり、わたしたち二人が密かにたばこを吸いながら互いに庇い合い、かくも深く生活の中に入り合い、そして、互いの内に力を汲み合っていた、わたしの古い家[23]のあの小さな部屋においてではなかっただろう。そう考えると、奇妙な気がするではないか。

彼がわたしたちのこの「古い家」を忘れることはなかった。

古き家、古き友よ！　わたしは
荒れ果てたおまえを訪ねた。
わたしは過去を呼び戻し
心悲しくおまえを眺めた。

庭の落ち葉は掃かれもせずに
井戸は朽ち果てうち倒れて
園にざわめく緑の葉はなく

濡れた地上に落ち葉が朽ちていた。

家は荒れ果てて暗く佇み
漆喰《しっくい》の壁も崩れ剝《は》げ落ち
灰色の雲が空を駆けつつ
家を見下ろし泣いていた。

中へ入ると、同じ部屋部屋
ここに不機嫌な老人がいて
われらは彼の話を嫌い
彼の冷たい言葉を恐れた。

ここの小部屋でわたしと友は
智と魂の生活をした。
黄金の思想の数々が
生まれ出たのは昔のこの部屋だった。

静かに星の光がさしていた。
壁に書かれたこれらの言葉は
心に若さのたぎる頃に
われらが書いて残したものだ。

ここの小部屋でかの日の幸福が
明るい友情が花を開いた。
今ではここはひと気もなしに
くもの巣のみが四隅にかかる。

不意に恐怖に心おののき
あたかも墓地に佇む心地
親しい故人を呼んではみたが
それに答える者はいなかった。(24)

第五章　父のこと

ロシアにおける十八世紀の人びと

わたしの家の耐え難い退屈さは年を追って増大した。もしも大学の課程が近付いていなかったならば、また新しい友情がなく、政治への熱中がなく、そしてわたしの性格に活気がなかったならば、わたしは家から逃げだすか、あるいは身を持ち崩していたことだろう。

わたしの父の機嫌がよいということは稀であった。彼は絶えずあらゆることに不満であった。優れた知性と洞察力とを持った人間である彼は、とてつもなく多くの物事を見聞し、記憶していた。彼は〈完成された〉社交界の人間だったので、きわめて愛想よく振舞うことも、人を惹きつけることもできたはずだが、彼はこれを望まず、ますます気紛れになって、すべての人びとから遠ざかっていった。

彼の血液の中にかくも多くの苦味と胆汁とを持ち込んだものは、そもそも何であるか、これを言うことは難しい。彼の生涯を通じて、激情、大きな不幸、過ち、喪失などの時期はまったくなかった。わたしは、彼の心を満たしていた毒々しい嘲笑と苛立ち、人間不信の非社交性、彼を蝕んでいた不機嫌などが何に起因しているのか、とうとうはっきり理解できなかった。彼は誰にも打ち明けることなく、何かの思い出を抱いて死んで行ったのであろうか、それともこれは、十八世紀とロシアの生活という、かくも相反した二つのものが結び付き、これに気紛れの昂進をひどく助長した第三のもの——地主的無為が加わった結果に過ぎなかったのであろうか。

十八世紀は西ヨーロッパ、とりわけフランスにおいて、摂政政治のあらゆる弱さと、スパルタおよびローマのあらゆる力とを持った、ひと連なりの驚くべき人びとを生んだ。これらのフォーブラ(1)たちとレグルス(2)たちは一緒になって革命のドアを開け放ち、真っ先に革命の中へと突き進み、互いに押し合いへし合いしながら、断頭台の「落とし戸」に出ようと急いだ。現在の十九世紀はもはや、これらの一貫した強い人材を生み出すことはない。これに反して、前の世紀は到るところに、その必要のないところにも、またそれが歪んだ形でしか発達しえなかったようなところにさえも、そうした人材を生み出した。ロシアにおいては、西ヨーロッパのこの強力な息吹の影響を受けた人びとは、歴史的な人間としてではなく——独特な人間として登場した。これらの人びとは自国にいても外国人であり、他国に住んでも外国人であり、ロシアからみれば、西ヨーロッパの偏見に捉われており、西ヨーロッパから見れば——ロシア式の習慣に捉われている怠惰な傍観者として、ある種の知的無用性を代表していた。そして、作り物の生活、感覚的快楽、我慢のならないほどのエゴイズムの内に身を亡ぼして行ったのである。

この部類に属する人びとの内で、モスクワにおいて先ず第一に指を屈せられるのは、才能と財産とをもって輝くロシアの大官であり、ヨーロッパ流の〈大貴族〉であり、かつタタールの公爵でもあるニコライ・ユスーポフであった。彼の周りには、白髪の遊蕩児と〈自由思想家たち〉、すべてこれらのマサリスキーやサンチの輩、そして〈その他諸々〉が綺羅星のごとく集まっていた。彼らはいずれもかなり知的水準の高い教養人たちだったが、為すこともない生活の中に取り残されて、快楽に身を投じ、おのれを甘やかし、おのれを愛し、悪意なしにあらゆる罪業を敢えてし、おのが食道楽をプラトニックな熱情にまで高め、婦人への愛情を貪婪《どんらん》な美食にまで引き下ろした。

年老いた懐疑主義者でエピキュリアンなるユスーポフは、ヴォルテールとボーマルシエ、ディドロとカスティの友人であり、真に芸術的な趣味を授けられていた。このことを納得するためには、一度アルハーンゲリスコエに赴いて、彼の画廊を見れば十分である。それは、もし彼の相続人が手当たり次第に売り払ってしまっていなければ、まだあるはずである。彼は大理石の美人、あるいは描かれた、または生ける美人に取り囲まれて、八十歳で華やかにその生涯を終えた。彼の郊外の家ではプーシキンが彼と語らい、彼に捧げた優れた詩(3)を書き、また、ゴンザーガ(4)はユスーポフが自分に捧げてくれた劇場に絵を描いた。

家庭生活の詳細

わたしの父は教養の上でも、近衛勤務の上でも、また生活と交際の上でも、この仲間に属していたのだが、彼の気性も彼の健康も、彼をして七十歳になるまで、軽薄な生活を送ることを許さなかった。そして、彼は反対の極端に走った。彼は孤独な生活を貫くことを欲した。そこには死ぬほどの退屈が彼を待っていた。まして彼は、自分だけのために、それを貫こうとしたのだからなおさらだった。強い意志は頑固な我がままに変わり、はけ口のない力は気性を重苦しいものとしつつ、それを損なった。

　彼が教育を受けた頃、ヨーロッパの文明はロシアにおいてはまだきわめて目新しかったので、教養を持つということは、できるだけロシア的でなくなることを意味していたほどである。彼は生涯の終わりまで、ロシア語よりはフランス語の方を、より自由に、そして、より正しく書くことができた。彼は〈文字どおり〉ロシア語の書物は一冊も、聖書さえも読まなかった。もっとも聖書は、彼は他の言葉でも読まなかったのだが。聖書の中にどんなことが書いてあるかについては、彼は聞きかじりに断片的に知っていただけで、それ以上は繙いてみる気もしなかったのだ。もっとも彼はデルジャーヴィン[5]とクルィローフ[6]は尊敬していた。デルジャーヴィンを尊敬していたのは、彼が父の伯父のメシチェールスキー公爵の死に頌詩を書いたからであり、クルィローフを尊敬していたのは、一緒にニコライ・バフメーチェフ[7]の決闘の介添人《かいぞえにん》になったことがあるからだ。ある時わたしの父は、皇帝アレクサンドルがカラムジーンの『ロシア国史』を読んだということを聞いて、自分でもそれを読みにかかった。だが、やがて蔑むような調子で、「やれイジャスラーヴィチだの、やれオリゴーヴィチだの、変な名前ばかり出てきて、一体こんな本を誰が面白がるのかね」と言いながら、それを投げ出してしまった。

　彼は人びとを露骨にあからさまに——誰も彼も軽蔑した。彼はどんな場合にも、誰にも頼らなかった。彼が誰かに大切な頼み事をしたようなことを、わたしは覚えていない。彼自身も誰にも、何一つしてやったことはない。他人とのつきあいにあたって、彼が求めたただ一つのこと、それは礼儀を守るということだけだった。〈体面〉と〈礼儀〉とが彼の道徳的宗教を構成していた。彼は多くのことを許した。あるいはむしろ、見て見ぬ振りをした、といった方がよい。しかし、作法と礼儀とに反する振舞いは彼を激しく怒らせ、そんな時、彼はあらゆる忍耐を失い、最小の寛容も憐憫の情も失ってしまうのであった。わたしは、きわめて長い間、彼のこの不公平さに反抗したが、わたしも遂にはそれを理解するに到った。彼は常日頃から、人間というものは誰でも、どんな醜い行為をもすることのできるものであり、それをしないとすれば、それはその必要を認めないか、あるいは、機会がないからだという信念を持っていた。作法を破ることの内に、彼は自分に対する個人的侮辱、軽蔑、あるいは「町人的躾《しつけ》」を認めたのである。この「町人的躾」というものは、彼の意見によれば、人からあらゆる人間的なつきあいの仕方を奪ってしまうものなのだ。

「人間の心は闇だ――と彼はよく言っていた――他人が何を考えているか知る者はない。わたしには自分の仕事があまりに沢山あって、とても他人のことにかまけたり、他人の意向を判断したり、とやかく言ったりする暇はない。だが、教育のない人間と一緒には、わたしは同じ部屋にいることができない。その者はわしを侮辱し、いらいらさせる。その人間はあるいは世の中で一番善良な人間かもしれん。それで天国へも行けるだろうが、わしにはそんな者は必要ない。世の中で一番大切なのは〈礼儀作法〉だ、これは最高の知性やどんな学問よりも大切だ。どこへ行っても、自分の為すべきことをわきまえて、決して出しゃばってはいかん。誰に対してもきわめて丁寧でなければいかんし、無遠慮であってはいかん。」

わたしの父はどんな〈不躾〉をも、どんな〈露骨〉も好まなかった。彼はすべてこれを無遠慮と呼んだ。あらゆる感情を――感傷と名付けたように。彼は常に、これらすべての些事《さじ》から超然としている人間を装っていた。それが何のためか、いかなる目的からか、また、心情を犠牲にしたもっと高い利害とは、そもそも何であったか――わたしは知らない。そして、かくも心の底から人びとを軽蔑し、また、彼らをかくもよく知り抜いていたこの傲慢なる老人は、誰に対してその無情なる裁判官の役割を演じていたのであろうか。それは、時には彼に反抗しながらも彼によって意志を打ちひしがれたひとりの女に対してであり、また、絶えず外科医のメスの下に横たわっていたひとりの病人に対してであり、彼によって腕白さを反抗心にまで高められたひとりの少年に対してであり、(8)さらに、彼が人間とは見なさなかった十二人ほどの召使たちに対してであった。

そして、彼はこのためにどれほどの努力、どれほどの忍耐、どれほどの根気を必要としたことだろう。そして、その老齢や病気にもかかわらず、彼の役割は、何という驚くべき正確さをもって果たされたことだろう。人間の心というものは本当に闇だ。

その後わたしは、自分が逮捕された時に、さらに流刑地に送られることになった時に、老人の心が愛情に向かって、さらには、優しさに向かってさえ、わたしの考えていたよりも、ずっと広く開かれていたことを知った。わたしは、このことに対して、彼に一度も感謝の言葉を述べなかったが、これは、わたしの感謝を彼がどのように受け入れてくれるか、分からなかったからだ。

もちろん、彼は幸せではなかった。彼はいつも警戒し、すべてに不満であり、家中の者から反感を持たれていることを見て、胸の締めつけられるような思いでいた。彼は自分が入って行くと、人びとの顔から微笑みが消え、会話が途切れるのを見た。彼は嘲笑と腹立ちとをもってこのことについて語った。しかし、少しも譲歩することなく、この上なく頑に、自分の道を進んだ。嘲笑と、冷たい毒を含んだ、そして軽蔑の念に満ちた皮肉とは、彼が巧みに駆使した武器であった。彼はこれを、わたしたちに対しても、召使たちに対しても、同じように用いた。青年時代の初期には、愚弄ほど耐え難いものはない。実際にわたしは、牢獄に入るまでは、父から遠ざかって行ったのであり、下男や下女たちに味方して、彼に対して小さな闘いを続けてきたのであった。

これらすべてに加うるに、彼は自分が重い病気を患っていると信じこみ、絶えず治療を受けていた。お抱えの医者の他に、二人か三人のドクトルが彼の下に通って来ていた。彼は一年に少なくとも三度は医師の往診を受けた。訪問客は、彼のいつも不機嫌な様子を見せつけられ、さほど悪くもない健康状態に対する不平ばかりを聞かされるので、その足も次第に遠のいて行った。彼はこのことに腹を立ててはいたが、誰をも咎めず、また、呼び戻そうともしなかった。恐ろしいほどの退屈が家の中を支配していた。とりわけ冬の長い晩には、それがひどかった。二つのランプが開け放たれた部屋部屋の長い列を照らしていた。背をかがめ、両の手を後手に組んで、羅紗《らしゃ》かフェルトの〈雪靴のような〉長靴をはき、ビロードの縁なし帽をかぶり、白い羊皮の外套を着て、この老人は一言も口をきかずに、二、三匹の褐色の犬を連れて、部屋の中を行ったり来たりしているのであった。

憂鬱症が進むにつれて、彼はごく詰まらないことにもけちけちするようになった。自分の領地を彼は、自分にとっても農民にとっても、不利な仕方で管理していた。村長たちや彼の地方巡察使《ミッシ・ドミニシ》(9)たちは、主人からも百姓たちからも掠《かす》め取った。その代わり、目に触れるすべてのものが二重の管理を受けていた。ろうそくを節約したり、薄味の〈グラーヴ産のワイン〉の代わりに、酸っぱいクリミア産のワインを用いたりしている一方で、ある村では、彼の知らない間に森がすっかり伐採されていたり、別の村では、彼は自分自身のからす麦を売りつけられたりしていた。彼の周りには、特権を持った泥棒たちがいた。彼がモスクワで年貢の取立て人にしてやり、毎年夏に、村長の仕事ぶりや菜園や森や野良仕事を見回らせていたひとりの農民のごときは、十年後にモスクワに自分の屋敷を買い求めたほどである。わたしは子供の頃からこの無任所大臣を憎んでいた。彼はあるとき屋敷内で、しかもわたしのいる前で、ひとりの年老いた百姓を殴ったことがある。わたしは憤激して彼のあごひげに摑みかかり、そして、危うく気絶しそうになった。その時から、一八四五年にこの男が死ぬまで、わたしは彼を冷静な気持ちで見ることができなかった。わたしは幾度か父に言ったものだ。

「シクーンは家を買う金をどこから手にいれたんでしょうね。」

「これはつまり酒を飲まないおかげだ」と老人は答えるのだった。「あの男は酒を一滴も飲まないからね。」

毎年、乾酪週間の頃になると、ペンザ県の農民たちがケレンスクの在から現物税を運んで来た。二週間ほどもかかって、貧しい荷馬車の列がのろのろと続いて、豚肉、子豚、鵞鳥《がちょう》、鶏、ひきわり、裸麦、卵、バター、そして最後に、亜麻布《あまぬの》を運んで来た。ケレンスクの百姓たちの到来は家中の召使にとって祭日であった。彼らは百姓たちの持ち物を巻き上げ、何の権利もないのに、事ごとに彼らから掠め取った。御者どもは百姓たちが無償で馬に水を飲ませることを許さず、井戸の水に対して代価を取り、また女どもは——百姓たちが家の中で暖をとることに対して代価を求めた。これらの控え室の貴族たちに、百姓たちはあるいは子豚やタオルを、あるいは鵞鳥やバターを贈らなければならなかった。彼らが主人の屋敷に滞在している間中、召使たちは盛大な酒宴を開き、スープが調理され、子豚の肉が焼かれ、控え室には絶えず、ねぎやこげた脂肪や、すでに飲み干された安ウォッカなどの臭いが漂った。バカイは、最後の二日間は、もはや控え室にも顔を出さず、服も満足に着ず、古いお仕着せの外套を羽織り、チョッキも上着も着ないで、調理場の入口に陣取っていた。一方、ニキータ・アンドレーエヴィチ[10]は目に見えて痩せ、一際浅黒く老けて見えるのであった。わたしの父はこれが避けられないことであり、やめさせるわけにはゆかないのだということを知っていて、かなり冷静にこれらすべてのことを耐え忍んだ。

冷凍した家禽類の受納が済むと、父は——ここで最も注目すべきことは、この冗談が毎年繰り返されることである——料理番のスピリドンを呼んで、獲物市場《オホートヌイ・リャード》やスモレンスク市場へ行かせて、値段を調べさせることにしていた。料理番は帰って来て、実際の半分よりももっと少ない、馬鹿らしいほどの値段を報告するのであった。すると父は、料理番は馬鹿者だと言って、シクーンかスレプーシキンを呼びにやる。スレプーシキンはイリインスキエ門のそばで果物を商っていたのである。シクーンもスレプーシキンも、料理番の報告した値段がひどく安いことを発見して、調べた上で、もっと高い値段を申告してくる。最後にスレプーシキンは、「旦那さまの健康に何も不安がないように」と言って、卵も、子豚も、バターも、裸麦も、全部まとめて引き取りたいと父に申し出る。値段の方は、もちろん、彼は料理番のよりも幾分高くしておいた。そこで父は同意し、スレプーシキンはお礼として、オレンジや蜜菓子を彼のところに持参し、料理番には――紙幣で二百ルーブルを持って来るのであった。

このスレプーシキンという男はわたしの父の大の気に入りで、しばしば父から金を借りた。彼はこの点でも独創的であった。というのも、彼は老人の性格をよく飲みこんでいたからである。

彼は、二カ月ほどの期限で、五百ルーブルほど借りてゆくことがあった。そして期限の切れる一日前に、大皿の上にクリーチ〔砂糖をかけた円筒形のパン〕を載せ、そのクリーチの上に五百ルーブルを載せて控え室に現われる。父は金を受け取り、スレプーシキンは低く頭を下げてお辞儀をし、父の手に接吻しようとする。だが旦那は手を差し出したことはなかった。しかし三日も経つと、スレプーシキンは再びやって来て、千五百ルーブルほど貸してくれと頼む。父は彼に貸し与え、スレプーシキンは再び期限通りに持ってくる。父はこの男を他の者への模範としていた。だが当のスレプーシキンは一週間も経つと、もっと多額の金を借りにくる。彼はこのようにして一年に五千ルーブルほどの金を現金で動かしていた。しかも、それに払う利息は僅かなもので、二、三のクリーチ、数フント[11]のイチジク、クルミ、それに百個ほどのオレンジとクリミアりんごに過ぎなかった。

最後に、ノヴォセリエの村で数百デシャチーナ〔一デシャチーナは一・一ヘクタール〕の建築材用の森がいかに姿を消したかについて話そう。一八四〇年代のことであったが、ミハイル・オルローフ[12]が、その子供たちに領地を買ってやるために、アンナ・アレクセーエヴナ伯爵夫人[13]から資金を得て、わたしの父がセナートルから譲られたトヴェーリ県にある領地を買い取るつもりで話を進めた。値段の点で折り合いがつき、取り決めは一応済んだことになった。オルローフは検分に出かけた。検分を済ませてから、彼はわたしの父に手紙を寄こし、地図の上では森があることになっているのに、そんな森はまるっきり存在しないと言ってきた。

「頭のいい男なんだが」と父は言った――「それに謀反に関係したこともあるし、〈財政問題〉[14]について本を書いたこともある。ところが実際問題になってくると、どうやらからっきし駄目な奴らしい……。ネッケル[15]の徒輩というところだ。グリゴーリー・イワーノヴィチ[16]に行ってもらおう。あの男は謀反には関係なかったが、しかし誠実な人間だし、仕事もよく知っている。」

そこでグリゴーリー・イワーノヴィチもノヴォセリエの村に出かけた。そして森はなくて、ただ主人の家からも街道筋からも、切りとられたことが目に付かないように、森の偽装物が残されているに過ぎない、という報告をもたらした。セナートルは、財産の分配後、少なくとも五回はノヴォセリエへ行っているのに、すべては少しも気付かれずに済んでいたのだ。

一日の生活

わたしたちの日常生活について、十分な理解を持ってもらうために、朝からまる一日の生活を書いておこう。我が家の生活は、単調さこそ最も致命的なものの一つではあったが、進み方を緩くしたイギリス製の時計のように、静かに、規則正しく、そして一秒一秒を音高く思い出させながら、過ぎて行ったのである。

朝の九時過ぎになると、寝室の傍らの部屋にいる侍僕が、わたしのかつてのばあやであるヴェーラ・アルターモノヴナに、ご主人様のお目覚めを知らせる。彼女はコーヒーの支度をしに出てゆく。父はそのコーヒーを自分の書斎で一人で飲むことにしていた。家の中のあらゆるものの様子が一変する。召使たちは部屋の掃除をするか、少なくとも何かをしているような振りをする。その時まで空っぽだった控え室は一杯になり、大きなニューファウンドランド産の犬のマクベスまでもが、暖炉の前に座って、瞬きもせずに、火を見つめているのであった。

コーヒーを飲みながら、老人は《モスクワ通報》紙と《サンクト・ペテルブルク新聞》とを読むことにしていた。ここで書いておきたいことは、父が《モスクワ通報》は紙の湿り気のために手を冷やすからと言って、予《あらかじ》めこれを温めておくように命じていたことと、政治記事は、ロシア語でははっきりしないからと言って、フランス語で読んでいたことである。ひと頃、彼はどこからかハンブルクの新聞を取り寄せていたが、ドイツ人がドイツ文字で印刷することを、どうしても我慢できなかったらしい。いつもわたしにフランスの印刷物とドイツの印刷物との違いを示して、これらのしっぽのついた気どったゴシック文字は、目を悪くすると言っていた。その後、彼は《フランクフルト新聞》を取り寄せていたが、さらに後には、もっぱら自国の新聞だけにしていた。

ゾンネンベルク

新聞を読み終わったところで、彼は部屋にすでにカルル・イワーノヴィチ・ゾンネンベルクの来ていることに気付く。ニックが十五歳になった時、カルル・イワーノヴィチも店を開いた。しかし品揃えも悪く、顧客《とくい》もなく、どうにかしてためた金もこの有益なる商売のために使い果たし、彼は「レーヴェリ(17)の大商人」という名誉ある称号と共にその店を手放した。彼はその頃は四十をとっくに過ぎていた。彼はこの楽しかるべき年齢において、神の鳥(18)のような、あるいは十四歳の少年のような生活を送っていた。すなわち明日はどこで寝ようか、どうやって食事にありつこうかということについて、何の当てもなかったのである。彼はわたしの父から幾らか好感を持たれていた。これが何を意味しているか、それを次に話そう。

一八三〇年にわたしの父は、今までの家の脇に、もう一軒の、もっと大きな、もっと立派な、しかも果樹園のついた家を買った。これは有名なフョードル・ワシーリエヴィチの妻であるロストプチナー伯爵夫人の所有に属していたものである。わたしたちはその家にひき移った。その後、父はさらに第三の家を買った。これはすでにまったく必要のない代物であったが、隣接した家であった。これらの二軒の家は空き家となっていたが、火事(これらの家には火災保険がつけてあった)を警戒し、また、借り手に煩わされることを恐れて、他人には貸さないことにしてあった。しかも修理もされないので、荒廃するには最も適した状態にあった。その一軒の方に、宿無しのカルル・イワーノヴィチが、夜の十時以後は門を開けないという条件で、住むことを許されていたのである。門は一度も錠をかけられたことがなかったから、この条件は容易であった。薪は自分で買い、屋敷の蓄えを使わぬこと（彼は事実それを自分で買っていた、だがそれはわたしの家の御者からであった）、さらに、一種の特任官吏のような役柄でわたしの父に仕えること、すなわち、「何かご用はございませんか」と聞きに毎朝参上すること、食事の席には顔を出し、客のない晩には、世間話や噂話をしてお相手することであった。

カルル・イワーノヴィチの職務がいかに簡単なものに見えたとしても、父はこれに十分の薬味を加えることを心得ていたので、我が憐れなるレーヴェリ人は、金もなく才能もなく、背の低いあばただらけの、しかもドイツ生まれの人間に降りかかる、ありとあらゆる不幸には慣れきっていたとはいえ、必ずしも常に父の言葉を我慢できたわけではない。一年半か二年ほど経つ内に、深く心を傷つけられたカルル・イワーノヴィチは、「これは絶対に我慢できない」と言うようになり、自分の荷物をとりまとめ、壊れかかったものや品質の怪しげな色々な品物を買ったり交換したりして、カフカースへと向かった。

いつも失敗が無情にも次から次へと彼を追い回した。ある時は彼の痩せ馬が――彼は自分の馬でチフリスとレドゥート・カーレに向かったのだが――ドン・コサックの土地からほど遠からぬところで死んだり、荷物の半分を盗まれたり、あるいはエリブルース〔カフカースの山〕の麓で二輪馬車が倒れて、フランス製の香水が壊れた車輪の上に、誰にもその価値を知られることなくこぼれてしまったりした。またある時は何かをなくした。そして、紛失するものが何もなくなってしまった時には、自分の通行許可証をなくした。十カ月ほども経つと、ご多分に漏れず、カルル・イワーノヴィチはさらに老けて、一層しわだらけに、かつ貧相になり、歯も髪も一際まばらになって、ノミや南京虫を防ぐためのペルシア産の除虫粉とか、色の褪めた布地とか、チェルケスの錆びた短剣とかのストックを携えて、しょんぼりとわたしの父の前に姿を現わした。そして前と同じように、依頼された用事を果たし、暖炉には自分の薪を焚くという条件で、ひと気のない家に再び住むことになったのである。

　カルル・イワーノヴィチのいることに気がつくと、父は直ちに、彼に向かって、小さな攻撃を始める。カルル・イワーノヴィチが健康について尋ねると、老人は頭を下げて感謝の意を表し、少し考えてから、例えば次のように聞く。

「あなたはポマードをどこで買うんですかな。」

　ここで言っておかなければならないのは、カルル・イワーノヴィチは人間の中でももっとも不恰好な存在ではあったが、大変な浮気者で、ラヴレース[19]をもって自任し、気取った身なりをし、縮らせた白っぽい金髪のかつらをかぶっていたということである。もちろん、すべてこれらのものはずっと前からわたしの父によって品定めされ、値踏みされていた。

「ブイスの店です。クズネツコーイ・モストの」(20)と、カルル・イワーノヴィチは幾らかムッとして、ぶっきらぼうに答え、自分を弁護しようとする人のように足を組む。

「この匂いは何というんですかね。」

「ナハトフィオレン〔夜のすみれ〕です」とカルル・イワーノヴィチは答える。

「あなたはだまされている、すみれ——これはやわらかい香りで、〈これはよい香りであるはずだ。〉ところがこれは何だか強い、いやな臭いがする。死体に香油を塗る時に、よくこんな臭いがするものだ。わしの神経は大分弱くなってきた。胸が悪くなってきさえした。わしにオーデコロンを持ってくるように言ってくれたまえ。」

カルル・イワーノヴィチは自分でその小瓶を取りに飛んで行こうとする。

「いや、いや、誰かを呼んでくれたまえ。でないと、あなたがますますわしの近くに寄ってくることになる。わしは気分が悪くなって倒れてしまうだろう。」

女中部屋に対する自分のポマードの効き目を期待していたカルル・イワーノヴィチは、すっかり悲観してしまうのであった。

部屋の中にオーデコロンをまき散らしてから、わたしの父は頼み事を考え出す。フランスたばことイギリス製酸化マグネシウムを買うこと、それから新聞に出ている売り物の箱馬車を見に行くことを命ずるのである(彼は決して買いはしなかったのだが)。カルル・イワーノヴィチは機嫌よくお辞儀をして、解放されたことに心から満足して、食事の時まで姿を消す。

侍僕とその他の人びと

カルル・イワーノヴィチの次には、料理番が現われる。彼が何を買っても、またどんな書き付けを書いてきても、父は必ずそれが法外に高いと言い出す。

「ほお、何と高い値段だ！　一体これは荷が入っていないとでも言うのかね。」

「さようでございます」と料理番は答える。「道が大変悪いので。」

「では道が直るまではなるべく買い物はしないようにしようではないか、いいね。」

これが済むと、彼は自分の文机に向かい、村々への返事や命令を書き、帳簿をつけ、仕事の合間にわたしを叱りつけたり、医者を呼んで診察を受けたりする。だが主なことは――自分の侍僕と口論することであった。この男は家の中で一番の受難者であった。彼の背はあまり高くなく、多血質で気が短く怒りっぽく、まるでわたしの父を苛々させ、父に説教をさせるために、わざわざ生まれてきたような人間であった。二人の間に毎日繰り返される悶着は、それだけで一つの喜劇ができあがるほどのものである。だが、すべてこれらのことはまったく真面目そのものだったのである。わたしの父はこの人間が自分に必要だということをよく知っていたので、彼の尊大な返答ぶりもしばしば我慢していた。だが三十五年の間、それが無駄な努力であったにもかかわらず、彼を躾けようとすることをやめなかった。侍僕の方でも、自己流の気晴らしがなかったら、あのような生活に耐えることはできなかったことだろう。彼はたいてい食事時に近くなると、幾らか一杯機嫌になる。父はこれに気が付いても、軽い遠まわしなあてこすりに留めておいた。例えば、彼がウォッカの臭いをさせないように、塩をつけた黒パンを少し食べるように勧めたりする程度であった。このニキータ・アンドレーエヴィチは酔っている時は、皿を食卓の上に配りながら、特別に片足を引いて、鄭重な身ぶりをする癖があった。父はこれに気が付くと、さっそく何か用事を考えだして、彼を、例えば、「理髪師のアントンが住居を変えたのではないかどうか」を聞きにやる。そしてわたしにフランス語で次のように付け加える。

「〈あの男が引越しなどしていないことは知っているのさ。だがやつは酔っているから、スープの鉢を落として割ってしまいそうだ。テーブルクロスの上にぶちまけて、わしをびっくりさせるかもしれん。風にあたれば、外気が酔いをさましてくれるだろう。〉」

侍僕はこういう策略にあうと、たいてい何か口答えするのだが、面と向かって言う口答えも考えだせない時は、立ち去りながら、口の中で何か呟く。すると主人は前と同じ静かな声で彼を呼び戻して、彼が何と言ったのか尋ねる。

「わたくしは何も申しあげませんでした。」

「ではおまえは一体誰と話していたんだね。わしとおまえの他には、この部屋にも、あの部屋にも、誰もいないではないか。」

「自分と話していたのでございます。」

「それはとても危険だ、人はそういうふうにして段々気が変になるんだよ。」

侍僕はすっかり腹を立てて、寝室の脇の自分の部屋へ帰ってゆく。部屋に入ると、彼は《モスクワ通報》を読み、売り物にするかつらにつける毛髪を編む。多分うさ晴らしのためであろうが、彼は猛烈に嗅ぎたばこを嗅ぐ。たばこが強過ぎたのか、それとも彼の嗅覚《きゅうかく》神経が弱過ぎたのか、彼はその後で、ほとんど必ず、六回か七回もくしゃみをするのだった。

主人は鈴をならす。侍僕は毛髪の束を投げ出して、部屋に入ってくる。

「くしゃみをしているのはおまえかね。」

「わたくしでございます。」

「身体には気を付けておくれ。」そして、彼は侍僕に出て行くように手で合図をする。

乾酪週間の最後の日には、家中の召使が、昔からの習わしに従って、罪の赦しをしてもらうために、晩になると主人の下に来ることになっていた。こういう儀式ばったことのある時には、わたしの父は侍僕を連れて広間へ出て行く。そこで彼は必ずしもすべての者の顔を覚えているわけではないというような様子をする。

「あそこの隅のところに立っているお年寄りは、あれは誰だね」と彼は侍僕に尋ねる。

「御者のダニーロです」と侍僕は、すべてこれが芝居に過ぎないことを知っていて、ぶっきらぼうに答える。

「おお、本当かね、何という変わりようだ！　わしは思うに、あんなに老けてしまうのはみんな酒のせいだ、あの男は仕事は何をしているのかね。」

「薪を暖炉にひいてゆきます。」

老人はとても我慢ができないというような苦痛の表情をする。

「一体おまえは三十年もいて、口のきき方も知らないのかね……。ひいてゆく……薪をひいてゆくとはどういうことかね。薪は抱えて運ぶもので、ひいてゆくものではないんだよ。さてダニーロ、神さまのおかげで、また今年もおまえに会えた。わしはこの一年間のおまえのすべての罪を赦してあげる。おまえもわしを赦しておくれ。力のある間は薪をひいておくれ。だがもうじき斎戒期《さいかいき》が来るから、酒はなるべく飲まないようにしなさい。お互いに年を取ってからの酒は毒だし、罪だからな。」

このような調子で、彼は全員の謁見を行なうのであった。

わたしたちは三時過ぎに正餐をした。食事は長くかかり、しかもきわめて退屈であった。スピリドンは腕のいい料理番ではあったが、わたしの父の倹約とスピリドン自身の倹約とがあいまって、食事は、皿数が多かったにもかかわらず、かなり貧弱であった。父の脇には、赤い素焼きの鉢が置いてあって、父は自分でその上に色々な食物のきれはしを載せて、犬どもに与えた。それればかりか、彼は自分のフォークからじかに彼らに食べさせてやった。このことは召使たちを、従ってわたしをも、ひどく不愉快にさせた。何故であったか、これを説明することは難しい……。

訪問客が来ることは概して稀だった。彼らが食事をして行くことはさらに稀だった。我が家のすべての訪問客の内で、食事に来て、時には父の気を晴らしてくれた人としては、ニコライ・バフメーチェフのことをわたしは思い出す。バフメーチェフは足の不自由なバフメーチェフ将軍の兄で、自分もやはり将軍であったが、ずっと前に退役していた。わたしの父とはイズマイロフ連隊に勤務していた頃からの親しい間柄だった。彼らはエカテリーナ女帝の時代に一緒に放蕩をし、パーヴェル帝の時に揃って軍法会議に付された。それはバフメーチェフが誰かと決闘をし、またわたしの父がその介添人をしたためであった。その後ひとりは——旅行者として異郷に去り、他のひとりは——知事としてウファー[21]へ去った。彼らの間には似たところはなかった。バフメーチェフは肉付きのよい、顔立ちの端正な健康な老人で、沢山食べたり、少しばかり飲んだりするのが好きだった。また、愉快な話やその他色々なことが好きだった。彼は、昔は炉の底で焼いたピロシキを百個もたいらげたこともあるし、六十歳ほどになってからでも、溶かしたバターをふんだんにつけたそば粉のクレープを一ダースほども食べて、別段腹を悪くするようなこともなかった、といって自慢していた。これはわたしも一度ならず目撃したことである。

バフメーチェフは、わたしの父に対して、ある種の影響力を持っていた、あるいは、少なくとも父に対する抑えとなっていた。バフメーチェフは、わたしの父が極度に不機嫌になっていることに気が付くと、帽子をかぶり、軍人式に両足をそろえて、こう言った。

「さよなら、君はきょうは病人だ、そして馬鹿になっとる。わしは食事をしたかったのだが、食事中に仏頂面を見るのはやりきれん！〈ゲゴルサメル・ディーネル！〉〈ドイツ語で「ご免こうむる」の意〉」

父は、説明してきかせるかのように、わたしに言う。

「〈元気者よ！〉ニコライ・ニコラーエヴィチはまだ恐ろしく元気だな！　おかげで達者なものだ。ああいう男には受難のヨブのようなわしらの悩みは分からんのだろう。零下二十度の厳寒でも、あの男は平気で橇を飛ばしてくる、それもポクロフカくんだりからな……。ところがこのわしときたら、毎朝目が覚めると、死なずにまだ息のあることを神に感謝している始末だ。お……お……お！　満腹した者には空腹の者のことは分からないと諺《ことわざ》にも言うが、まったくその通りだよ！」

これ以上の謙遜を彼から期待することはできなかった。

時には、セナートルやゴロフワーストフ家の人たちやその他の者を招いて、親戚だけの内輪の正餐会を催すこともあったが、それは楽しみや思いつきからではなく、深い経済的、政治的思惑に基づくものであった。レフ・カタンスキー(22)の日である二月二十日、すなわちセナートルの名の日には、わたしたちの家で正餐会を開き、六月二十四日、「イワンの日」には、セナートルの家に招待された。これは兄弟愛の道徳的手本となる他に、お互いに自分の家でもっと盛大な正餐会を催す手間を省いてくれるのだった。

その他にもさまざまな〈常連〉がいた。カルル・イワーノヴィチ・ゾンネンベルクが〈職務上〉現われる。彼は食事に来る直前に、自宅でウォッカを一杯ひっかけ、レーヴェリ産のイワシをつまみ食いしてきているので、わたしの家で出される、何かの果実を特に浸したウォッカのちっぽけな杯は辞退することにしていた。時には、わたしの最後のフランス人教師がやって来る。これはけちん坊で、厚かましい顔付きのお喋り老人であった。このティリエ氏[23]はいつも間違って、ビールの代わりにワインをコップについで、言い訳をしながら、それを飲み干してしまうので、後になって、父は彼にこう言って注意するのであった。

「あんたの右側にあるのがビールですよ、また間違わないでください。」するとティリエは嗅ぎたばこの大きな一つまみを、幅の広い片方につりあがった鼻に押しつけながら、それを皿の上にまき散らすのであった。

これらの訪問客の内のひとりの人物は、この上なく喜劇的であった。彼は髪の毛の薄くなった小柄の老人で、いつも窮屈な燕尾服と、近頃ならそこからやっとチョッキが始まるくらいのところで終わっている、はなはだ短いチョッキを着て、細いステッキを持っていた——彼の姿の何もかもが二十年前を代表していた。一八三〇年には一八一〇年を、一八四〇年には一八二〇年を。このドミートリー・イワーノヴィチ・ピーメノフは官等は五等官で、シェレメーチェフ慈恵院[24]の管理者の一人であり、傍ら文学に携わっていた。生まれつき才能は乏しかったが、カラムジーン[25]の感傷的な辞句とマルモンテール[26]やマリヴォー[26]の作品に学ぶことによって、ピーメノフは、シャリコフ[27]とパナーエフ[28]との中間の地位を占めることができた。この尊敬すべき一派のヴォルテールに相当するものはアレクサンドル帝の秘密警察の長官――ヤコフ・イワーノヴィチ・デ・サングレンであり、この一派の内、将来を嘱望されていた青年は――ピーメン・アラーポフであった。この連中はみな共通の族長――イワン・イワーノヴィチ・ドミートリエフの門下に属していた。

彼、ドミートリエフには競争者はいなかったが、ただワシーリー・リヴォーヴィチ・プーシキンがいた。ピーメノフは毎週火曜日には必ず「父なる神」と崇め奉るドミートリエフをサドーワヤ街の家に訪れ、文体の美しさについて、新しい言葉の堕落について論ずるのであった。ドミートリー・イワーノヴィチ自身、かつては祖国の文学界の滑りやすい舞台に出ようと試みたこともあった。最初、彼は『公爵ド・ラ・ロシュフコーの思想』を出版し、その後に『女性の美と魅力』についての論文を出版した。わたしはこの論文を十六歳の時に読んでから、その後一度も手に取ったことはないが、その中で、プルタルコスが英雄たちを比較しているような調子で、金髪の女と黒髪の女とを、長々と比較して論じてあったことだけを覚えている。

「金髪の女は――これこれであるが、黒髪の女は、その代わり、これこれである……。」

ピーメノフの主な特徴は、かつて彼が誰にも読まれたことのない本を出版したことではなく、彼が一度笑い始めると止めることができなくなって、その笑いは遂に破裂して声も出ないほどに身悶え、百日咳の発作にまで高まってしまうことであった。彼はこのことを知っていたので、何かおかしなことを予感すると、少しずつ対策を講じた。すなわちハンカチを取り出したり、時計を見たり、燕尾服にボタンをかけたり、両手で顔を覆ったりした。そして危機が迫ってくると——立ち上がって、壁の方に向かって、それに寄りかかり、半時間あるいはそれ以上も苦しんだ。それから発作のために疲れて赤くなって、すっかり毛の薄くなった頭から汗を拭きながら席に着いた。しかしそれでもまだ、発作は中々止まないのであった。

もとより、わたしの父は彼に何の値打ちも認めていなかった。彼はおとなしく善良で不器用な男だった。何といっても彼は文士であり、それに貧乏人であった——つまり、何から何までも資格を欠いていた。しかし、わたしの父は彼の痙攣的な笑い上戸には非常によく気付いていたので、わざと彼を笑わせるように仕向けた。すると、遂に他の人たちまでが、みな彼の影響の下に、何か不自然に大きな声で笑い出すのであった。そういう時には、この愚弄のもとになった男は、人が子犬たちのじゃれるのを見ている時のように、少し微笑みながら、われわれを眺めていたものだ。

時にはわたしの父は、女性の美と魅力とのこの不幸なる鑑定人に対して、ひどい悪戯をすることがあった。

「工兵大佐何某様がおいでになりました」と下男が伝える。

「お通ししろ」と父は言って、ピーメノフの方を向きながら、付け加える。「ドミートリー・イワーノヴィチ、どうかあの男の前では、気を付けてくださいよ。あの男は重い顔面神経痛を患っている。話をする時には、まるで慢性のおくびのような、奇妙なふうをしてどもる。」この場合、大佐に関する父の言葉はまったく正確なものであった。「わたしは知っているが、あんたは笑い上戸だから、どうか気を付けてください。」

これだけでもう十分であった。工兵大佐が二言、三言話しだすと、ピーメノフはハンカチを取り出して、片手で傘のように顔をかくし、そして、遂に席から立ち上がってしまう。

工兵大佐は驚いてこれを見つめている。すると父は落ち着き払ってわたしに言うのだった。

「ドミートリー・イワーノヴィチは一体どうしたんだろう。〈彼は病気なのだ〉、発作が起きたのだ。早く冷たい水を一杯さし上げるように言いなさい。オーデコロンを持っておいで。」

ピーメノフはこのような場合には、帽子を摑んで往来に飛び出し、十字路にくる毎に立ち止まって、街灯の柱に寄りかかりながら、アルバート門まで笑い続けるのであった。

彼は数年の間、隔週の日曜日毎に、必ずわたしたちの家に来て食事をした。彼の来訪の正確さが、また、時に彼がそれを破ることがある場合には、その不正確さが、いずれも同じようにわたしの父を怒らせ、そして父は彼を困らせるのであった。だが、善良なピーメノフはそれでもやはりクラースヌエ門[32]からスターラヤ・コニューシニャヤ街へ徒歩で通い続けた。そして彼が来るのをやめた時は、彼が死んだ時であった。しかも、その死には滑稽なところなどまったくなかった。身寄りのない独身の老人は、長患いの後に、彼の家政婦がまったく彼の看護をしないで、彼の持ち物や衣類はおろか、寝台のシーツまでも奪いとって行くのを、死にかかった目で眺めていたのだった。

しかし、正餐のときの真の〈なぶりもの〉たちは、マリーア・ホワーンスカヤ公爵夫人[33]の家の寄寓者たる、貧しくて居所の定まらない、さまざまな老婆たちであった。彼女たちは気晴らしのために、また、一つにはわたしたちの家の中の様子はどうか、主人たちの間に争いはなかったか、料理番が自分の女房と喧嘩をしなかったか、パラーシャとウリャーシャの腹が大きくなっていることを主人は気付いていないかどうか、というようなことを知るために——祭日などには、時として一日中腰を据えていることがあった。ここで述べておかなければならないが、これらの未亡人たちは、四十年か五十年ほども前、まだ結婚していなかったころに、メシチェールスカヤ公爵夫人(「公爵令嬢」)の家に身を寄せていいたことがあって、その頃から、わたしの父を知っていたのである。そして、若い頃の浮浪生活と老いてからの流浪生活との間の約二十年間に、彼女たちは夫と罵り合い、彼らの大酒をやめさせようと努力し、卒中に倒れた彼らの世話をし、そして、彼らを墓場へ送り届けたのである。彼女たちのある者は、どこかの守備隊の士官とひと抱えの子供たちと共に、ベッサラビアをさまよい、また他の者は、幾年もの間法廷で夫と争った。すべてこれらの浮世の経験は、彼女たちの上に色々な地位や郡の町々の痕跡を止め、この世の強者に対する恐怖、卑屈な心、ある種の愚かな狂信を植え付けたのである。

彼女たちが来ると、数々の面白い場面が演ぜられた。

「どうしたんです、アンナ・ヤキーモヴナ、病気かね。何も食べないじゃないか」とわたしの父は尋ねる。

するとクレメンチュークのある監督官の未亡人で、何かの膏薬《こうやく》の匂いをいつも強く漂わせている、古びて色褪せた顔の腰の曲がったお婆さんは、目付きと指の動かし方で卑下した様子を示しながら、答えるのだった。

「ご免なさいよ、イワン・アレクセーエヴィチ、ほんにもう、お恥ずかしいことで、この通り、昔式だもんで、は、は、は、今は精進期だもんですから。」

「ああ、退屈なことだね。相変わらず信心深いんだね！　でもね、不浄になるものはね、おっかさん、口へ入るものではなくて、口から出るやつだよ。どれを食べたって、結果は同じだよ、ところが、口から出るやつは、気を付けなくては……。隣人に対する悪口というやつはね。そういう時には、自分の家で食事をした方がいいよ。さもないと、もうひとりトルコ人が出てきて、ピラフがほしいと言い出すよ……。わしのところでは〈一品料理〉のレストランを開いているわけではないからね。」

老婆は、その上ひきわりや麦粉のオートミールを所望しようと考えていたのであるが、すっかり驚いて、食べるのが恐ろしいという様子をしながら、クワスとサラダの方へ飛びつくのであった。

だが注目すべきことは、彼女か、または彼女たちの内の誰かが、精進期に肉類を食べ始めると、（一度も精進料理を食べたことのない）父が、悲しげに首を振りながら、次のように言うことであった。

「アンナ・ヤキーモヴナ、もう老い先も長くないのに、ご先祖からの習慣を変えなくてもよさそうなものだと思うがね。わしは精進を守らず肉類を食べさせてもらっているが、これは色んな病気を患っているからだが、あんたはその年まで、一生精進を守ってきたのに、急に……あれたちはどう思うだろう。」

彼は召使たちの方を指し示す。すると、哀れな老婆は再びクワスとサラダに飛びつくのであった。

これらの場面はわたしをひどく憤慨させた。わたしは時には敢えて口出しして、それとは反対の意見もあることを想起させた。すると父はちょっと腰を浮かせて、ビロードの縁なし帽を、房をつまんで脱ぎ取ってぶらさげながら、わたしの教訓に対して感謝し、自分の忘れっぽいことを許してくれと言い、それから老婆に向かって、次のように言うのだった。

「恐ろしい時代だ！　子供が親にものを教える時代なんだからね。あんたが精進期に肉類を食べても仕方がないかもしれん。わしらはどうなるのかね。考えても恐ろしい！　わしもあんたも、ありがたいことには、あまり先のことは見ないでも済むだろうけどね。」

食事の後で、父は一時間半ほど横になって休息した。下男たちは早速、居酒屋や料理屋へとめいめい出かけてしまう。七時にはお茶の用意ができる。その時刻になるとよく誰かが訪ねてくる。一番足繁く来たのはセナートルであった。これはわたしたちにとって休息の時間であった。セナートルは色々なニュースを持って来て、熱中してそれを話すのが常であった。わたしの父は彼の話を聞きながら、まったく関心を持たないような振りをしていた。話し手が人を笑わせようとしている時には、真面目くさった顔付きをし、また何か驚くべきことを話している時には、何の話か聞いていなかったような顔をして、聞き返すのであった。

時にはセナートルが、ひどく腹を立てさせられることもあった。それは彼が弟と意見がまったく対立するか、あるいは同一意見でない時(しかしそんなことはきわめて稀であった)、また意見の対立はまったくなくても、父が特に不機嫌な時などであった。これらの悲喜劇的な場面で一番おかしかったのは、セナートルの飾り気のない癇癪《かんしゃく》と、わたしの父の気取ったわざとらしい冷静さとであった。

「おまえはきょうは病人だ。」癇癪を起こしてセナートルは言うと、帽子を掴んで出て行ってしまう。

ある時腹立たしさのあまり、彼はドアを開けることができなかった。そして、「何ていう出来の悪いドアなんだ！」と言いながら力いっぱいに足でそれを蹴った。わたしの父は落ち着き払って近付いて行くと、ドアを反対側に開いて、ごく静かな声で言うのだった。

「このドアはちゃんと役目を果たしている。これはそちら側に開くのに、あなたはこちら側に開けようとして、そうして腹を立てている。」

ここで言っておくべきことは、セナートルが父より二つだけ年上で、彼をおまえと呼んでいたのに対し、父の方は弟の立場から、彼をあなたと呼んでいたことである。

セナートルが帰ると、父は自分の寝室に赴く。門の錠を下ろしたかどうかを尋ね、下ろしてあるという返事を聞いても、幾らか疑うような様子をする。だが、それを確かめることもしなかった。それから洗面、湿布《しっぷ》、薬の調合などの、長たらしい行事が始まる。侍僕が父の寝台の脇の小卓の上に薬瓶、寝室ランプ、小箱などのさまざまな品物を恐ろしく沢山並べる。老人は普通小一時間ほどブリアンの『サン・テレーヌの回想』[34]とか、概して種々の日記、回想録の類を読む。とかくする内に、夜が更けてくる。

これは一八三四年にわたしが家を離れた時にそうだったが、一八四〇年に彼に会った時にも変わっていなかった。そしてすべては、一八四六年に彼が死ぬまで続いたのである。

三十歳の頃に流刑地から帰って、わたしは、父が多くの点で正しかったのだということ、彼が不幸にして、侮辱的なまでによく人間を知り抜いていたのだということを、理解した。しかし、彼に真理そのものをも、若い心にとってかくも不快な仕方で教え込もうとさせたことは、果たしてわたしの罪だったのだろうか。堕落した人びととの間で過ごした長い生活によって冷酷になってしまった彼の理性は、彼をすべての人びとに対して〈警戒的〉にさせた。だが、冷えきった心はもはや和解を必要としてはいなかった。かくして彼は、この世のすべての人びとに対して、敵対的な関係を持ち続けたのである。

一八三九年にわたしが彼に会った時には、彼は老衰し、事実上すでに病人であったが、一八四二年にはそれはもっとひどくなっていた。セナートルが死んで──父の周りは一際空虚なものになっていた。だが彼自身は変わっていなかった──ただ体力だけが彼を見棄てていた。侍僕さえも前の者とは違っていた。意地の悪さと記憶の良さは相変わらずだった。彼は、昔と同じように、取るに足りないことですべての人を困らせていた。そしてゾンネンベルクは相変わらず古い家に昔からの仮住居《かりずまい》を営み、依頼事を引き受けていた。

その時になってやっと、わたしはこの生活の味気なさをはっきりと理解した。自分の周りに、荒れ果てた石ころだらけの干からびた空き地を作り、しかも、自分でそれを変える気もないままにその上に消えつつあった、この孤独で取り残された存在の悲しい意味を見た時、わたしは胸の張り裂ける思いをしたのである。彼はおのれのそのような境遇を知っていた。死の近いことも知っていた。だが、自分の身体が弱り老衰していることを無視して、熱心に、そして頑に身を持していた。わたしは老人を心から気の毒に思っていたが、どうしようもなかった――彼は近付き難かったのだ。

……彼が硬い不細工な深い肘かけ椅子に腰かけて、自分の犬たちに取り囲まれながら、ひとりぼっちで、わたしの三歳になる息子と遊んでいる時、わたしはよく、彼のいるその書斎のそばを、そっと通り過ぎるのであった。老人の握りしめた両手と麻痺した神経とは、子供の姿を前にして緩み和らぎ、彼は死にかかった片手で揺り籠に触れながら、絶え間ない不安と争いと、そして、生涯持ち続けた憤りとから解き放たれて、休息しているかのようであった。

第六章　学生時代

おお、曇りなき自由の思想と
果てしなき希望の時期よ！
過ぎしわれらが宴のざわめき
期待に満ちたわれらが努力
心からなる笑いはいずこ？

（『ユーモル』）

クレムリン政庁とモスクワ大学

足の不自由な将軍(1)の不吉な予言にもかかわらず、父はわたしをクレムリン政庁のユスーポフ公爵の下で勤めさせることにした。わたしは文書に署名した。これで事は済んだ。わたしは勤務のことについては、それ以上何も聞かなかった。ただ、それから三年ほど経って、ユスーポフがひとりの宮廷建築師（この男はいつも、五階の垂木《たるき》の上から地下室の労働者に向かって、何かを指図しているような声で怒鳴っていた）を寄こして、わたしが初級の高等文官の位を授けられたことを伝えさせた。ついでながら言っておくが、すべてこれらの奇蹟は不必要なものであった。勤務によって得られる地位を、わたしは学士試験に合格して一挙に取っていたので、二、三年古参であるかどうかは問題ではなかったのである。ところが、この偽りの勤務がわたしの大学への入学を危うく妨げるところだった。大学の評議会は、わたしがクレムリン政庁の官房に籍を置いていることを知って、わたしに試験を受ける権利を拒否したのである。

勤務についている者のためには、昼食後の特別の講義があった。この講義はきわめて範囲の狭いもので、いわゆる「委員会試験」(2)を受ける資格を得るためのものだった。金持ちの怠け者、何も勉強しなかった貴族の倅《せがれ》たち、軍務に就くことが嫌いで、早く八等官の位を得ようとしていた連中が、みんなこの委員会試験を受けた。これは、一科目一授業に対して〔一人あたり〕二十ルーブルずつを取っていて、古手の教授たちのための金鉱のようなものであった。

自分の生活を学問のこんなカウディウムの二股道(3)によって始めることは、わたしの考えとは絶対に相容れなかった。わたしは父に対して、もし父が別の方法を見つけてくれなければわたしは辞職する、と断固として宣言した。

父は怒った。そして、わたしの経歴を築いてやろうとしても、わたしが気紛れを起こしてこれを妨害するのだと言い、わたしにこんな馬鹿げた考えを起こさせた教師たちを罵った。しかし、これらすべての言葉がわたしに対してさっぱり効き目がないことを見ると、彼はユスーポフのところへ行くことに決めた。

ユスーポフは一瞬にして問題を裁断した。幾らか貴族風に、また幾らかタタール風に。彼は秘書官を呼んで、三年間の休暇を出すように手続きすることを命じた。秘書官は当惑した。すっかり当惑して、そして四カ月以上の休暇は、皇帝の裁可がなくては出せないのだということを、恐るおそる申し立てた。

「何を下らぬことを言っとるのだね、君」と公爵は彼に言った。「何も面倒なことはないじゃないか！　では、休暇が駄目なら、こう書きたまえ、わしが当人に学業修得のため大学の講義を聴くように命ずる、とな。」

秘書官は書いた。そして、あくる日にはもう、わたしは理数学部の階段式講堂に着席していた。

ロシアの教育の歴史において、また、最近の二つの世代の生活において、モスクワ大学とツァールスコエ・セローのリツェイ(4)とは目覚ましい役割を果たしている。

モスクワ大学は、一八一二年以後のモスクワと共に、その意義を加重した。皇帝ピョートルによって歴代のツァーリの首都たる地位から追われたモスクワは、皇帝ナポレオンによって（幾分はその意志によって、だが、その二倍は意志に反して）、ロシア国民の首都に昇進した。モスクワが敵に占領されたという知らせを聞いた時に覚えた苦痛によって、国民はモスクワと自分たちとの密接なつながりに気付いた。その時から、モスクワにとって新しい時代が始まった。モスクワにおいて、大学はますますロシアの教養の中心となりつつあった。その発達のためのすべての条件が備わっていた——歴史的意義、地理的位置およびツァーリの不在。

パーヴェル帝の死後に著しく昂揚したペテルブルクにおける知的活動は、十二月十四日の事件（デカブリストの反乱）によって暗黒に閉ざされてしまった。ニコライ帝が五つの絞首台と苦役と白い革紐と、そして、淡青色（憲兵隊の制服の色）の制服を着たベンケンドルフとを引き連れて登場した。

すべてが後退した。血は心臓に向かって集まり、表面からは隠されていた活動が内部に溶解しながらたぎりはじめた。モスクワ大学は屈しなかった。[5] そして大学は立ちこめた霧を破って真っ先に姿を現わした。皇帝はポレジャーエフの事件[6]から後、この大学を憎んだ。彼は『カルーガ夜話』の陸軍少将、アレクサンドル・ピーサレフ[7]を教育管区長官として派遣し、学生たちに制服のフロックコートを着せるように命じ、彼らに剣を下げることを命じ、後にこれを禁じた。そして、ポレジャーエフをその詩のことで、またコステネーツキー(8)とその仲間たちを散文のことで兵卒に出し、クリーツキー兄弟(9)を半身像の事件で破滅せしめ、わたしたちをサン・シモン主義〔フランスの初期社会主義〕を信奉しているという理由で流刑に処した。その後、皇帝はセルゲイ・ミハーイロヴィチ・ゴリーツィン(10)を教育管区長官として据え、リツェイや法律学校を卒業した若い人たちに向かって、モスクワ大学には入らぬように厳粛に勧告しつつ、もはや、それ以上はこの「堕落の温床」を顧みなかった。

ゴリーツィンは驚くべき人物であった。彼は、教授が病気の場合には講義も休みとなるという無秩序に、長い間慣れることができなかった。彼は次の番の教授が代講すべきであると考えた。そうなると、テルノーフスキー教授が時には婦人病に関する臨床講義をしなければならず、産科医リヒテル(11)が聖母受胎を論ずる、という破目になったかもしれない。

しかしそれにもかかわらず、皇帝の愛顧を失ったこの大学は影響力を増した。そこへは、あたかも共同の貯水池へ流入するように、ロシアの若々しい力があらゆる方面から、また、社会のあらゆる階層から流入した。教室で彼らは、自分たちの家庭で囚われていた偏見を捨て去り、同じ水準に達し、互いに親しくなり、そして、再びロシアのあらゆる方面へ、あらゆる階層へと流れ出て行った。

一八四八年までは、我が国の諸大学の制度は純粋に民主的なものであった。その門戸は、試験に合格した者で、農奴でなく、村の共同体によって拘束されている農民でないすべての者に解放されていた。ニコライはこれらをすべて歪めてしまった。彼は学生の入学を制限した。彼は自費学生の支払うべき授業料を増額し、貧しい貴族だけがこれを免除されることを許した。すべてこれらは、ロシアという車輪の上に加えられたブレーキの役割を果たしたこの人物が最後の息を引き取ると同時に、パスポート[12]や宗教上の異端排斥[13]や、その他に関する法令と共に消え去るべき、幾多の愚劣なる政策の一部であった。*

*ここで「忘れ難き」ニコライの諸々の父親的政策のもう一つの例を述べよう。養育院や社会保護局はエカテリーナ時代の最も良き記念物の一つであった。公営の質屋が資金の回転によって得ている利息の一部を病院、救貧院、養育院の維持費に当てるという考えそのものは、きわめて賢明なものであった。

これらの制度は成長し、院に付設された銀行や監督官庁は利益を上げ、養育院や慈善施設は、役人たちの全般的窃盗行為の許す範囲内で栄えた。養育院に連れられて来た子供たちの内、一部はそこに収容され、一部は村々に送られて農婦たちにもらわれた。村にやられた子供たちは農民になったが、養育院に残された子供たちはそこで教育を受けた。彼らの内、最も出来のいい子供たちを選んで、引き続きギムナジアの授業を受けさせ、それよりも才能の少ない子供は職人としての仕事を習うか、工業学校へ送られるかした。女の子たちについても同様で、ある者は手芸を、他の者は保母の仕事を習い、最後に一番才能のある少女たちは級付き女教師、または、家庭女教師に養成する。すべては申し分のないほどうまく行っていた。しかしニコライは、この施設にも、おそるべき打撃を与えた。人びとの語るところによれば、ある時皇后がひとりの側近者の家で、その家の子供たちの養育係をしている娘に会って、これと話した。そしてこの娘に大変満足して、どこで教育を受けたのかを尋ねた。娘は「養育院の付属寄宿女学校生徒」のひとりであると答えた。皇后がこのことに対し当事者に感謝したことと、誰でも考えるであろう。ところがそうではなかった。それは彼女をして、捨て児にこのような教育を授けることの不都合さについて考えさせる動機となった。

数カ月経って、ニコライは養育院の上級のクラスを尉官級の者の孤児用の学校に昇格させた。すなわちこれらのクラスには、それ以上養育院の出身者たちを入れないように命じ、その代わり尉官級の軍人たちの子弟を入学させることにしたのである。彼はもっと急進的な方策について考慮さえした——彼は、県の施設や関係官庁に対し、新たに生まれた子供たちを収容しないように命じたのである。この賢明なる方策に対する最良の注釈は——司法大臣の報告や「乳児殺し」の統計の中に見ることができる。

社会の上層や下層から、また国の南や北から集まってきた多彩な青年たちは、友人関係の緊密な集団の中で急速に溶け合った。社会的な違いもわれわれの間では、イギリスの学校や兵舎で見られるような、屈辱的な影響力を持ってはいなかった。ここでわたしはイギリスの大学のことを言っているのではない。イギリスの大学はもっぱら貴族と富裕者とのために存在しているのである。われわれの間で自分の白い骨〔貴族の家柄〕や財産を自慢しようとした学生があったとしたら、その学生は「水と火」から〔誰からも〕のけ者にされ、仲間からいじめられただろう。

学生たちの間には、外面的な、それも深刻でない区別はあったが、これは別な原因によるものだった。例えば、校庭の向かい側にあった医学部の学生たちは、他の学部の学生たちほどには、われわれと親密ではなかった。しかも、彼らの大部分は神学校出の学生とドイツ人とから成っていた。(14) ドイツ人たちは他の者たちから幾分離れていたし、かつ、西ヨーロッパ流の町人的精神に深く汚染されていた。不幸な神学校生徒たちの教育、彼らの観念は、われわれのものとはまったく違っていたし、われわれと彼らとでは言葉も違っていた。修道院的専制主義の圧迫の下で育ち、その修辞学と神学とによって痛めつけられてきた彼らは、われわれの気楽さを羨んでいた。われわれには、彼らのキリスト教的温順さがもどかしかった。*

＊この点では大きな進歩が遂げられた。わたしが近頃神学大学校や、さらには神学校について耳にしたすべてのことはこれを確証している。この進歩のことで讃えられるべきものは、宗教当局者ではなく、生徒たちの精神であることは言うまでもない。

わたしは数学に対して決して優れた才能も強い愛着も持っていなかったにもかかわらず、理数学部に入った。それまでわたしは、ニックと共にひとりの教師に付いて数学を学んできた。その教師の聞かせてくれる逸話や物語の故に、わたしたちは彼を愛していた。だが彼は、そのあらゆる魅力にもかかわらず、この学問への特別の熱情を育ててくれたとは言えない。彼は数学を円錐曲線のところまで、すなわち、丁度ギムナジアの生徒が大学に入る準備に必要なところまでしか知らなかった。本物の哲学者であった彼は、数学の内「大学で教える部分」は覗いて見る気もしなかったのである。ここで注目すべきことは、彼がただ一冊の本しか講義しなかったことで、しかもそれを絶えず、十年ほども講義していたということである。それはフランクールの教科書であった。しかし彼は控え目な性質で、贅沢を好まなかったので、決まったページから先へは進もうとしなかった。

わたしが理数学部を選んだのは、その科に自然科学の講義があったからだ。そして自然科学に対してこそ、その頃のわたしは強い熱情を抱いていたのである。

わたしをしてこれらの科目に向かわせたのは、あるかなり奇妙な出会いであった。

「化学者」とわたし

わたしがすでに語った一八二一年の有名な領地分配の後に、「一番上の兄上」はペテルブルクに居を移した。彼については久しく何の音沙汰もなかったが、突然、彼が結婚したという噂が伝わってきた。彼はそのころ六十歳を超えていた。彼には成人した一人の息子の他に、なお別の子供たちのいることをすべての者が知っていた。彼が結婚したのはこの長男の母親とであった。「花嫁」もすでに五十歳を超えていた。この結婚によって彼は自分の息子を、昔の人の言い方によれば、「認知」したのである。何故すべての子供をそうしなかったのか。彼のこうしたすべての行為の主な目的が分からなかったならば、何故であるかに答えることは困難であろう。彼は一つのこと――自分の弟たちに遺産を与えないことを望んだのである。そして、彼は息子を「認知」することによって、完全にこの望みを果たした。一八二四年の有名な洪水の時に、老人の乗っていた馬車が水浸しになり、彼は風邪をひいて床につき、一八二五年の初めに死んだのである。

この息子については奇妙な噂が伝えられていた。人びとの語るところによれば、彼は人なかに出ることが嫌いで、誰ともつき合わずに、いつも一人で家の中にいて化学に没頭し、顕微鏡を覗き込んで生涯を過ごしつつあった。食事の時にも本を読み、また婦人との交際を憎悪していた。彼のような人間については、『知恵の悲しみ』の中で、次のように書かれている。

彼は化学者、植物学者です、
フョードル公爵といって、わたしの甥です、
女たちを怖がって、
わたしのそばにも寄りつきません。(15)

叔父たちは、彼の父に対して抱いていた憎悪の矛先を彼の上に転じ、彼のことを「化学者」としか呼ばなかった。そしてこの言葉に非難の意味をこめ、化学というものは決してまともな人間のすべき仕事ではありえない、ということを匂わせていた。

父親は死ぬ前に息子をひどく苦しめた。彼は白髪の父親の淫乱、破廉恥なる淫乱を見せつけることによって息子を辱めたばかりではなく、自分のハーレムの女たちのことで息子をひどく妬んでいたのである。「化学者」は一度、阿片剤を飲んでこの卑しい生活に別れを告げようとしたことがあったが、一緒に化学を研究していた友人が彼を救った。

父親はひどく驚いて、死ぬ前には息子に対して、少しは優しく振舞うようになった。

　父親の死後、「化学者」は不幸なオダリスク〔ハーレムの女〕たちを解放し、父親が農民に課していた重い年貢を半分に減らし、また、滞納の分は免除し、老父が下男たちを兵卒に出す代わりに、彼らに売りつけていた兵役免除金納付証書を無償で返した。

　一年半ほど経って、彼はモスクワに来た。わたしは彼に会いたいと思っていた。わたしは農民に対して行ったことで、また彼に対する叔父たちの不当な憎しみの故に、彼を愛していたのである。

　ある朝、父の下へ、小柄なひとりの男が現われた。彼は金縁の眼鏡をかけ、大きな鼻をして、頭髪は半ば禿げ上がり、指は化学の実験のために焼けこげていた。父は冷やかな刺々しい態度で彼を迎えた。甥も同じ、むしろそれに劣らない態度で応じた。互いに競いあった挙句、彼らは上べの冷静さをもって当たり障りのない話を始め、そして、慇懃に、だが内心では互いに憎悪を抱きながら別れた。父は、敵が決して譲歩しないであろうということを見た。

　彼らはその後決して親しくなろうとはしなかった。「化学者」はごく稀にしか叔父たちを訪れなかった。最後に彼がわたしの父と会ったのは、セナートルが死んだ後のことだった。彼は土地の買入れに必要な三万ルーブルほどの金をわたしの父から借りるために来たのである。父は貸さなかった。「化学者」は腹を立て、片手で鼻をこすり、薄笑いしながら彼に言った。

「このことにどんな危険があると言うんです。わたしには親譲りの領地があります。わたしはそれを改良するために金を借りようというのですよ。わたしには子供はありません。わたしたちが死ねば、お互いに、後に残った者が相続人なんですよ。」

七十五歳の老人は甥のこの暴言を決して許そうとはしなかった。

わたしは時々彼を訪れるようになった。彼はきわめて独特な生活をしていた。トヴェーリ並木大通りの広大な自宅のちっぽけな部屋一つを自分の居室とし、もう一つの部屋を実験室として使っていた。彼の母である老婆は、廊下を隔てた別の小部屋に住んでいた。その他の部屋はどれも掃除もされずに、彼の父がペテルブルクへ出て行った時のままになっていた。黒ずんだシャンデリア、異様な家具、ありとあらゆる骨董品、あたかもピョートル一世がアムステルダム[16]で買い求めたものかと思われるような壁時計、あたかもスタニスワフ・レシチニスキの家から持ってきたかのような肘かけ椅子、絵のない額縁、壁の方に向けて裏返しに置いてある絵——どうにかこうにか所を得て納まっているこれらのものはみな、暖房もされず灯火もない、三つの大きな広間を満たしていた。

控え室では下男たちが、たいていトルバン〔ウクライナの楽器〕を奏でたり、たばこを吸ったりしていた(この同じ部屋で、彼らは以前には辛うじて息をし、祈りを捧げていたのである)。下男がろうそくを灯し、そして、いつ行っても、マントを脱ぐには及ばない、どの広間もひどく寒いからと言いながら、この武器庫のような部屋部屋を通って案内するのだった。埃の厚い層が角《つの》の飾りや珍しい品々を覆い、それらの品は幾つもの華美な鏡に映って、ろうそくと共に動くのだった。荷造りの時に残った藁が、紙片や紐と共に、ここかしこに静かに横たわっていた。

これらの部屋の列を通って行くと、遂に、タピストリーをかけたドアに達する。このドアを開けると、ものすごく暖房された書斎がある。この書斎で化学者がリスの毛皮を裏につけた汚れた仕事着を着て、どこへも外出せずに書物に埋もれ、フラスコや蒸留器やるつぼや、その他の器具に取り囲まれて座っているのだった。この書斎には、今はシュヴァリエ(17)の顕微鏡が君臨し、塩素の匂いが立ちこめてはいるが、幾年か前には、許し難い恐ろしいことが行なわれたのだ。この書斎で、わたしが生まれたのである。わたしの父は外国から帰って、兄と仲違いするまで、数カ月の間彼の家に滞在していた。そしてまたこの家で、わたしの妻が一八一七年に生まれたのだった。「化学者」(18)は二年ほど経って自分の家を売り払ったが、わたしはその後スヴェルベーエフ氏宅の晩の集いに出席することになって、再びこの家を訪れる巡り合わせになった。そして、その席で汎スラヴ主義について論争し、どんなことにも決して腹を立てたことのないホミャコーフ[19]に対して、腹を立てたりしたものだ。部屋は改造されてはいたが、車寄せ、玄関、階段、控え室など、すべては元のままで、小さな書斎もまだ残っていた。

「化学者」の家事の方は、もっと簡素であった。夏になって、彼の母がモスクワ近郊の屋敷に去り、彼女と共に料理番も行ってしまう時には、特にそうだった。四時頃になると、彼の侍僕がコーヒー沸かしを持って現われ、それに濃い肉汁を少し溶かしこみ、化学実験用の炉を利用して、それを色々な毒薬類と並べて火にかける。それから彼は、料理店から二つ割りにしたエゾライチョウの肉とパンを取り寄せる。これが彼の正餐のすべてであった。

食事が済むと、侍僕はコーヒー沸かしを洗う。それから化学者は、再び自分の生来の仕事に取りかかる。晩になると、侍僕がまた現われて、長椅子の上から父の残した虎の毛皮と書物の山とを片付け、敷布を広げ、枕と布団を持ってくる。そして書斎は、調理場や食堂に変わったのと同じように、簡単に寝室に早変わりするのであった。

わたしたちが知り合いになった当初から、「化学者」はわたしが真面目に勉強しているのを見て、わたしに向かって、「空虚な」文学修業や「何の役にも立たない危険な」政治修業を投げ捨てて、自然科学に携わるように勧め始めた。彼はわたしに地質変動についてのキュヴィエ[20]の講演とドゥ・カンドール[21]の植物器官学とを貸してくれた。これらの本がわたしに良い影響を与えていることを見て、彼は自分の立派な蒐集品、器具類、植物標本を貸してくれると言い、また、指導を与えることさえも申し出た。彼は自分の専門の分野ではきわめて勤勉で、またきわめて博学にして明晰、かつ親切ですらあった。しかしこのためには、必ずしも猿類より先のことを学ぶ必要はなかった。彼は石からオランウータンに到るすべてのものに興味をひかれていたが、それにより先へ進むこと、とりわけ哲学に専念することを好まなかった。哲学を彼はたわ言と見なしていた。彼は保守主義者ではなく、また遅れた人間でもなかった。彼は単に人間たちを信じていなかっただけなのである。すなわち、彼はエゴイズムがすべての行為の唯一の基礎であると信じ、ただ、ある種の連中の愚鈍さと他の連中の無知とが、それを抑えているに過ぎないと見なしていた。

彼の唯物論はわたしを憤慨させた[22]。われわれの父祖たちの皮相な、半ば恐怖を交えたヴォルテール主義は、「化学者」の唯物論とは似ても似つかないものであった。彼の見解は冷静な首尾一貫した、完結したものであった。それはナポレオンに対するラランド[23]の有名な返答を思い出させた。

「カントは神の仮説を受け入れている」と彼にボナパルトが言った。「陛下」とこの天文学者は反論した。「わたしは自分の仕事にこの仮説を必要としたことは一度もありませんでした。」

「化学者」の無神論は神学の領域を超えたものであった。彼はジョフロア・サンティレール[24]を神秘主義者と見なし、オーケン[25]を単に損なわれたる人間と見なしていた。彼は、わたしの父がカラムジーンの『国史』を投げ出したのと同じ軽蔑の念をもって、自然哲学者たちの著書を閉じたのである。

「自分たちで第一原因だとか霊力だとかいうものを考え出しておいて、後になってから、そういうものを発見することもできないとか、理解することもできないとか言って驚いているのだ。」

これはまさしく別な版の、別な世紀の、そして別な教育を受けたわたしの父であった。「化学者」の見解は、あらゆる生活上の問題においては、一際陰気なものになった。彼の考えによれば、人間は、動物と同じくらいに、善と悪とに対する責任をきわめて僅かしか負わされていないのであって、すべては——組織、環境、および一般に神経系統の構造の問題であり、しかも人びとは、神経系統に対して、その能力以上のものを期待しているというのであった。家庭生活を彼は好まなかった。結婚については恐怖をもって語った。そして三十歳になっても、まだ一人の女も愛したことがないということを、無邪気に告白するのであった。しかし、この冷たくなった人間の心にも、まだ一抹の温かさが残っていた。それは年老いた母親に対する彼の態度の中に見られた。彼らは共に、父のために多くの苦しみを受けた。不幸は彼らを固く結び付けた。彼は母親の孤独で病弱の老境を、人が見て感動するくらいに、できる限りの安静と配慮とをもって包んだ。

彼は自分の理論を、化学に関するものの他は、決して説き聞かせようとはしなかった。しかも、それらは偶然の機会に話されるのであり、わたしが聞き出すのであった。彼がわたしのロマン的で哲学的な反論に答える時は、気が進まない様子でさえあった。彼の答えは簡単であった。彼は微笑しながら、そして、あたかも大きな年老いたマスティフ種の犬が、スピッツ種の犬と戯れながら、自分の毛を引っぱらせたり前足で軽く押しのけたりしている時のように、優しい心遣いをもって答えるのであった。しかし、これがまたわたしを一番苛々させた。そして、わたしは倦《う》まずに攻撃を繰り返すのだが、論争の足場を少しでも有利にすることはできなかった。後になって、すなわち、十二年ほど経ってから、わたしは父の言葉を思い出したのと同じように、「化学者」のことを幾度も幾度も思い出した。言うまでもなく、わたしが反論したあらゆる問題の四分の三は、彼の方が正しかった。しかし、わたしもまた正しかったのではないか。真理の中には――われわれはすでにこのことについて語ったが――政治上の権利のように、人が一定の年齢に達するまでは伝えられない真理があるものなのだ。

わたしをして理数学部を選ばせたのは「化学者」の影響だった。医学部に入った方がもっとよかったかもしれない。しかし、わたしが微分と積分とを、初めはどうにか人なみに習得し、その後完全に忘れてしまったことは、別に大した不幸ではない。

自然科学なしには、現代の人間に救いはない。この健康な食物なしには、思想のこの厳格なる実物教育なしには、また、われわれを取り巻く生活へのこの接近なしには、さらに生活の独立性への和解なくしては、心のどこかに一つの僧房が残り、そして、そこに神秘的な種子が残り、すべての理解力の上に暗い水となって溢れかかるかもしれない。

わたしが大学の課程を終える少し前に、「化学者」はペテルブルクに去った。そしてわたしは、ヴャトカから帰るまでは、彼と会うことがなかった。わたしの結婚の後数カ月経ってから、わたしは父がその頃住んでいたモスクワ近郊の屋敷を、半ば内密に、数日間の予定で訪れたことがある〔一八三八年八月〕。この旅行の目的は父との最終的な和解のためであった。彼はわたしの結婚のことで、相変わらずわたしに腹を立てていたのである。

途中、わたしはペレフーシコヴォの村を訪ねた。そこはかつてわたしたちがしばしば立ち寄った場所である。「化学者」はわたしを待っていた。そして正餐と二本のシャンペンまでも用意していた。彼は四年か五年経っても昔のままだった。ただ幾らか老けた。正餐の前に彼はまったく真面目な顔をしてわたしに尋ねた。

「どうか率直に言ってもらいたいのですが、家庭生活の、結婚の感想はどうですか。いいものですか、え、それともあまりよくもないですか。」

わたしは笑った。

「あなたもずいぶん勇敢ですね」と彼は続けた。「わたしは驚いているんですよ。正常な状態にいたら、人間にはそんな恐ろしいことはとてもできないはずです。わたしも二、三勧められたことがあります。非常にいい婦人でした。しかしわたしのいる部屋を女の人が切り回して、何もかも自分流に整理して、それに恐らくまた、わたしにたばこを吸うことを禁止したり（彼はネージン産の安たばこを吸っていた）、騒ぎ立てたり、無意味な下らないことをしたりするだろうと考えると、怖くなってしまって、一人ぼっちで死んだ方がいいと思うのです。」

「わたしはあなたのところに泊めてもらえますか、それともポクローフスコエに帰った方がいいでしょうか」と、食後にわたしは彼に尋ねた。

「わたしのところは場所は十分にありますが」と彼は答えた。「しかしあなたのためには、帰った方がいいと思います。あなたは十時頃にはお父上のところへ着くでしょう。

知っているでしょうけど、あの人はまだあなたに腹を立てているのですよ。でも、夜寝る前には、老人というものはたいてい神経が弱って、不活発になっているものです。彼は今日の方があしたよりも、恐らく、ずっと穏やかにあなたを迎えるでしょう。朝行くと、彼はきっと完全に戦闘準備を整えているでしょうよ。」

「はっはっは、いかにも生理学と唯物論の先生らしいお言葉ですね」と、わたしは心から笑いながら彼に言った。「あなたのご忠告は、かつてわたしが、ゲーテのワグネル〔『ファウスト』の登場人物〕のようにあなたを訪ねてきて、わたしの唯心論であなたに退屈な思いをさせ、また、心を冷やすようなあなたの警句を幾分か憤慨しながら傾聴した、あの幸福な時代を思い出させますよ。」

「あなたはそれ以来、十分に生活の経験を積んで来ました」と彼も笑いながら応じた。「だから、すべて人間のすることは単に神経と化学的構成に依存するものだということも、もうご存知でしょう。」

その後、わたしはいつしか彼から遠ざかってしまった。恐らく、われわれは二人とも正しくなかったのであろう……。それでも、一八四六年に彼はわたしに手紙を寄こした。その頃わたしは〔小説〕『誰の罪か?』の第一部を出して、流行作家になりかけていた。「化学者」は、空虚な仕事に才能を使っているわたしを見て悲しく思う、と書いてきた。

「わたしはあなたの『自然研究書簡』を読んで、あなたと和解しました。その中でわたしは(人間的理性が理解しうる限りにおいて)ドイツ哲学を理解しました。何故あなたは、真面目な仕事を続ける代わりに、おとぎ話などを書くのですか。」

わたしは幾行かの友情に満ちた言葉をもって、彼に返事を書いた。これでわたしたちの交際は終わった。

もしも今、ここに書いているわたしの文章が「化学者」自身の目に止まることがあるなら、わたしは彼に、神経の弱っている寝際に、寝台の中でこれを読んでくれることを願おう。そうすれば、彼は友人のこのたわ言を許してくれるものとわたしは確信する。ましてや、わたしは彼について真面目な、好意的な思い出を抱いているのだから。

マーロフ事件

かくして遂に、両親の家での幽閉的生活は終わりを告げた。わたしは〈自由で〉あった。我が家の小さな部屋での孤独やオガリョーフだけとの静かな、半ば秘密の会合に代わって——七百人からなる騒がしい家族がわたしを取り巻いた。そこでは二週間も経たない内に、わたしは、生まれてからその時まで両親の家にいた間におけるよりも、もっと深く環境になじむことができた。

しかし、両親の家は下男の姿をして、大学の中においてさえもわたしにつきまとった。この男は父が、とりわけ徒歩でわたしが通う時に、わたしに付き添わせた者である。わたしはまる一学期の間、この付き添い人から逃れようとした挙句、やっと正式にこれに成功した。わたしが「正式に」と言ったわけは、ピョートル・フョードロヴィチ、すなわちこの任務を課せられたわたしの侍僕が、第一に、付き添われることはわたしにとって不愉快であるということを、第二に、彼自身にとっても色んな娯楽場所にいる方が、理数学部の控え室で、楽しみといったらせいぜい二人の番人と話をし、互いにあるいは自分自身にたばこを振舞うことしかないような場所にいるよりは、遥かに愉快であるということを、きわめて速やかに理解したからである。

父は何のためにわたしに付き添い人をつけたのだろうか。若い頃から数日間ぶっ続けに酒を飲んで来たピョートルに、何かのことでわたしを諌めることなど果たしてできただろうか。わたしの思うに、父はそんなことを考えもしなかったのだろうが、自分の気休めのために、効果のない手段ではあるが、やはり一定の手段を講じたのだろう。これは丁度人びとが信仰もしていないのに精進をするようなものだ。これは我が国の古い地主的教育の持つ特徴の一つである。わたしが七歳になるまで、家の者は、わたしが屋内の幾らか急な階段を上がり降りする時には、わたしの手を引いてやるように命ぜられていたし、わたしが十一歳になるまで、ヴェーラ・アルターモノヴナがわたしを浴槽の中で洗った。だからきわめて当然のこととして、大学生であるわたしに下僕を付き添わせ、二十一歳になるまで、わたしに夜十時半過ぎに帰宅することを許さなかったのである。わたしが自分を自由と感じ、自力で立っていることを感じたのは流刑地においてであった。もしもわたしが流刑に処せられなかったならば、この制度は二十五歳までも……三十五歳までも続いたことだろう。

孤独の内に育てられた活発な少年たちの多くと同じように、わたしはこの上なく誠実に、ひたむきに、誰の首にも抱きつき、誠に無分別な軽率さをもって自説を述べ立て、誠に率直に自らすべての者を愛した。だからそれは、ほとんど同一の年齢(わたしはそのころ十七歳であった)の青年たちからなる聞き手の側からの、熱烈な反響を呼ばずにはおかなかったのだった。

すべての人に懇《ねんご》ろではあれ、何びととも親しくすべからず、何びとをも信頼すべからずという賢明なる戒律は、われわれが大学に入るときに抱いてきた不変の考え、すなわち、ここでわれわれの夢が実現されるだろう、ここでわれわれは種子を播き、同盟への基礎を置くだろうという考えと同じように、かえってわれわれのこの親交を促したのである。われわれは、この講堂の中からペステリやルィレーエフに続くべき部隊が生まれ、そして、われわれもその部隊に加わるであろう、ということを確信していた。

　われわれのクラスに入ってきた青年たちは非常に優れた青年たちであった。まさにこの時代において、わたしたちにはますます多くの理論的志向が目覚めて行った。神学校で習ったことや貴族に特有の怠け癖は共に消えつつあったが、しかしまだ、収穫を増やすために畑に肥料を施すように、知力に科学の肥料を施そうとするドイツ仕込みの功利主義が、これに取って代わるようなことはなかった。学生たちのかなり多くの部分はもはや学問を、早く八等官になるための、必要ではあるが退屈な田舎道だなどとは考えていなかった。生起しつつあった色々な問題は、官等表などにはまったく関わりのないものだったのである。

　他方、学問に対する興味はまだ空理空論に堕するまでには至っていなかった。学問は苦悩に満ちた四囲の現実への介入を妨げてはいなかった。苦しい現実へのこの共苦は、学生たちの市民としての道徳意識を異常に昂揚させていた。われわれやわれわれの仲間は、考えついたことを何でも隠し立てすることなく、講堂の中で語った。禁じられた詩のノートが手から手へと渡り、禁止された書物が注釈をつけて読まれた。そして、これらすべてのことにもかかわらず、わたしは学生の中からの一つの密告も一つの裏切りも記憶していない。わたしたちを避け、わたしたちから遠ざかっていた臆病な青年はいた。

しかし、彼らもまた黙っていた。*

＊その頃は教室でわたしの侍僕ピョートル・フョードロヴィチの役目を代行すべき学生監や副学生監は存在しなかった。

ひとりの下らない青年が、母親から鞭で脅かされてマーロフ事件[26]のことで問い詰められ、彼女に何かを喋った。貴族夫人にして公爵夫人なるこの優しい母親は、総長のところへ駆けつけ、息子の密告をその悔悟の証として伝えた。われわれはこのことを知って、彼をひどく責めた。そのため彼は学業の終わりまで大学に止まっていることができなかった。

この事件のためにわたしも監禁所に入れられたのだが、この事件はここに物語る値打ちがある。

マーロフ[27]は政治学部の愚鈍で粗暴で、教養のない教授であった。学生たちは彼を軽蔑し、馬鹿にしていた。

「君たちの学部には、教授は幾人いますか。」ある時、管区の長官が政治学の教室でひとりの学生に尋ねた。

「マーロフを除いて九人です[28]」とその学生は答えた。

教授を九名としておくために除外されなければならなかったこの教授は、学生たちに対して、ますます居丈高な態度をとるようになった。学生たちは彼を講壇から追放することに決めた。彼らは相談の上、二名の軍使をわれわれの学部に寄こして、わたしに援軍を連れて加勢にくるように求めた。わたしはマーロフと闘いを交えに行く旨を直ちに答えた。幾たりかの者がわたしと共に出かけた。わたしたちが政治学部の教室に入った時、そこにいたマーロフはわたしたちを見た。

すべての学生の顔には一様に心配の色が見えた。「マーロフは今日は乱暴な言葉は一つも言わないのではないだろうか。」この心配は間もなく消えた。溢れるほど一杯になった教室は落ち着かず、鈍い押し殺したようなざわめきを立てていた。マーロフは何か言った。学生たちは足ずりをはじめた。

「君たちは馬のように足で自分の考えを表現するのだな。」恐らく馬が駆け足と跑足で考えるものと想像していたマーロフは言った。そこで嵐が巻き起こった。口笛やしっしっという声、「追い出せ、追い出せ！〈くたばれ！〉」という叫び。マーロフは麻布のように青ざめて、騒ぎを制しようと必死の努力をした。しかし、駄目だった。学生たちは腰かけの上に跳び上がった。マーロフは静かに教壇から下り、身を縮めながら学生たちの間を通り抜け、ドアの方へ向かった。教室の学生は彼に続き、大学の中庭を抜けて彼を往来まで送って行った。そして背後から、彼のオーバーシューズを投げつけた。この最後の行為が重大だった。往来では事件はまったく別の性格を帯びてしまったのだ。しかし十七、八歳の青年で、そんなことに考えの及ぶ者が、世の中にいるだろうか。

大学の評議会は恐慌をきたし、長官を説き伏せて、首謀者かさもなければ別の誰かを監禁所に入れ、これで一件落着ということにしてもらうことにした。この措置は間違ってはいなかった。そうでもしなければ、皇帝は侍従武官を差し向けたことだろう。そして侍従武官は十字勲章欲しさに、この事件から陰謀、反乱、暴動をでっち上げ、全学生を徒刑に送ることを提言したことだろう。そして、皇帝は彼らを減刑して兵卒にしたことだろう。これはきわめてありうべきことであった。皇帝は罪が罰せられ道徳が勝利するのを見て、ありがたい思召《おぼしめし》をもって、学生たちの意志を容れることに同意し、マーロフ教授を免職とした。われわれはマーロフを大学の門まで追い立てたのだが、皇帝は彼を門の外に追い出したのである。ニコライにとっては〈征服されたる者は不幸なるかな〉といったところだが、われわれとしてはこのことで彼のことをとやかく言うまでもなかった。

かくて事件は湧き立った。あくる日、食事の後に、管理部の番人がわたしのところへ来た。この白髪の老人は、学生たちからもらう金を文字通りウォッカを買うための代金だと正直に考えていて、それ故いつも自分を、素面よりは酔っ払いの方に近い状態に置いていた。彼は外套の袖の折り返しの中に「そうちょうさん」からの手紙を持ってきた。わたしに晩の七時に彼のところへ出頭するように、との命令であった。番人の後から、バルト沿岸地方の男爵の生まれであるひとりの学生が、青ざめて怯えた顔をして現われた。彼も同じ召喚状を受けたのである。彼はわたしに引きずられた不幸な犠牲者の一人であった。彼は先ずわたしに非難を浴びせた後、何を話したらいいか、助言を求めた。

「徹底的に嘘をつくんですね、騒ぎがあったということと、君が教室にいたということ以外は、全部否認するんですね」とわたしは彼に答えた。

「でも、総長はぼくが何故政治学部の教室にいて、自分の教室にいなかったかって聞くでしょう。」

「何故って、どうして。君はロディオン・ゲイマン(29)が講義に来なかったことを知らないんですか。君は無駄に時間を過ごしたくなかったから、他の講義を聴きに行ったと言えばいいでしょう。」

「総長は信じないでしょう。」

「それは彼の勝手です。」

わたしたちが大学の中庭に入って行った時、わたしは男爵の方を見た。彼の可愛らしくぽってりした両頬は色を失っていた。そして全体として、彼は元気がなかった。

「ねえ、君」とわたしは言った。「総長は君から始めないで、ぼくから始めるでしょう。これは確実です。君は色々言いまわしを変えて、同じことを話したまえ。事実、君は何も特別なことはしていないんだから。ただこれだけは忘れないでくれたまえ。君たちは騒いだんだし、嘘もついているんだから、大勢が監禁所に入れられることになるだろうと思うけれど、でも、もし君がべらべらと喋って、ぼくの前で誰かを巻き添えにでもしようものなら、教室でみんなに話しますからね。そして君を大学にいられないようにしますからね。」

男爵は約束した。そして約束を立派に守った。

その当時の総長はドヴィグープスキー[30]であった。彼は洪水以前の、あるいはむしろ火災以前の、すなわち一八一二年以前の教授の生き残りであり、その見本の一人であった。彼らは今では絶滅してしまった。概して〔アンドレイ・ペトローヴィチ・〕オボレーンスキー公爵が管区の長官をしていた時代を最後に、モスクワ大学の家長的時代は終わりを告げる[31]。その頃、当局は大学のことに口出しをしなかった。教授連は講義をしたりしなかったりであり、学生たちも登校したりしなかったりであった。しかも学生たちは登校する時には、猟騎兵〈もどきの〉制服のフロックではなく、思い思いの奇抜で風変わりな服を着て、長髪の上に辛うじて乗っているきわめて小さな帽子をかぶっていた。

教授たちは互いに穏やかに憎悪し合う二つの陣営、あるいは階級を構成していた。その一方はもっぱらドイツ人から成り立ち、他は非ドイツ人から成っていた。ドイツ人教授の中には、ローデル[32]、フィッシェル[33]、ヒルデブラント[34]およびハイム[35]などのように、善良で博学な人びともいたが、一般にこれらドイツ人教授たちの特色は、ロシア語についての無知、無関心と、学生たちに対する冷淡、西ヨーロッパ流の食客意識、閉鎖的な職人気質、葉巻の過度の愛用、一度も胸から外したことのない恐ろしく沢山の十字勲章などであった。

これに対して、非ドイツ人たちの方は、ロシア語の他には一つも〈生きた〉言葉を知らない夜郎自大であり、神学校臭さの抜け切らない野暮天で、メルズリヤコーフ[36]の他は冷遇されていた。そして、葉巻を過度に愛用する代わりに、果実酒の類を過度に愛用していた。ドイツ人は多くゲッティンゲンの出身であり、非ドイツ人は司祭の息子であった。

ドヴィグープスキーは非ドイツ人のひとりであった。彼の風貌はいかにも有り難げだったので、神学校出のある学生など、成績表をもらう折に祝福を頂戴しに上がり、いつも「レクトル（総長）神父様」と呼んでいたものだ。だが、それでいて彼は、もっと世俗的な教育を受けた学生に言わせれば、首にアンナ勲章を下げたふくろうにひどく似てもいるのだった。

よく彼がわれわれの教室の中に、学部長のチュマコーフ(37)か、あるいはコステリニーツキー(38)（この男は、〈医学資料〉と表記してありながら、何故か数学科の教室に保管してあった本棚の管理を担当していた）か、あるいは、伯父が化学に造詣が深かったという理由でドイツから招かれてきたレイス(39)（この男はフランス語で講義をする時、灯心《コルドン・ド・コトン》を木綿の棒《バトン・ド・コトン》、毒《ポイゾン》を魚《ポアソン》と言い、また「稲光《モルニヤ》」という語を発音する時には、多くの者が彼は喧嘩をしているのではないかと思ったほど、けたたましい発音をした）などを伴って入ってくる時、われわれは彼らを、化石の採集品か最後のアベンセラージェ(40)でも見るように、大きく目を開いて見たものだ。つまりわれわれの目には、連中はわれわれの時代よりはトレジャコーフスキー(41)かコストローフ(42)に近いある時代の、すなわちヘラースコフ(43)やクニャジニーン(44)が読まれていた時代、二匹の犬（その一匹は絶え間なしに吠え、他の一匹は一度も吠えたことがなく、そのため、きわめて公平にも、一方はバヴァールカ〔フランス語で「お喋り」の意〕と名付けられ、他方はプルーデンカ〔フランス語で「用心深い」の意〕と名付けられていた）を飼っていたディルタイ(45)教授の時代の遺物に見えたのだ。

しかし、ドヴィグープスキーは必ずしも善良な教授だったというわけではない。彼はわれわれにきわめて厳しい態度で接し、しかも粗暴であった。わたしは全然意味のないことを喋り、そして無作法な態度を取った。男爵も、同じようなことをおうむ返しに喋った。ドヴィグープスキーは腹を立て、われわれに向かって、あくる朝評議会に出頭するように命じた。評議会はわれわれを三十分ほど訊問《じんもん》し、有罪を宣告し、判決を下し、その判決文をゴリーツィン公爵に送って承認を求めた。

わたしが、大学評議会による裁判と判決とについて、教室の学生たちに向かって何度も話すまでもなく、講義の始めにいきなり、ロシア陸軍の少佐でフランス舞踊の教師でもある学生監《インスペクトル》が、ひとりの下士官を伴い、手に命令書を持って現われた。わたしを監禁所に連行すべしと言うのである。学生たちの一部の者は見送りについてきた。中庭にも学生たちが集まっていた。見たところ、わたしが最初に引致されるのではないようだった。われわれが通り過ぎて行く時、みんなは帽子や手を振っていた。大学付きの兵卒たちが彼らを後ろへ押し戻そうとしていたが、学生たちは動かなかった。

監禁所に当てられていた不潔な地下室に入ると、わたしはアラペートフ[46]とオルローフ（卒業後の消息は不明）の二人がすでに拘禁されているのを発見した。アンドレイ・〔アレクサーンドロヴィチ・〕オボレーンスキー公爵〔一八一四―?〕と〔ミハイル・〕ローゼンハイムとは別の部屋に入れられた。マーロフ事件で処罰されたのは全部で六人だった[47]。われわれにはパンと水だけを与えておくようにとの命令が出されていた。総長はスープか何かを寄こしたが、われわれはそれを断った。だが、断ってよかった。というのは、日が暮れて学校に誰もいなくなると、さっそく仲間たちがチーズや鳥肉や葉巻やワインやリキュールなどを持ってきてくれたのだ。兵卒は怒って文句を言ったが、二十コペイカ銀貨を幾つか受けとると、食事のための道具を持ってきた。夜中を過ぎると、彼はさらに譲歩して、われわれのところへ数名の客人を通してくれた。こうして、われわれは夜は宴会を開き、昼は眠って時を過ごした。

ある時、司法大臣の弟で管区次官のパーニン(48)が、近衛騎兵隊の慣習にならって大学の地下室にある国立の監獄を、夜中に巡視しようという考えを起こした。われわれが外から見えないように、机の下に置いてあるろうそくに火を灯して、夜の朝食に取りかかったばかりの時に、表のドアをノックする音が聞こえた。それは、ドアを開けてくれるように兵卒に静かに頼みつつ、人に聞かれないことよりも聞かれることの方を恐れている、あのノックの仕方ではない。それは権威を持った、命令的なノックであった。兵卒は立ちすくんでしまった。われわれは酒瓶と学生たちとを小さな納戸《なんど》の中に押し込んで、ろうそくを消し、ベッドの上に身を投げた。パーニンが入ってきた。

「君たちはたばこを吸っていたようだな」と彼は言った。彼の姿とランタンを持った学生監の姿とは、煙の濃い雲を通して、やっと見すかすことができた。「どこから火を持ってきたのか。おまえがやったのか。」

兵卒は自分ではないと主張した。われわれは火口《ほくち》を持ってきてあるのだと答えた。学生監は火口を取り上げること、また、葉巻も取り上げておくことを約束した。パーニンは、帽子の数が頭の数より二倍も多いことには気付かずに、出て行った。

土曜日の晩に学生監が現われ、われわれの内、わたしともうひとりの学生は帰宅してもよいが、その他の者は月曜日まで残っているように言った。この提言はわたしには侮辱と思われた。そこでわたしは、自分も残っていてもよいかと、学生監に言った。彼は一歩後へさがり、バレエの中でツァーリや英雄たちが怒りの踊りを踊る時のように、厳しくも優雅な身振りをしてわたしを眺め、そして、「残ってよろしい！」と言って出て行った。この最後の行為のために、わたしは家に帰ってから、事件全体のためよりも、もっと叱られた。

こうして、わたしが両親の家を離れて眠った最初の夜は、監禁所で過ごしたのであった。間もなくわたしは別の牢獄を経験しなければならなかった。そこではわたしは八日間ではなく、九カ月を過ごし、それが過ぎても家へは帰らずに、流刑地に赴いたのだが。しかし、これはまだ先の話である。

この時から、わたしは教室で最大の人気者になった。初めの内、わたしは良い学生として聞こえていたのだが、マーロフ事件の後には、有名なゴーゴリの貴婦人のように、あらゆる点で良い学生となった。

学生時代の教授たち

こうしたすべてを通じて、われわれは何かを学んだのだろうか。学ぶことができただろうか。わたしは「然り」と答えてよいと思う。一八四〇年代になって学んだものに比べれば、その頃はまだ授業は貧弱であったたし、その範囲も狭かった。しかし、大学というものは学問的教育を完成する義務を負っているのではない。大学の任務は自力で学問を続けることができるようにしてやることである。大学の任務は疑問を呼び起こし、質問の仕方を教えることである。まさにこの任務をパーヴロフ[49]のような教授たち、また一方ではカチェノーフスキー[50]のような教授たちが果たしてくれた。しかし、教室が教育上学生たちの成長により多く寄与するのは、そこに教授たちの講義があり、青年たちの相互の交わりがあり、思想や読書の感想の交換があるからだ……。

モスクワ大学は自己の任務を果たしていた。自分たちの講義によって、レールモントフ[51]、ベリンスキー、イワン・ツルゲーネフ[52]、カヴェーリン[53]、ピローゴフ[54]らの成長に寄与した教授たちは、心安らかにトランプ遊びに耽り、さらに一層心安らかに地下に眠ることができるわけだ。

ところがまた、教授たちの中には何という変人や奇人がいたことだろう。色々な公式をプアンソオ〔フランスの数学者〕の教程の中の公式に合わせ、地主的権利の完全無欠な自由を行使して文字の加除を行ない、自乗数を平方根と見なし、Xを既知数としたりしていたフョードル・イワーノヴィチ・チュマコーフから、この世で最も硬い学問たる用兵学の講義をしていたガヴリイール・ミャーフコフ[55]に到るまで。いつも英雄的な対象を扱っているために、ミャーフコフの外見そのものまでが軍隊的な相貌を帯びてきた。喉のところまでボタンをかけ、曲がらない襟飾りをつけ、彼は話すというよりはむしろ号令をかけるような声で講義をした。

「諸君！」と彼は叫ぶのだった。「戦場《ポーレ》で、砲兵隊について……！」

これは戦場《ポーレ》に大砲が引かれて行くという意味ではなく、単に教科書の欄外《ポーレ》の標題を意味したのである。ニコライが大学に立ち寄らないでいたことは、いかにも残念なことだ。もし彼がミャーフコフを見たなら、彼はミャーフコフを管区長官にしたことだろうに。

それに、フョードル・フョードロヴィチ・レイス。彼の化学の講義は化学上の三位一体の第二のもの、すなわち酸素より先へは決して進まなかった！　この人が化学の教授になったのはまったくの偶然だった。というのは、化学をやっていたのは彼ではなくて伯父の方だったのだが、この伯父がエカテリーナの治世の末期にロシアへ招かれはしたものの、行きたくなくて、自分の身代わりとして甥を寄こしたのである。
四年にわたるわれわれの在学中(コレラの流行の時には、大学はまる一学期の間閉鎖されていたので)の特別の事件に属するものとしては、当のコレラ、フンボルトの来校、[56]ウヴァーロフの訪問などがある。[57]
フンボルトは、ウラルからの帰国の途中に、モスクワの大学付属自然科学者協会の記念祝賀会で歓迎を受けた。[58]この協会の会員は元老院議員や知事たち、つまり、概して自然科学にも非自然科学にも携わったことのない人びとであった。プロイセン国王の枢密顧問官で、皇帝陛下からアンナ勲章を授けられ、[59]かつ皇帝の命令で資料や免許状を無償で供与されることになっていたフンボルトの名声は、彼らの耳にも達していた。彼らは、チンボラソ[60]に登り、サンスーシ[61]に住んだことのあるこの人間の前で、体面を穢すまいと決意したのである。
われわれは今でもヨーロッパ人およびヨーロッパを、あたかも、田舎者が都会の住人を見るような目で見る。すなわち卑屈さと、自分に罪があるという感じとをもって、また、すべての違いを自分たちの欠点と見なし、自分の特徴に顔を赤らめ、それらの特徴を隠し、服従し、模倣しつつ、相手を見るのである。それはわれわれがピョートル一世による軽蔑、ビロンによる侮辱、ドイツ人の雇い人やフランス人の家庭教師の尊大さなどによって脅かされ、まだこの怯えから回復していないからである。西ヨーロッパの人びとはわれわれの二枚舌や抜け目のない狡猾さについて語る。彼らは、われわれが意見を述べたり自慢したりしたがるのを、人を欺こうとしているのだと考えている。だが、我が国では同じ一人の人間が、自由主義者に向かっては無邪気に自由主義的言辞を操りながら、他方では王党派を気取ることを厭わない。しかも、これは決して下心があってのことではなく、鄭重さと媚びから出ているのだ。結節瘤《けっせつりゅう》がわれわれの頭蓋の中で非常に大きくなってしまっているのである。

「ドミートリー・ゴリーツィン公爵は(62)」と、ある時ダーラム卿(63)が言った。「真のホイッグ党だ、生粋のホイッグ党だ。」

ゴリーツィン公爵は尊敬すべきロシアの貴族ではあるが、何故彼が「ホイッグ」であったのか、どういうわけで「ホイッグ」と見られたのか、わたしには分からない。公爵が老齢になって、ダーラムに気に入られようとして、ホイッグらしく装ったものと信ずべきだろう。

モスクワおよび大学におけるフンボルトの歓迎は冗談事ではなかった。総督をはじめ、軍や市のお歴々たち、元老院の面々――誰も彼もが綬を肩にかけ、一部の隙もない制服に身を包んで現われた。教授たちは威風堂々と短剣を吊り、三角帽を小脇に抱えて列席した。フンボルトの方はそんなこととは夢にも思わず、金ボタンのついた青い燕尾服を着てやって来た。そして、言うまでもなく、当惑してしまった。自然科学者協会の玄関から広間までの間の到るところで、人びとは彼を待ちかまえていた。ここには総長が、そこには学部長が、ここには新進の教授が、そこには自己の活動を終えつつある、そして、まさにその故にきわめてゆっくりと話すヴェテラン教授が待ち伏せしていて、一人ひとりがラテン語やドイツ語やフランス語で、彼に歓迎の言葉を述べるのであった。しかもこれは、一カ月も治らないような風邪をひかないためには、一分間とそこにとどまっているべきではない「廊下」と称される、恐ろしい石の筒の中で演じられたのである。フンボルトは帽子を脱いであらゆることに耳を傾け、あらゆることに答えた。彼が訪れたどんな未開人でも、赤い皮膚の未開人も赤銅色の未開人も、モスクワにおける歓迎ほどには、彼を閉口させなかっただろうと、わたしは確信している。

彼が広間に辿りついて席に着くと、彼はまた立たなければならなかった。教育管区の長官たるピーサレフが、有名な探検旅行家である閣下の功績について、簡単な、しかし力強い言葉をもって、ロシア語で訓示することを必要と考えたからだ。それが済むと今度は、「士官」のセルゲイ・グリンカ[64]が一八二〇年の声、すなわち野太いしわがれ声で自作の詩を朗読した。この詩は次のような句で始まっていた。

〈フンボルト――現代のプロメテウス！〉

フンボルトはフンボルトで、磁石の針に対する観察について論じたいと思い、またウラルで作成した自己の気象学上の記録を、モスクワのそれと比較したいと思ったのであるが、総長は、その代わりに、ピョートル一世[65]の至尊の頭髪で編んだ何かを、彼のところへ持って行って閲覧に供した……。エレンベルクとローゼ[66]とが、自分たちの発見について何か話そうとしたが、こちらは機会が見つからなかった。*

＊フンボルトの旅行がロシアでどれほど色んなふうに解釈されていたかは、ペルミの県庁に勤務していたウラルのコサックの話から判断することができる。彼は「いかれたプロイセンの公爵グムプロト」のお供をした時の話をするのが好きだった。「彼は何をしたかだって。まあ、こんなことさ、つまり馬鹿げたことよ。草をあつめたり、砂を眺めたり、あるとき塩沼地で、通訳をとおして、わしに言ったもんだ。水の中へ潜って、底にあるものをとってこい。わしはとってきた。水の底にはどこにでもあるもので、何も変わったものがあったわけじゃない。ところがあの男、下の方の水はひどく冷たいかってきくんだ。わしは考えた。いや、大将、おれはだまされないよ。そこで気を付けの姿勢をして答えた。閣下、任務とあれば――何でもいたします、自分たちは喜んで努力いたします。」

我が国では非公式の社会でも、公式の社会よりも、事が最もうまく運ぶというわけではない。十年後にモスクワの社交界は、まったく同じやり方で〔フランツ・〕リストを迎えた。リストに対しては、ドイツでもかなり多くの馬鹿げたことが行なわれたが、モスクワではまったく別な性格を帯びた。ドイツでは、これはすべて老嬢的興奮であり、感傷性であり、〈花のじゅうたん〉であったが、我が国では――服従であり、権威の承認であり、不動の姿勢である。我が国では万事が「閣下にご面会する光栄を有します」であった。それに、不幸なことには、名うての女たらしとしてのリストの評判までが付け加えられていた。貴婦人たちは彼の周りに群がった。さながら、農民の子供たちが田舎道で旅行者の周りに群がって、馬の支度の間中、旅行者やその馬車や帽子を珍しそうに眺めているのと同じであった。誰もがリストだけに耳を傾け、誰もが彼とだけ話し、彼にだけ返事をするのであった。わたしは、ある夜会の席でホミャコーフが、尊敬すべき列席者たちのことで顔を赤らめながら、わたしに次のように言ったことを思い出す。

「何か一つ議論でもしようではありませんか。この部屋にはリストのことばかりに気を取られていない者もいるってことを、彼に見せてやるために。」

我が貴婦人たちの慰めのために、わたしに言えることがただ一つある。すなわち、イギリスの女たちも飛び回ったり群がったり、うるさくつきまとったりして、他国の知名の士――コシュート(67)や、そして後には、ガリバルディ(68)やその他の人びとの前に立ちふさがったのである。しかし、イギリスの女や彼女の夫たちから、良い風習を学ぼうとする者に災いあれ！

第二の「有名な」旅行者もやはりある意味では「現代のプロメテウス」ではあったが、ただ、彼は火をユピテルのところからではなく、人間のところから盗んだのである。グリンカではなく、他ならぬプーシキンによって、ルクルスに贈る詩の中で歌われたこのプロメテウスとは、文部大臣ウヴァーロフその人であった(その頃はまだ伯爵ではなかった)。彼は、沢山の外国語を知っていることと、その知識のありとあらゆる多様性とによって、われわれを驚かせていた。教育の小店の真の番頭である彼は、あらゆる科学の雛型、見本の末端、あるいはむしろ見本の先端を記憶の中にしまっていた。アレクサンドルの生きていた頃に、彼はフランス語で幾つかの自由主義的小冊子を書き、その後、ギリシアのことについてゲーテとドイツ語で手紙のやりとりをした。大臣になってから、彼は四世紀のスラヴ詩について講釈した(もっともこれに対しては、カチェノーフスキーが、その頃のわれわれの祖先たちは熊と闘うのが精一杯で、サモラスキヤの神々や専制君主の仁慈などについて讃歌を歌うどころではなかったのだと指摘したのではあるが)。彼はゲーテからの手紙を鑑札のようにして懐中に入れて持ち歩いていた。この手紙の中で彼に向かってゲーテは、次のようなきわめて奇妙なお世辞を述べていた。
「あなたは、ご自分の文体のことで言い訳をなさるにはおよびません。あなたはわたしの到達できなかったところにまで到達されました。あなたはドイツ語の文法をお忘れになった。」

さて、この一等官のピコ・デラ・ミランドーラ〔イタリア・ルネサンス期の人文学者〕は新しい種類の試験制度を創設した。彼は成績のよい学生を選んで、その一人ひとりに、教授の代わりに、各自の題材について講義させることを命じたのである。学部長たちは、言うまでもなく、最も元気のいい学生たちを選んだ。

これらの講義はまる一週間続いた。学生たちは、自分の課程のすべてのテーマについて、準備しなければならなかった。学部長はリストを見ながら名前を呼び上げていった。ウヴァーロフはモスクワのすべての知名の士を招待した。大修道院の院長たちと元老院議員、総督とイワン・イワーノヴィチ・ドミートリエフなど、すべての人びとが臨席した。わたしはロヴェーツキー[69]のいる前で鉱物学の講義をしなければならなかった……。彼も今はすでに故人となった！

我が老人ランジェロンはいずこ！

我が老人ベニクソンはいずこ！
汝もすでにこの世になし、
汝もすでにあとかたもなし。(70)

アレクセイ・レオーンチエヴィチ・ロヴェーツキーは、背の高い動作の緩慢ながさつな男で、大きな口と、まったく何物をも表現していない大きな顔とを持っていた。フランスの第一執政時代の人びとが着ていたような、色々な高さの襟で飾った角袖外套を廊下で脱いで、教室に入るやすぐに、彼は平らかで冷たい声で始める(これは彼の講義の対象である岩石にきわめて似つかわしいものであった)。「前回の講義では珪土《けいど》について必要なことはすべて申しあげた。」それから彼は着席して、「粘土について」講義を続けるのであった。彼には各鉱物のリストに記入するための不変の標題ができていて、彼は決してこれから離れたことがなかった。そこで、ある鉱物の特徴を規定する場合に、往々にして否定的に記入するようなことになった。

「結晶——結晶せず、用途——いかなる用途もなし、効用——有機体に有害！」

しかし、彼は詩情をも道徳的指摘をも避けなかった。そして人造石を示して、その造り方を述べる時にはいつも、「諸君、これは欺瞞であります」と付け加えるのであった。

農業の話の中で彼は、もしもよい雄鶏が「よく鳴いて、よく雌鶏のあとを追い回す」ならば、これを雄鶏の道徳的特質と認め、また貴族的な牡羊が――「擦り切れた膝」を持っているならば、これをその優れた特性と認めた。彼はまた、ある夏の日に、樹の表面を蝿が歩いていて樹脂に包まれ、その樹脂が琥珀になってしまったという話を、感銘深く物語ることも知っていた。そしていつも、「諸君、これは擬人法であります」と付け加えるのであった。

　学部長がわたしを呼び出した時、聴衆は幾らか疲れていた。二つの数学上の講義が、その一言をも理解できなかった教場内の人びとをすっかり退屈させ、うんざりさせていたのである。ウヴァーロフは何かもっと活気のある話と「弁舌の爽やかな」学生とを要求した。学部長のシチェープキン[71]はわたしを指名した。わたしは講壇に登った。傍らにはロヴェーツキーが、メムノンかオシリスのように、両手を膝の上において腰かけていた。そして心配していた！　わたしは彼に囁いた。

「先生のいるところで講義することになって、非常に幸福です。わたしは先生の期待を裏切らないつもりです。」

「始める前に自慢は禁物……。」尊敬すべき教授は唇をかすかに動かし、わたしの方を見ずに強い調子で言った。

わたしは笑い出しそうになった。しかし、前の方を見ると目がかすんで、わたしは自分が青ざめて、舌が乾いているのを感じた。わたしはそれまで一度も公衆の前で話をしたことはなかったのだ。講堂は学生で満ち溢れていた。彼らはわたしに期待していた。講壇の下の机には「この世の強者たち」と、わたしたちの学部の全教授たちとが控えていた。わたしは問題を取り上げ、自分の声でないような声で読み上げた。

「結晶、その条件、法則および形態について。」

わたしが何から始めようかと思案している間に、わたしの頭にこういう旨い考えが浮かんだ――もしわたしが間違いをしても、教授たちは気付くかもしれないが、それについては一言も言わないだろう。他の者は何も分からないだろう。学生たちは、わたしが途中でしくじりさえしなければ、満足するだろう。何故ならわたしは彼らに人気があるのだから。かくてわたしはアユイ(72)、ウェルナー(73)、ミッチェルリヒ(74)の名において講義を行ない、哲学的考察をもって結論を下し、始めから終わりまで、大臣に対してではなく、学生たちに向かって話した。学生たちも教授たちもわたしの手を握り、感謝した。ウヴァーロフはわたしをゴリーツィン公爵に引き合わせるために連れて行った。ゴリーツィンは母音だけしか聞こえないような話し方で何か言ったが、わたしには分からなかった。ウヴァーロフは記念として本を一冊送ってくれると約束した。そして、遂に送ってこなかった。

二度目と三度目にわたしが公衆の前に立ったのは、まったく別な状況の下においてであった。一八三六年に、わたしはヴャトカの上流社会の全員とチュファーエフ(75)とを前にして「ウガール(76)」の役を演じ、憲兵大佐の妻が「マルファ(77)」を演じた。わたしたちは一カ月も稽古したのだが、それでもなお、序曲が終わって急に死のような静けさがこれに代わり、幕が何故かひどく振動しながら上がり始めた時には、心臓が激しく鼓動し両手が震えた。わたしとマルファとは舞台裏で待っていた。彼女はわたしにいたく同情し、わたしがやり損ないはしないかと心配していたので、大きなコップになみなみと注いだシャンペンを渡してくれた。しかしそれを飲んでも、わたしはほとんど生きた気がしなかった。

文部大臣と憲兵大佐とのおかげで、わたしはロンドンにおけるポーランド人の集会の時には、もはや神経的発作、自負心からくるはにかみもなしに、登壇することができた。これはわたしの三度目の公の舞台であった。そこには退職した大臣ウヴァーロフに代って、退職した大臣ルドリュ・ロラン(78)がいた。

コレラ事件

だが、学生時代の思い出はもう沢山ではなかろうか。かくも長く学生時代の思い出の上に留まるのは老境のせいではないかと、わたしは気になる。ただ、一八三一年のコレラ事件〔すでに三〇年に始まっていた〕のことについては、詳しいことを少し付け加えよう。

コレラ――今ではヨーロッパでよく知られ、ロシアにおいても、ある愛国的詩人がこれをニコライの唯一の忠実な同盟者と名付けているほどおなじみとなったこの言葉は、その頃は、北の国々で初めて聞かれたのである。ヴォルガ河に沿ってモスクワの方へと近付いて来る恐ろしい疫病に、すべての者がおののいた。誇張された噂が想像を恐怖で満たしていた。病気は停滞したり、ある土地を跳び越したりしながら、気紛れに進んで来た。モスクワを避けて通ったように見えたが、急に「コレラがモスクワへきた」という、恐ろしい知らせが市中に伝わった。

ある朝、政治学部の学生が吐き気を覚え、あくる日には大学病院で死んだ。われわれは彼の遺体を見に駆けつけた。彼は長患いでもしたように痩せ衰え、目が落ち窪み、顔の輪郭は歪んでいた。彼の傍らには、夜半に発病した番人が横たわっていた。

われわれは大学に閉鎖命令が出たことを告げられた。われわれの学部では、工学の教授デニーソフ[79]がこの命令を読み上げた。彼は悲しそうであった。怯えていたのかもしれない。次の日の夕方になって、彼もまた死んだ。

われわれはすべての学部から出てきて、大学の広い庭に集まった。疫病を前にして解散を命ぜられたこれらの青年の群れには、何か人を感動させるものがあった。彼らの顔は青ざめ、異様な活気を帯びていた。多くの者は肉親や友人たちのことを案じていた。わたしたちは、検疫のためにわたしたちとは別にされた給費学生たちに別れを告げ、少数ずつ連れ立って、めいめいの家へと散って行った。家に帰ると、誰も彼も、臭い塩化石灰とか「燻薬」とか塩素《クロル》とか、コレラがなくてもそれだけで十分人を床につかせてしまいかねないような、衛生食事などによって迎えられた。

奇妙なことだが、この悲しむべき時期は、わたしの思い出の中では、ある種の荘厳なものとして残っている。

モスクワはすっかり違った様相を帯びた。日頃は見られない情報の伝達が、モスクワに新しい生命を与えつつあったのである。馬車の数は減り、民衆の陰気な群れが街の四つ角に立って、これは誰かが毒をまいているのではないか、などと噂していた。病人を運ぶ馬車が警官たちに護衛されて、のろのろと通って行った。死体を乗せた黒い有蓋馬車が来ると、人びとは脇へ身を引いた。病気に関する告示が一日に二回ずつ印刷された。町は戦争の時のように哨戒線で取り囲まれ、兵卒たちは川を渡って来ようとしたひとりの哀れな堂守を目前で射殺した。こうしたことはみな人の心を強く捉えた。病気に対する恐怖が官憲に対する恐怖を払いのけてしまった。人びとは不平を言いはしたが、誰々が発病した、誰々が死んだという知らせが、後から後へと続いていたのだから……。

府主教が公祈禱を催した。同じ日の同じ時刻に、司祭たちは旗を立てて各自の教区を巡回した。怯えた住民たちは家々から出て、目に涙を浮かべて罪の赦しを乞いながら、行列の通る間、跪いていた。神に気安く呼びかけることに慣れている司祭たち自身も、真剣で感動していた。彼らの一部はクレムリンに向かった。そこでは戸外で、高位の聖職者たちに取り巻かれた府主教が、この苦難が過ぎて行くように跪いて祈った。この同じ場所で六年前に、彼はデカブリストの殺害のために祈ったのである。

フィラレート(80)は一種の反政府的な主教であった。何のために彼が反政府的立場を取ったのか、わたしは遂に理解することができなかった。おのが個性のためだろうか。彼は賢い博学の士で、ロシア語に熟達し、ロシア語の中に巧みに教会スラヴ語を挿入した。しかし、だからといってこれらは彼に反政府的立場を取るどんな権利をも与えるものではなかった。民衆は彼を好かなかった。そして、彼をフリーメイソンと呼んでいた。それは彼がアレクサンドル・ゴリーツィン公爵(81)と親交があり、聖書協会の全盛期にペテルブルクで説教をしていたからである。宗務院は彼の教理問答書を教材に用いることを禁止した。彼の配下の僧侶たちは彼の専制主義におののいていた。あるいは彼は、他ならぬこの専制主義に対する競争心から、ニコライと敵対し合ったのかもしれない。

　フィラレートはその時の権勢家を抜け目なく、巧みにけなす術を知っていた。彼の説教の中には、ラコルデール(82)や、その他の先見の明あるカトリックたちの光栄となった、かのキリスト教的な社会主義の光が朧げに差し込んでいた。フィラレートは府主教としての説教台の高所から、人間は決して合法的には他人の道具たりうべきものではなく、人間相互の間には奉仕の交換がありうるのみだ、と説いた。しかもこのことを彼は、住民の半数が奴隷である国において説いたのである。

　彼は雀が丘にある中継監獄の囚人たちに向かって言った。

「俗世の法律は汝らを罪ある者として追い払うが、教会は汝らを見守り、汝らに言葉をかけ、汝らのために祈り、旅路を祝福したいと思っている。」

　それから彼は、囚人たちを慰めるために、付け加える。「罪せられたる者たちはおのれの過去を清算したのである。彼らの前には、新しい生活が控えている。ところが他の者たち（恐らくそこには役人たち以外には他の者たちなどはいなかったであろう）の中には、もっと大きな罪人がいる」と。そして彼はキリストと共に磔《はりつけ》になった盗人の例をひいたのである。

　コレラの時の祈禱におけるフィラレートの説教は、他のすべての説教をしのぐものであった。彼は、天使がダビデに罰として戦争、飢饉、疫病のいずれか一つを選ばせた時、ダビデは疫病を選んだという話を、その題目として取り上げた。陛下は憤激してモスクワにやって来ると、フィラレートをきつく叱りつけるために、宮内大臣のヴォルコーンスキー公爵[83]を差し遣わし、フィラレートをグルジア〔現ジョージア〕の府主教として追放すると言って脅かした。府主教はおとなしく降参した。そして、すべての教会にあてて新しい説教を配り、その中で、最初の説教の題目を、敬虔きわまりなき皇帝陛下にあてはめて考えることは故なきことである、ダビデとは、罪に穢れたわれわれ自身のことである、と説明した。最初の説教の意味をすぐには理解できなかった人たちも、そこでかえってその意味を理解することになったのは、言うまでもない。

モスクワの府主教はこんな風に、反政府的な遊戯をしていたのである。

祈禱はコレラに対しては、塩化石灰と同じくらいの僅かな効き目しかなく、病気は広がっていった。

わたしは一八四九年にパリでコレラが激しく流行した期間中そこにいた。病気は恐るべき勢いで荒れ狂った。六月の暑さがそれを助長した。貧しい人たちは蝿のように死んでいった。ブルジョアたちはパリから逃げだし、その他の者たちは家に閉じこもった。政府はもっぱら革命家たちに対する闘いに忙しく、有効な対策を講ずることを考えなかった。僅かばかりの寄付金ではとても需要に応じきれるものではなかった。貧しい労働者たちは運命の意のままに放置され、病院にはベッドが不足し、警察には柩が不足した。そして、色々な家族の満ち溢れた家々の中では、死体が奥の部屋に二日ほどもそのまま置かれてあった。

モスクワではそのようなことはなかった。

その当時の総督ドミートリー・ゴリーツィン公爵は気の弱い人ではあったが、しかし廉潔で教養があり、深く尊敬されている人物であった。彼はモスクワ社会の人心を喚起した。そこでとにかく私的に、すなわち政府の介入を待たずに、すべてが取り運ばれた。有力な住民たち——富裕な地主や商人からなる委員会が組織された。各委員はそれぞれモスクワの一地区を受け持った。数日の内に二十の病院が開設された。それは政府にとっては一コペイカの出費にもならなかった。すべては寄付金によって賄われたのである。商人たちは病院に必要なものすべて、布団、下着、暖かい衣服(これは回復期の病人にそのまま与えられた)などを無料で提供した。若い人たちは、それらの寄付品の半ばが従業員によって盗まれないように、無報酬で病院の監視人になった。

大学も負けてはいなかった。医学部の全員、学生たちも医師もこぞってコレラ委員会の指示に従った。彼らは各病院に配置され、疫病の終わるまでそこから出ずに踏み止まった。三カ月あるいは四カ月の間、これらの驚嘆すべき青年たちは宿直医師、助手、看護人、書記となって病院内で生活した――すべてこれは何の報酬も受けずに、しかも、伝染がきわめて誇張された恐怖を惹き起こしていた時において行なわれたのである。わたしはひとりの小ロシア〔ウクライナ〕人の学生のことを思い出す。彼は確かフィッヘラウロフ[84]という名前だった。コレラが発生し始めた時、彼は家庭上の重要な問題で休暇願を出していた。学期中の休暇は滅多に許可されないのだが、彼は遂に休暇をもらった。彼がまさに帰郷しようとしていた矢先に、学生たちはそれぞれ病院に向かって出発しつつあった。小ロシア人は休暇許可証をポケットにしまって、彼らと共に出かけた。彼が病院から出た時には、休暇はとうに期限が過ぎていた。そして、彼は一番先に心から自分の小旅行を笑ったのである。

　モスクワは眠たげで、不活発で、噂話と祈禱、結婚式と無為とに没頭しているように見えるが、必要の場合にはいつでも目をさます。そして、ロシアの国土の上に雷鳴が轟く時には、難局に立ち向かうのである。

　モスクワは〔動乱期の〕一六一二年には流血によってロシアと結び付き、〔ナポレオン戦争時の〕一八一二年には火によってロシアと一体となった。

　モスクワはピョートルの前に頭《こうべ》を垂れたが、それはロシアの未来がピョートルの兇暴な手に握られていたからである。しかしモスクワは、自分の夫の血にまみれた女、(85) 悔悟の情なきこのマクベス夫人、イタリア人の血の混じっていないルクレツィア・ボルジア、(86) ドイツ生まれのこのロシアの女帝を自己の城壁の中に入れた時には、不平の呟きと軽侮の念を隠そうとしなかった。そして、この女は眉をしかめ唇をとがらせながら、静かにモスクワから離れ去った。

　眉をしかめ、唇をとがらせながら、ナポレオンはドラゴミーロフスカヤ関門の傍らで、苛々とパイプを弄び、手袋をこすりながら、モスクワ開門の鍵を待った。彼は出迎えを受けずに他国の都市に入ることに慣れていなかったのだ。しかし、プーシキンが言っているように、

　　　されど我がモスクワはおもむかず、(87)

そして自らに火を放った。

コレラが現われた。すると国民の都市は再び熱意とエネルギーとに満ちた姿を現わした！

七月革命の影響とパッセク家の人びと

一八三〇年の八月にわたしたちはワシーリエフスコエに出かけて、例によって、ペレフーシコヴォのラドクリフ[88]的な城に足を止め、自分たちや馬どもの食事を済ませ、さらに先へ進む支度をしていた。タオルを腰にまきつけたバカイが早くも「さあ出せ」と叫んだ。その時、ひとりの男が馬を飛ばして来て、わたしたちに止まるように合図をした。セナートルの先導御者《フォレイトル》〔先頭馬の騎手〕が埃と汗とにまみれて馬から飛び下り、わたしの父に封書を渡した。この封書の中に七月革命の知らせが入っていたのだ！――彼が手紙と一緒に持ってきた二部の《討論新聞《ジュルナール・デ・デバ》》をわたしは百回も読み返した。わたしはそれを暗記した――そして、初めて村の生活に退屈するようになった。

それは栄光に満ちた時代であった。諸事件は急速に進行した。シャルル十世[89]の痩せ細った姿がホリールード[90]の霧の中に隠れる間もない内に、ベルギーに火の手が上がって市民王[91]の王座が揺らぎ、ある種の熱狂的な革命の息吹が、論壇や文学の中に感じられ始めた。小説も劇も叙事詩も、すべては再び宣伝と闘争の具になった。

その頃われわれは、フランスにおける革命的上演の中に、装飾的で外見的な部分のあることを知らなかった。そして、わたしたちはすべてを混じり気のないものとして、受け入れたのである。

七月革命の報道が若い世代にいかに強い影響を与えたかを知りたいと思う者は、「偉大な、異教のパーンの神が死んだ」[92]ことを、ヘルゴランドにいて聞いたハイネの文章を読むべきである。そこにあるものは偽りの熱狂ではない。三十歳のハイネは、十八歳のわれわれと同じように熱中し、同じように子供らしいほど元気づけられたのである。

われわれはすべての言葉、すべての事件、果敢な質問、粗暴な返答、ラファイエット将軍[93]やラマルク将軍[94]の一挙手一投足の跡を克明に辿った。われわれはその頃のすべての──もちろん急進的な──活動家のことを詳しく知っていたばかりでなく、彼らを熱烈に愛し、マヌエル[95]やバンジャマン・コンスタン[96]からデュポン・ド・ルール[97]やアルマン・カレル[98]に到るまでの、彼らの肖像を手許に持っていたのである。

この最高潮の最中に、傍らで破裂した爆弾のように、ワルシャワの蜂起に関する報道がわれわれの耳をつんざいた。これはもはや遠方ではない、これは──自分の家の中の出来事である。そしてわれわれは目に涙を浮かべて、互いに顔を見合わせ、われわれの好きな句を繰り返したのである。

〈否、それは空虚なる夢にはあらず[99]！〉

われわれはジビーチ(100)が敗北するごとに喜び、ポーランド人の敗北の報道は信じなかった。そして、わたしは直ちにわたしの聖障(101)にタデウシュ・コシチューシュコ(102)の肖像を加えた。

丁度その頃、わたしは二度目にニコライを見た。彼の顔は前よりもさらに強くわたしの記憶に刻みつけられた。貴族たちが彼のために舞踏会を催した(103)。わたしはホールにいたので、思う存分彼を観察することができたのである。彼はその頃はまだ口ひげをはやしていなかった。彼の顔は若々しかった。しかし、戴冠式の時からのその顔付きの変りように、わたしは驚いた。彼は陰気な顔をして円柱のそばに立って、誰を見るともなしに、兇暴に、冷やかに前方を見ていた。彼は少し痩せていた。これらの顔付きの中に、その錫《すず》のように濁った目の奥に、ポーランドの、さらにまた、ロシアの運命をはっきりと理解することができた。彼はおののき怯えていた。彼は帝位が安泰であり続けることを疑い始めていたのだ。* そして彼を悩ませるもの、彼に恐怖と疑惑とを起こさせるものに対して復讐を準備していた。

*デニス・ダヴィードフ〔ワシーリエヴィチ、一七八四―一八三九、詩人、ナポレオン戦争時のパルチザン隊長〕はその『回想記』の中で次のように述べている。「陛下はある時エルモーロフ〔アレクセイ・ペトローヴィチ、一七七二―一八六一、外交官、カフカース軍総司令官

（一八一六―一七）」に言った。「ポーランド戦争の時に、わしは一度きわめて恐るべき状態におかれたことがある。妻は分娩に近付いていたし、ノヴゴロドには一揆が起きた。わしの手許には、近衛騎兵の二個中隊が残っているだけであった。軍隊からの報告は、ケーニヒスベルクを経て、わしの下に達するのみであった。わしは病院から出たばかりの兵士たちをもって身辺の護衛にあたらせざるをえなかった。」」

このパルチザンの『回想記』はニコライが、アラクチェーエフと同様に、またすべて冷酷で、残忍で、復讐心の強い人間の常として、臆病者であったことについて、何の疑いの余地をも残さない。チェチェンスキー将軍〔アレクサンドル・ニコラーエヴィチ、ナポレオン戦争の参加者〕がダヴィードフに語ったことは次の通りである。

「ご承知のように、わたしは勇気というものを尊重することを知っている。それ故わたしの言葉を信じてもらえるだろう。十二月十四日に陛下のそば近くにいて、わたしは終始彼を観察した。わたしは誓って断言できる。陛下は終始非常に青ざめて、気が転倒してしまっていたのである。」

またダヴィードフ自身はこう語っている。

「センナヤ広場の一揆の時に、陛下は、騒ぎのすっかり鎮まった二日目になって、やっと首都に到着した。陛下はペテルゴフ宮殿にいたのだが、ある時、自分でふと口を滑らせた。「わしはヴォルコーンスキーと共に終日庭の小丘の上に立って、ペテルブルクの方から大砲の音が聞こえてきはしまいかと耳をすましていた。」庭の中で不安そうに耳をすましたり、ペテルブルクに絶えず使者を送ったりする代わりに——とダヴィードフは付け加えている——彼は自らそこへ急行すべきであった。少しでも勇気のある人間なら、誰でもそうしただろう。次の日(すべてが鎮まってから)、陛下は、広場を満たしていた群集の中に馬車を乗り入れ、彼らに向かって、「跪け!」と叫んだ。群集は急いで彼の命令に従った。陛下は(馬車の後ろから付いてくる人びとの中に)私服を着た数名の者を見つけて、これは疑わしい人間だと想像し、これらの不幸な者たちを営倉に監禁するように命じた。そして民衆に向かって叫びはじめた、「これはみんな下賤なポーランド人だ、あいつらがおまえたちを唆したのだ!」かかる、場所柄をわきまえぬ言動は、わたしの見るところでは、まったくその効果をうちこわしてしまった。」——このニコライという男は何という鵞鳥であろう!

ポーランドの征服と共に、この人間の抑制されていた憎悪はすべて解き放たれた。間もなく、わたしたちもまたこのことを感じた。

彼の統治の最初から大学の周りに張り巡らされたスパイ制度の網は、いよいよ引き締められるようになった。一八三二年にわれわれの学部の学生であるひとりのポーランド人[104]が姿を消した。自分の意志によってではなく、官費で派遣された彼は、われわれの級に編入されていた。われわれは彼と知り合いになった。彼の態度は謙虚で悲しげであった。われわれは彼から激しい言葉は一言も聞いたことはなかったが、また弱い言葉も一言も聞いたことはなかった。ある朝、彼は講義に出席しなかった。次の日にも来なかった。われわれは色々と詮索し始めた。官費学生たちがわれわれに内緒で伝えた話によれば、夜中に彼のところへ人びとがきて、彼を警察へ連れ去り、それから、何か分からぬ人たちが彼の書類や持ち物を取りにきて、これについては口外してはならぬと命令して行ったとのことである。これで終わってしまった。われわれは、この不幸な青年の運命については、遂に何も聞かなかった。*

*クリーツキーたちはどこにいるのだろう。彼らは何をしたのか、誰が彼らを裁判したのか。何が悪くて彼らは罪ある者とされたのか。

それから数カ月が過ぎた。急に、数名の学生が[105]夜中に逮捕されたという噂が教室に伝わってきた。名前はコステネーツキー、コリレイフ、アントノーヴィチ[106]、その他である[107]。われわれは彼らをよく知っていた——彼らはいずれもきわめて優秀な若者であった。コリレイフはプロテスタントの牧師の息子で、非常に才能ある音楽家であった。彼らを審理するために軍法委員会が設置された。別な言葉で言えば、このことは彼らが破滅を運命づけられたことを意味していた[108]。われわれはみな、彼らがどうなるかを知ろうとして、激しい興奮の内に結末を待った。しかし、彼らもまた初めから、あたかも水の中に落ちたように、姿を消してしまった。萌え出る芽を摘み取る嵐はすぐそばまで来ていた。われわれはそれが近付いていることを感じたというのではなく、それを聞き、それを見たのだ。そして、互いにますます固く身を寄せ合ったのであった。

危険はわれわれの苛立つ神経を一層昂らせ、心臓を一層強く鼓動させ、われわれをして、一層熱く愛し合うようにさせた。われわれの仲間は初めは五人であったが、そこへパッセク(109)が仲間に加わった。

われわれから見ると、ワジームの中には多くの目新しいところがあった。われわれはいずれも、僅かな違いはあるが、同じような環境の下に育った。すなわち、モスクワと領地の村との他には何も知らなかったし、同じような本で勉強し、同じような家庭教師について勉強し、自宅かあるいは大学の付属寄宿学校で準備教育を受けた。だがワジームはシベリアで、自分の父の流刑中に、窮乏と貧困の内に生まれた。父が自ら息子を教育した。彼は兄弟や姉妹の大勢いる家族の中で、貧困の重圧の下にありながら、しかし完全な自由の中に育った。シベリアは彼の上にその刻印を押した。それはわれわれの田舎のそれとは似ても似つかないものだった。彼にはそのような凡俗で卑俗なところはまったくなかった。彼はわれわれよりも健康で、ずっとすぐれた体格をしていた。ワジームはわれわれと比べると野育ちであった。彼の大胆さはわれわれのそれとは違い、時には伝承文学の勇士を思わせるような、野放図な大胆さであった。不幸によって育まれた貴族主義が、彼の中に独特の自尊心を発達させた。しかし、彼は他人をも愛する術をよく心得ていたし、進んで彼らに献身した。彼は大胆であり、必要以上に無謀でさえあった。シベリアで、しかも流刑者の家族の中に生まれた人間として、シベリアを恐れないという点で、すでにわれわれに対して優位を占めていたのである。

ワジームは専制権力に対する心の底からの憎しみを、親譲りのものとして持っていた。そして、われわれは彼に会うやいなや、たちまち彼に強く魅了された。われわれはすぐに親しくなった。しかしその頃、礼儀とか分別臭い慎重さとか、そのようなものはわれわれのグループの中にはまったくなかった。

「ぼくがさんざん話してきかせたケッチェル[110]と、君は知り合いになりたいかい」とワジームはわたしに言う。

「ぜひなりたいね。」

「明日来たまえ、晩の七時に。遅れないようにね。彼がぼくのところへ来るから。」

わたしは行った――ワジームは家にいない。眼鏡の奥から、鋭いけれども人の善さそうな目つきで見ている表情豊かな長身の男が、彼を待っている。わたしは本を手に取る――彼も本を手に取る。

「あなたが」と彼はその本を開きながら言う。「あなたが、ゲルツェンですね。」

「そうです、で、あなたがケッチェル。」

会話が始まる――ますます活気を帯びてくる……。

「ちょっと」とケッチェルは荒々しくわたしを遮る。「どうか、君と言ってくれないか。」

「じゃ君で話そう。」

この瞬間（一八三一年の末だったかもしれない）から、われわれは離れ難い親友になった。この瞬間からケッチェルの怒りと愛情、笑いと叫びが、われわれの全生涯を通じて、またわれわれの生活のすべての出来事の中に、響きわたるようになるのである。

ワジームとの出会いはわれわれの「ザポロージェのセーチ」[11]に新しい要素を導き入れた。

われわれは、相変わらず、どこよりもオガリョーフの家で一番多く会合した。彼の病身の父はペンザの領地に居を移していた。オガリョーフはニキーツキエ門のそばにある彼の家の階下に一人で住んでいた。彼の住いは大学から遠くなかった。そして、みんなはとりわけそこが好きだった。オガリョーフの中には、一種の磁気的牽引力があった。それは、無秩序に出くわす諸原子のどんな集団の中にも、互いに親和力を持っていさえすれば、結晶への最初の指針を作り出す。そういう人たちはどこへ投げ出されても、気付かぬ内に組織体の中核になる。

しかし、金色の筋のある赤い壁布を張った彼の明るい陽気な部屋、絶え間なしに葉巻の煙がたちこめ、ポンスやその他の——わたしは食事の足しになる食べ物の、と言いたかったのであるが、やめた。何故なら食べる物は、チーズの他に何かあったことは稀だから——匂いの漂っていた彼の部屋、われわれが毎日、夜通し議論し、時にはまた夜を徹し飲み明かした、オガリョーフのあの超学生的な部屋と並んで、もう一つの家がわれわれのお気に入りの溜まり場となった。この家でわれわれは、恐らく初めて、家庭生活に敬意を払うことを学んだのである。

ワジームはしばしばわれわれの会話の席を捨てて、家へ帰って行った——長い間姉妹や母に会わないでいると、彼は淋しくなるのであった。心の底から友情の中に生きていたわれわれにとっては、彼がわれわれの仲間よりも自分の家族の方に心を惹かれるなどということが、どうしてできたのか、不思議に思われた。

彼はわれわれを家族の者に紹介した。この家族の中では、すべてがツァーリの「訪問」の痕跡を留めていた。この家族はシベリアから帰ってきたばかりであったが、そこには傷つけられ苦しめられながらも、不幸が、必ずしもすべての受難者の上というわけではなく、それに耐える術を知っていた者たちの額の上に残して行く、あの崇高さに満ち溢れていた。

彼らの父はパーヴェルの治世に、ある政治的な密告によって捕えられ、シリュッセルブルクの要塞監獄に投げ込まれ、その後、シベリアに流刑になった[112]。アレクサンドル帝は、狂人じみた自分の父によって流刑に処せられた数千の人びとを呼び戻したが、パッセクは忘れられた。彼は、ピョートル三世の暗殺に加わって、その後ポーランド諸州の総督になったパッセクの甥にあたる人である。彼はすでに他の人の手に渡っていた財産の一部を要求する権利を持っていた。この「他の人の手」こそ、彼をシベリアに止めおくように策動していたのである[113]。

シリュッセルブルクに監禁されていた時に、パッセク〔ワジームの父〕は同地の守備隊の一士官の娘と結婚した。若い娘は行く行くは不幸になるだろうということを知っていたが、流刑の恐怖も彼女を思い止まらせなかった。シベリアに着いた当初こそ、彼らは最後の持ち物まで売り払いつつ、どうにかこうにか暮らしを立てていたものの、恐るべき窮乏は抗し難い勢いで、しかも家族の増えるにつれて、ますます急速に進んだ。貧困と労働の中に、暖かい衣服もなく、時には日々のパンに事欠きながらも、二人は若い獅子たちの家族を養う術を知っていた。父は彼らに誇り高い不屈の精神、自分自身への信頼の精神、気高い不幸の秘密を伝えた。彼は自ら手本を示すことによって、彼らを教育した。母は自己犠牲と悲嘆の涙とによって。姉妹たちもまた、そのヒロイックな志操の堅固さにおいて、兄弟たちに負けてはいなかった。そうだ、言葉を惜しむ必要はない

——これはまさしく英雄たちの家族であった。彼らのすべてが、互いのためにどんなことを耐え忍び、家族のためにどんなことをしてきたかは、信じ難いほどであった。しかもすべては、少しも打ちひしがれることなく、頭を高く上げてなされたのである。

シベリアでは三人の姉妹は一足の靴しか持っていなかった。彼女たちは、人から窮乏を見られたくないので、この靴を散歩の時のために大切にしまっておいた。

一八二六年の初めに、パッセクはロシアへの帰還を許された(114)。冬のことであった。毛皮裏の外套も金もなく、大勢の家族を抱えて、トボリスク県から出て行くなど冗談事ではなかったが、しかし他方では、望郷の念にも駆られた——流刑というものは、その刑期の終わった後において、何物にもまして耐え難くなるものだ。我が受難者たちはどうにか少しずつ歩みを進めた。かつて母親が病気だった時に、子供たちのひとりに乳を与えた乳母の百姓女が、自分も一緒に連れて行ってくれるように頼み、自分がやっと蓄えた金を彼らの旅費として差し出した。駅逓《えきてい》馬車の御者たちは、僅かな代金で、あるいは無料で、彼らをヨーロッパ・ロシアの境まで運んだ。家族のある者は歩き、他の者は馬車に乗り、若い人たちは交替した。かくして、彼らはウラル山脈からモスクワまでの長い冬の道を越えてきた。モスクワは若い人たちの夢であり希望であった。だが、そこで彼らを待っていたのは飢えだった。

政府はパッセク家の人たちを許しはしたが、彼らに財産を幾らかでも返してやろうとまでは考えなかった。苦労と窮乏に力尽きた老人は病の床についた。家族の者たちには、どうして明日の食事をしたらよいか分からなかった。

この時、ニコライはおのが戴冠式の祝賀を行ない、宴会に宴会がついで、モスクワは重厚に飾り立てられた舞踏会の広間に似ていた。どこへ行っても、灯火や楯や衣裳が目に付いた……。二人の姉妹は、誰にも相談せずに、ニコライに宛てて嘆願書を書き、家族の窮状を述べ、事件の再審理と財産の返還とを願おうとした。ある朝、彼女たちは密かに家を出てクレムリンに赴き、人をかきわけて前の方に進んで、「冠を授けられ称讃されたる」ツァーリのお出ましを待っていた。ニコライが「正面玄関」の階段から降りてきた時、二人の娘は静かに進み出て、嘆願書を差し出した。彼は二人に気付かないような振りをして、傍らを通り過ぎた。ある侍従武官が書類を受けとり、警察は彼女たちを留置所へ連行するように命じた。

ニコライはその時三十歳ほどであったが、すでにかかる無情な仕打ちをすることができた。このように冷たく自らを持することができるのは、下っ端の兵卒のような心根の持ち主、出納係や死刑執行人だけだ。わたしは、郵便局の窓口係や劇場の切符売や鉄道の出札係のように、絶えずうるさく質問されたり、ひっきりなしに邪魔されたりする人たちの中に、しばしば性格のこの不動の頑固さを認めた。彼らは人に視線を向けていながらその人を見ず、また、人の傍らにいながらその人の言葉を聞かないでいる術を心得ている。だが、この専制の窓口係は人を見ない術をどうして学んだのであろう。衛兵の交替時間に一分でも遅れてはならない、どんな必要があったのだろう。

娘たちは晩まで警察に勾留されていた。脅かされ侮辱された彼女たちは、家では二人がいなくなったので大騒ぎしているに違いないから帰宅させてくれるようにと、涙を流して署長に頼んだ。嘆願のことについては、何の取計らいもなされなかった。

父親にはもはやそれ以上は耐えられなかった。彼にはもう何もかも沢山だった。そして彼は死んだ。子供たちだけが母親と共に取り残され、やっとの思いでその日その日を過ごして行った。窮乏がひどくなればなるほど、息子たちはますます多く働いた。三人の息子は立派な成績で大学の課程を終え、学士《カンジダート》の学位を得た。上の二人(115)はペテルブルクへ去った。二人とも優れた数学者で、勤務(一人は海軍に、もう一人は技師として)の他に家庭教師をしながら、自分ではあらゆる貧しさを我慢して、収入は家族に送っていた。

黒い部屋着を着て白い室内帽をかぶった年老いた母親の姿を、わたしはありありと思い出す。彼女の痩せた青白い顔はしわだらけで、彼女は実際よりも遥かに老けて見えた。

目だけがいまだに幾らか若さを保っていて、その目には柔和さ、愛情、気遣い、そして過ぎ去った涙が見られた。彼女は息子たちを心の底から愛し、彼らを自分の富とも、名誉とも、若さのもととも考えていた。彼女は息子たちの手紙を繰り返し繰り返し、われわれに読んで聞かせた。その声は弱々しかったが、彼女はいかにも穢れのない深い感情をもって彼らのことを語った。その声は、時には調子が変わって、抑えられた涙のために震えるのであった。

息子たちが揃ってモスクワに集まり、質素な食事の席に着く時、老婆は喜びのあまり我を忘れ、食卓の周りを歩いて世話を焼き、つと立ち止まっては、誇らしさと幸福感をもって自分の若者たちを眺めやり、それからあたかも、「みんな本当に立派でしょう、ね、そうじゃありませんか」と尋ねるかのように、わたしの方を見るのであった。こういう瞬間には、わたしは彼女の首に抱きついて、彼女の手に接吻したい衝動に駆られた。しかも、彼らの容貌はどこからみても、事実、大変美しかったのである。

その頃の彼女は幸せだった……何故、彼女はこういう食事の時に死んでしまわなかったのだろう。

二年の間に、彼女は上の三人の息子を失った。一人[116]はおのれの事業のために倒れたのではなかったとはいえ、功業と栄光の最中に、敵軍の称讃に包まれて、輝かしい死を遂げた。彼は若い将軍として、チェルケス人〔北カフカースの民族〕たちによって、ダルゴの近くで殺されたのである。月桂冠も母親の心を癒すことはできない……。あとの二人の息子は見事な死を遂げることさえできなかった。重苦しいロシアの生活が彼らを打ちひしぎ、遂に彼らの胸をすっかり押し潰してしまう程に、のしかかったのである。

哀れな母よ！　そして、哀れなロシアよ！

ワジームは一八四三年の二月に死んだ(117)。わたしは彼の臨終に立ち会って、そこで初めて親しい人の死を見た。しかも、少しも和らげられることのない恐怖、すべての無意味な偶然性、あらゆる点で愚かしく不道徳な不公平さの中に、それを見たのである。

死に先立つ十年前に、ワジームはわたしの従姉(118)と結婚した。わたしは介添人として結婚式に臨んだ。家庭生活と生活環境の変化とは、わたしたちの間を幾らか引き離した。彼は〈私生活において〉幸福であった。しかし、生活の外面的な部分ではうまく行かなかった。彼の色々な企てはうまく行かなかった。わたしたちが逮捕される少し前に、彼はハリコフへ赴いた。そこに彼は大学の教職を約束されていたのである。この旅行のおかげで彼は投獄を免れはしたが、警察は彼の名前を聞きもらさなかった。ワジームは就職を断られた。管区次官が彼に打ち明けたところによれば、危険思想の持ち主たちと彼が関係を持っていることがすでに政府に知られていて、このために、彼にポストを与えることを禁止する文書が大学に送付されてきていたとのことだった。

ワジームは職もなしに、すなわちパンなしに放り出された——これは彼にとってのヴャトカ〔ゲルツェンの流刑地〕であった。

われわれは流刑に処せられた。われわれと関わり合いを持つことは危険であった。窮乏の暗い歳月が彼に始まった。乏しい生活の資を得るための七年にわたる闘いの内に、粗野で無情な人びととの屈辱的な確執の内に、親しい友人たちから遠く離れて、彼らと呼び交わすこともできずに、彼の健康な力は消耗していった。

「ある時」と彼の妻〔「コールチェワの従姉」〕は後にわたしに物語るのであった。「わたしたちは最後の一コペイカまで使い果たしてしまいました。前の晩、わたしはどこかで十ルーブルほど調達しようと努力したのだけれど、駄目だったわ。幾らかでも貸してもらえる人からは、わたしはもう借りてしまっていたんですもの。どの店でも現金でなければ食料を売ってないし。わたしたちは明日何を子供たちに食べさせようかと、そればかり考えていたわ。ワジームは悲しそうに窓際に腰かけていたけれど、帽子を取ると、散歩してきたいのだと言いました。わたしはあの人が大変苦しんでいるのを見て、怖かったのだけれど、それでも、出てくれれば幾らか気が晴れるだろうと思って、喜んだわ。彼が出てゆくと、わたしはベッドに身を投げて、激しく泣いたわ。それから、どうしたらいいかと考えたのだけれど、少しでも値うちのあるものは、指環も、スプーンも、とっくに質にいれてあったの。わたしはたった一つの出口しかないと思ったの。身寄りの人たちのところへ行って、その重苦しい、冷たい援助をお願いする他はないと思ったの。その間にワジームはあてもなしに街を歩きまわり、ペトロフスキー並木大通りまで来てしまいました。シリャーエフ[119]の店のそばを通る時、自分の書いた本がたとえ一冊でも売れていないか、聞いてみようという気になったんですって。五日ほど前にも行ったのだけれど、一冊も売れていなかったのよ。びくびくもので店の中へ入って行ったんだって。「お目にかかれて大変嬉しいです――とシリャーエフが彼に言いました――ペテルブルクの取次店から手紙が参りまして、あなたのご本が三百ルーブルだけ売れたと言ってきました。今受け取られますか。」こう言ってシリャーエフは、金貨を十五数えて、あの人に渡してくれたのよ。ワジームは嬉しくて有頂天になってしまって、食料品を買うために最初にゆきあたった料理店にとびこんで、ワインを一瓶と果物を買い求め、馬車を雇って、勝ちほこったように帰ってきたわ。その時、わたしは子供たちのために肉汁の残りを水でうすめて、わたしはもう食べたことにして、彼のために少し取っておこうと思っていたの。そこへいきなり彼が、袋と瓶とを持って、浮き浮きして嬉しそうに帰ってきたのよ。昔はよくあったことですけどね。」

そして彼女は涙にむせんで、それ以上一言も話せなかった……。

流刑が済んでから、わたしはペテルブルクでほんのちょっと彼と会ったことがあったが、彼はすっかり面変わりしていた。自分の信念を彼は保持してはいた。しかし、彼がそれを保持していたのは、あたかも戦士が深傷《ふかで》を負ったことを感じながらも、なお手の中の剣を手放そうとしないのと同じであった。彼は陰気で疲れ果て、乾いた目付きで前方を見ていた。わたしが一八四二年にモスクワで会った時も、彼はやはりそうであった。彼の境遇は幾らか改善され、彼の著作は認められた。しかし、すべてこれはあまりにも遅かった。それは言うなれば、ロシアのツァーリによってではなく、ロシアの生活によって行なわれたポレジャーエフの将校肩章(120)であり、コリレイフの赦免(121)であった。

ワジームは衰弱していた。一八四二年の秋になって、それが肺結核のためであることが分かった――これは恐ろしい病である。わたしは、その後もう一度、この病気に出会わなければならなかった(122)。

彼の死ぬひと月前に、わたしは、さながら、ろうそくが燃え尽き、部屋の中が次第に暗くぼんやりとしてくるように、彼の知力が消え、弱まりつつあることに気付いて愕然とした。彼は間もなく、辻褄の合わない話をするのにさえ、努力して言葉を探すようになり、発音の似た語を取り違えるようになり、その後はほとんど口をきくことさえもしなくなって、ただしきりに薬を求め、もう薬を飲む時間ではないか、と気にして聞くばかりであった。

二月のある夜、三時ごろに、ワジームの妻がわたしを迎えに人を寄こした。病人の容態が悪くなり、病人がしきりにわたしに会いたがっていると言うのであった。わたしは彼のそばに寄り、そっと彼の手をとった。彼の妻はわたしの名前を言って聞かせた。彼は長い間、力なくわたしを見つめていたが、わたしだということが分からないのだった。彼そして目を閉じた。子供たちが連れて来られた。彼は子供たちを見ていたが、やはり分からないようだった。彼の呻き声は重苦しくなってきた。彼は数分間静かになったかと思うと、急に叫び声を上げながら長い吐息をもらすのだった。その時、近くの教会の鐘が鳴った。ワジームは耳を傾け、そして言った。

「あれは――早課だね。」

それから彼はもはや一言も口をきかなかった……。妻は故人の寝台の傍らに跪いて、むせび泣いていた。彼の大学時代の仲間で、その頃彼の看護にあたっていたひとりの青年が、薬の載っている机を片付けたり、カーテンを巻き上げたり、あれこれ世話を焼いていた。わたしは外へ出た。外は厳しい寒さで、すでに明るかった。昇りつつある太陽は、まるで何か良いことでもあったかのように、明るく雪の上を照らしていた。わたしは柩を注文しに行った。

わたしが戻った時、小さな家の中には死の静けさが支配していた。故人はロシアの習わしに従って、広間の机の上に横たえられていた。少し離れて、彼の友人である画家のラブース[123]が腰かけて、目に涙を湛えながら、鉛筆で彼の死顔を描いていた。故人の傍らには、ひとりの背の高い女性が黙したまま腕を組み、限りない悲しみの表情を浮かべて立っていた。どんな彫刻家もこれほど気高い、深い「悲しみ」の像を刻むことはできないであろう。この婦人は若くはなかった。しかし端正な、犯し難い美しさの名残りを留めていた。貂《てん》の毛皮で裏打ちをした長い黒ビロードのマントに身を包んで、彼女はそこにじっと佇んでいた。

わたしは戸口に立ち止まった。

二、三分が過ぎた——同じ静けさであった。しかし、彼女は急に頭を下げると、故人の額に強く唇をあてた。そして、「さようなら、さよなら、ワジームさん!」と言うと、しっかりした足どりで奥の部屋に入って行った。ラブースは描き続けていた。彼はわたしにうなずいた——わたしたちは口をききたくなかった。わたしは黙って窓のそばに腰をおろした。

この婦人は十二月十四日の事件で流刑になった伯爵ザハール・チェルヌィショーフ[124]の

姉、エリザヴェータ・チェルトコーワ夫人(125)であった。

シーモノフ修道院の掌院(126)メルヒセデク(127)は、自らすすんで、修道院内の墓地を提供した。メルヒセデクはもと一介の大工で、かつては熱狂的な分離派教徒だったこともあったが、その後正教に帰り、修道僧となり、典院(128)となり、そして最後には掌院となった。けれども彼は大工のままであった。すなわち、心も、広い肩も、血色のいい健康そうな顔も、失ってはいなかった。彼はワジームを知っていて、モスクワについてのワジームの歴史研究のことで、彼を尊敬していたのである。

故人の遺骨が修道院の門の前に着くと門は開かれて、メルヒセデクが修道僧の全員を引き連れて現われ、静かな悲しい聖歌を歌いながら受難者の貧しい柩を迎え、それを墓まで送った。ワジームの墓からほど遠からぬところに、わたしたちにとって尊いもう一つの遺骸、ヴェネヴィーチノフ(129)の遺骸が、次の言葉を刻んだ墓標の下に眠っていた。

「彼、人の世のことを数多《あまた》知りしかど、人の世に生きることいと僅かなりき！(130)」

ワジームもまた人の世のことを数多知っていた！

運命はこれでもまだ満足しなかった。誠に、老いたる母は何故かくも生き永らえてしまったのだろうか。彼女は流刑の終わりを見た。子供たちが青春のあらゆる美しさと、才能の輝きに包まれているのを見た。その上、何のために生きる必要があったのだろう！　幸せを大切に思う者は早い死を求めなければならない。溶けない氷がないように、いつまでも続く幸せというものもないのだ。

ワジームの長兄はジオミードが殺されてから数カ月経って死んだ。彼は風邪をひいたが、病気を放っておいたので、衰弱し切った肉体は遂に持ち堪えられなくなった。彼はやっと四十歳になったかならないくらいであったが、それでも一番上の兄であった。

三人の親友のこれらの三つの柩は、過去に向かって長い黒い影を投げかけている。わたしの青春の最後の数カ月は、埋葬の喪章と香炉の煙とを通して、遠く朧げにかすんで見える……。

スングーロフ事件とペトラシェーフスキー事件

一年ほど経った。逮捕された友人たちの審理は済んだ。彼らは（その後わたしたちが、さらに後に、ペトラシェーフスキー[131]の会の者たちが起訴された時と同じように）秘密結社組織の企図と犯罪的談合とのかどで起訴された。このために彼らは兵卒としてオレンブルクへ送られた。被告の一人、スングーロフ[132]に対しては、ニコライは別な取り扱いをした。彼はすでに大学の課程を終えて勤務に就き、結婚して子供もあった。彼は財産権の剝奪とシベリアへの流刑とを宣告された。

「小人数の若い学生たちに何ができるというのだろう。彼らは無駄に身を亡ぼしたのだ！」

すべてこれは一理あることで、こういう考え方をする人たちは、このような学生たちの後から出てきたロシアの青年層の分別に、満足であるに違いない。スングーロフ事件の後に起きたわたしたちの事件からペトラシェーフスキー事件まで、十五年が平穏に過ぎた。実にこの十五年のために受けた打撃から、ロシアはやっと今回復しかけているのであり、この十五年のために二つの世代が台無しにされてしまったのである。年長の世代は乱暴な放埒の中に身を亡ぼし、年少の世代は子供の時から毒されてしまった。この年少の世代のひ弱い代表者たちが、今日われわれの目にする青年たちである。

デカブリストの後には、結社を組織しようとするすべての試みは事実上失敗した。力の乏しさ、目的の不明確さは別な仕事――準備的、内面的な仕事が必要であることを示していた。確かにその通りであった。

しかし、自分の周りで行なわれていることを、ウラジーミル街道を鎖の音を響かせながら通ってゆく数百のポーランド人を、農奴の境遇を、ホドィンカの練兵場でラシケーヴィチなどという将軍によって死ぬまで笞《むち》打たれる兵士たちを、消息も分からずに姿を消してしまう友人の学生たちを平然と眺めながら、理論的な解決を待っていることのできるような青年とは、一体どんな青年であっただろう。自己の世代の道徳的純化のために、未来の保証のために、彼らは無謀な企てをするほどまでに、また、危険を軽視するほどまでに、憤激しなければならなかったのである。十六、七歳の少年たちに対する兇暴なる刑罰は厳しい教訓となり、ある種の試煉となった。心を持たぬ胸から発せられた最高の命令によって、すべての者の上に伸ばされた兇暴なる魔手は、若者なるが故に寛大に扱われるであろうと考えた人びとの、無邪気な期待を打ち砕いた。

冗談にも自由主義を語ることは危険であった。陰謀を弄ぶなど、思いもよらないことであった。ポーランドに対する同情の涙をうまく隠さなかったために、勇敢に語られた一言のために、幾年にもわたる流刑、幾年にもわたる監視、また時には、幾年にもわたる監獄が控えていた。それ故にこそ、これらの言葉が語られ、これらの涙が流されたという事実は、重視されるべきなのである。若い人たちは時には死んだ。しかし、彼らはロシアの生活のスフィンクスの謎を解こうとした思想の働きを妨げなかったばかりか、その思想の願望を正当化しようとして、死んで行ったのである。

今度はわれわれの番であった。われわれの名前はすでに秘密警察のリストに載っていた。(133) 淡青色の制服を着た猫とねずみとの最初の勝負はこうして始まった。

判決を受けた青年たちが徒歩で、暖かい衣服も満足になくオレンブルクへ送られることになった時、オガリョーフはわれわれの間で、イワン・キレーエフスキー(134)は自分たちの仲間の間で、寄付金を募った。判決を受けた者たちはいずれも金を持っていなかったのである。キレーエフスキーは集まった金を衛戍《えいじゅ》司令官のスターリ(135)のところへ持って行った。これはきわめて善良な老人で、彼については後程さらに述べることになるだろう。スターリは金を渡すことを約束し、そしてキレーエフスキーに尋ねた。

「この書類は何ですか。」

「拠金者の名前です。」キレーエフスキーは言った。「それと計算書です。」

「わたしが金を渡すことを信じますね」と老人は尋ねた。

「それは言うまでもありません。」

「あなたに金を託した人たちはあなたを信用しているんでしょう。だとすれば、わたしたちが彼らの名簿を持っていて何の役に立つんです。」こう言うと、スターリは名簿を火中に投じた。そして、言うまでもなく、これは立派な行為であった。

オガリョーフは自分で金を兵舎に持って行った。これはうまく運んだ。しかし、青年たちはオレンブルクから仲間に礼状を出そうと考えた。彼らは手紙を郵便で出すことは危険だと考えて、ある官吏がモスクワへ行く機会を利用して、これにその手紙を託した。官吏は臣民としてのおのが忠誠心を証明するための、この絶好の機会を逃さなかった。

彼はモスクワ管区の憲兵隊司令官にその手紙を提出した。

その頃、アレクサンドル・ヴォルコフ[136]のあとにレソーフスキー[137]が就任していた。ヴォルコフは、ポーランド人たちが自分にポーランドの王冠を進呈したがっていると考えて、気が変になってしまったのである(ヤギエヴォの王冠のことで、憲兵隊司令官の精神を異常にさせるとは、何という皮肉なことであろう!)。レソーフスキーは自身ポーランド人で、悪い人間ではなく、むしろ、かなり善良な人間であった。賭博と、あるフランス人の女優とに夢中になって財産をなくした挙句、彼は賢明にも、債務不履行者としてのモスクワの監獄の中の地位よりも、同じ都市の憲兵隊司令官の地位の方を選んだのだった。

レソーフスキーはオガリョーフ、ケッチェル、サーチン[138]、ワジーム、イワン・オボレーンスキー[139]、その他の者を呼び出して、彼らが国事犯と関わりを持っていることをとがめた。オガリョーフは、自分は誰にも手紙を書かないし、もし誰かが自分に手紙を書いたとしても、このことに自分が責任を負うことはできないのであり、しかもどんな手紙も自分の手許には届いていないのだ、と言った。これに対して、レソーフスキーは答えた。

「諸君は彼らのために寄付金を募集した。これはもっと悪いことだ。諸君は今度が初めてだから、陛下はご仁慈をもって諸君をお許しになる。ただし、諸君、ここに警告しておくが、諸君には、厳重な監視がつけられる。用心したまえ。」

レソーフスキーは一同を意味ありげな目つきで見回し、一番背が高くて一番年長で、ひどく威嚇的に眉を吊り上げていたケッチェルに目をとめて、付け加えた。

「あなたは、ご自分の地位に鑑みて、恥ずかしくないのですか。」

ケッチェルはそのときロシアの叙勲局の副総裁だとでも思われたのかもしれないが、実は、一介の郡の医師に過ぎなかったのである。

わたしは呼び出されなかった。恐らく手紙の中にわたしの名前がなかったからだろう。この威嚇はわれわれにとって一つの儀式であり、叙聖式(140)であり、強い拍車であった。レソーフスキーの忠告は火に油を注ぐ結果となった。そしてわれわれは、警察の監視を容易にしてやるためでもあるかのように、カルル・ザント風のビロードのベレー帽をかぶり、首には揃いの三色のマフラーを巻いて歩いた！

レソーフスキーの後釜を狙って、こっそりとやわらかに、ビロードばりの階段を上がるようにして忍びよっていたシュビーンスキー大佐(141)は、われわれに対するレソーフスキーの手ぬるさを、しっかりと摑んで放さなかった。われわれは彼の昇進のための階段の一つの役目を務めなければならなかった。そして、その役を務めさせられたのである。

しかしその前に、スングーロフと彼の同志たちとの運命について、数言を付け加えておこう。

ニコライはコリレイフを、彼の連隊の所在地であったオレンブルクから十年後に帰還させた。ニコライは、コリレイフが肺病になったために許したのである。これはニコライがポレジャーエフを、肺病になったために士官に昇進させ、ベストゥージェフ[142]が死んだために、これに十字勲章を与えたのと同様である。コリレイフはモスクワに帰り、悲嘆に暮れている父の老いたる腕に抱かれて息を引き取った。

コステネーツキーはカフカースにおいて一兵卒として功績を立て、士官にされた。アントノーヴィチも同じである。

不幸なスングーロフの運命は、これらとは比較にならないほど恐ろしいものであった。雀が丘の最初の中継監獄に着くと、スングーロフは流刑囚で満ち溢れている息苦しい小屋から、戸外の空気を呼吸するために外へ出る許可をひとりの士官に願った。二十歳ほどの青年であったその士官は、彼と一緒に道路へ出た。スングーロフは機会をうまくとらえ、道路から外れて姿を消した。恐らく彼はその付近の地理を詳しく知っていたのであろう――彼は士官から逃れることに成功した。しかし次の日、憲兵たちは彼の居場所を探しあてた。逃れることができないと見た時、スングーロフは自分の喉をかっ切った。

意識を失い出血のために衰弱し切った彼を、憲兵たちはモスクワへ運んで来た。

不幸な士官は兵卒の位に落とされた。

スングーロフは死ななかった。彼は再び裁判にかけられたが、もはや政治犯としてではなく、脱走流刑囚としてであった。頭髪の半分を剃り落とされた。この独特な、恐らくタタール人から受け継がれた方策は、逃亡を予防するために用いられているのであって、肉体に苦痛を与える刑罰にもまして、ロシアの法制による人権侮辱策の全貌を示すものである。この外面的恥辱の他に、判決は監獄内における鞭のひと打ちを追加した。これが実行されたかどうか、わたしは知らない。この後スングーロフはネルチンスクの鉱山へ送られた。

それ以来、彼の名前はまったく聞かれなくなったが、ただ一度だけ、わたしの前で口にされたことがある。

ヴャトカにいた頃、わたしは街で大学時代の友人である、若い医者に出会ったことがある。彼はどこかの工場へ赴任する途中であった。わたしたちは昔のことや、共通の知人たちのことを語り合った。

「驚きましたよ」と医者は言った。「ここへ来る途中で、ある人に出会ったんですが、誰だと思います？　ニジェゴロド県のとある宿場で馬を待っていたんです。ひどく悪い天気でした。囚人の一隊を連れて来たひとりの護送士官が、体を暖めようと入ってきました。わたしは彼と話を始めたんですが、彼はわたしが医者だということを知って、わたしに護送囚人休憩所まで行って、護送囚人の内にいるひとりの病人を、それが仮病を使っているか、それとも本当にひどく悪いのか、診てくれと言うんです。わたしは、むろん、いずれにしても、囚人が病気だということを確認してやるつもりで行きました。小さな休憩所の中には鎖をつけられて、頭を剃ったのや剃らないのや、女や子供が八十人ほどもいるんです。彼らはみんな、士官が行くと脇へよけました。見ると、きたない床の隅っこの藁の上に、流刑囚の長外套にくるまった人間がいるんです。

「あれです、病人は」と士官が言いました。

嘘をつく必要なんかありませんでした。その不幸な男は確かにひどい熱を出しています。監獄と道中のために痩せ衰えて衰弱して、頭を半分剃られ、あごひげをのばして、その男はいかにも恐ろし気な形相をしていました。意味もなく目をぎょろつかせて、絶えず水を欲しがっていました。

「どうだね、君、苦しいかね」とわたしは病人に言ってから、士官に向かって付け加えました。「これではとても行けません。」

病人はわたしをじっと見つめていましたが、呟くように言いました。

「あなたでしょう」と彼はわたしの名を呼びました。「あなたは、わたしが誰だか分からないんですね」と彼は付け加えました。その声を耳にして、わたしは心臓をナイフで切り裂かれるような思いがしました。

「失礼ですけど」とわたしは彼の乾き切った熱い手をとって、言いました。「思い出せません。」

「わたしは……スングーロフです」と彼は答えました。」

「可哀想なスングーロフ！」と医者は首を振りながら繰り返した。

「それで、彼は後に残されましたか」とわたしは尋ねた。

「いや、馬車に乗せられました。」

わたしがこれを書いた後で、わたしはスングーロフがネルチンスクで死んだことを知った。彼の財産――モスクワの近くのブロンニツキー郡にある二百五十人の農奴のいる領地と、ニジェゴロド県のアルザマスにある四百人の農奴のいる領地とは、彼と彼の仲間たちとの審理が続いている間、監獄で養われた費用にあてられた。彼の家庭は窮乏に追い込まれた。しかし、先ず家族の数を減らすためにも配慮が加えられた。すなわち、スングーロフの妻は二人の子供とともに捕えられ、プレチーステンカの警察署で六カ月ほどを過ごした。乳飲み児はそこで死んだ。ニコライの支配よ。永遠に呪《のろ》われてあれ、アーメン！

第七章　大学を終えて

卒業

嵐がまだわれわれの頭上に巻き起こらない内に、わたしの大学の課程は終わった。常日頃の瑣事《さじ》、無益な暗記に苦しめられる不眠の幾夜、一夜漬けの上べだけの勉強、学問上の興味を押しのけてしまう試験についての心配——これはみなお定まりのことだ。わたしは金メダルを目指して天文学上の論文[1]を書いた。そして——銀メダルをもらった。わたしは自分が今では、その時書いた論文の内容を、また、その論文の中の何が銀の値打ちを持っていたのかを、理解できないだろうと確信している。

その後も時々わたしは、自分が学生で、これから試験を受けるのだという夢を見ることがあった。わたしは自分がどれほど多くのことを忘れてしまったかを考えて、恐怖に怯えるのであった……。落第するぞ、落第するぞ——そしてわたしは目を覚ます。海や旅券、歳月や査証がわたしを大学から隔てていて、誰もわたしに試験を課したり惨めな点数をつけたりはしないのだと思って、心から喜びながら。だが実際に、教授たちはわたしがこれだけの長い年月の間に、かくも退歩してしまったことに驚くことだろう。わたしはすでに一度このことを経験している。*

＊一八四四年に、わたしはシチェープキン〔ミハイル・セミョーノヴィチ、一七八八―一八六三、俳優〕のところで、ペレヴォーシチコフ〔ドミートリー・マトヴェーエヴィチ、一七八八―一八八〇、天文学者、数学者、アカデミー会員、一八二六年からモスクワ大学教授、総長（一八四八―五二）〕に会い、食卓で彼の隣りの席に着いた。終わり頃になって、彼は我慢できなくなって言った。

「残念です。非常に残念です、色んな事情が仕事を妨げてきましたことは。あなたは見事な才能をお持ちになっておりましたのに。」

「でも、誰も彼もが」とわたしは彼に言った。「先生の後について天に昇るというわけには行かないでしょう。わたしたちはここで、地上で、何やかや仕事をやっているのです。」

「考えてもご覧なさい。どうしてそんなことがありうるのですか！　どんな仕事ですか。ヘーゲルの哲学ですか！　あなたの論文は読ませていただきました。さっぱり分かりません、鳥の言葉です。これがどんな仕事なものですか、いえ、仕事ではありません！」

わたしは長い間この判決を笑った。すなわちわたしは、その頃のわたしたちの言葉が事実ひどいものであって、もし鳥の言葉だとすれば、それはきっとミネルヴァの女神のところにいる鳥の言葉であったろうということを、長い間理解しなかったのである。

最終の試験が終わると、教授たちは採点のために部屋に閉じこもった。一方、わたしたちは希望と疑惑とに神経を昂らせて、小さな群れをなして廊下や玄関を徘徊した。時々、誰かが評議員室から出てくる。すると、わたしたちは運命を知ろうと、駆け寄って行くのだった。しかし、長い時間何も決まらなかった。遂にゲイマンが出てきた。

「おめでとう」と彼はわたしに言った。「あなたは、学士です。」

「他に誰ですか。他に誰が受かったのですか。」

「誰それと、誰それ……。」

わたしは悲しくもあったが、同時に嬉しくもあった。大学の門を出ながら、わたしは自分がもはや昨日のようには、また、今までの毎日のようには、この門を出て行くことはないのだと感じた。わたしはかくも若々しく楽しい四年間を過ごした大学から、この共同の生家とは縁のない者になったのだ。だがまた一方では、自分が一人前になったことが認められたのだという思いと(これをどうして告白しないでいられよう)、そして同時に、与えられた学士の称号とが、わたしを慰めるのであった。*

＊モスクワからわたしの元に送られてきた書類の中に、わたしは、その頃公爵夫人と共に村に

いた従妹〔ナターリアのこと〕に宛てて、自分の卒業のことを知らせた手紙を見つけた。「試験は終わりました、わたしは学士です！　四年間勉強した後の、自主独立の楽しい気持ちをあなたには想像できないでしょう。あなたは木曜日にわたしのことを考えてくれましたか。蒸し暑い日で、苦行は朝の九時から晩の九時まで続きました。」〔一八三三年六月二十六日〕文章の効果を強めるために、あるいは簡潔にするために、二時間ばかり余計にかかったように思われる。しかし、あらゆる満足感にもかかわらず、金メダルが他の者〔アレクサンドル・ドラシューソフ、一八一六―九〇、後に有名な天文学者、モスクワ大学講師〔一八四〇―五五〕〕に授けられたことによって、わたしの自尊心は傷つけられた。七月六日付の第二の手紙では、次のように書いている。「きょうは卒業式ですが、わたしは出席しませんでした。わたしはメダルをもらう時に二番目にいるのが嫌だったからです。」

母校よ！　わたしは大学からかくも多くの恩恵を受けている。また卒業後も、かくも長い間大学の生活によって生き、大学と共に生きてきた。それ故わたしは、愛情と尊敬の念とを抱かずに、大学のことを思い出すことができない。少なくとも、大学はわたしを忘恩の故に責めることはないであろう。大学に対して恩を感ずることはたやすいことである。その感謝の念は友愛や若い成長期の明るい思い出と分かち難い。そして今、わたしは遠い異郷にあって、大学へ祝福を送る！

卒業後にわたしたちが過ごした一年は、青春時代を厳かに締め括った。それは友情と思想の交換と霊感と、そして、乱痴気との打ち続く饗宴であった。

同窓の親友たちの小さなグループは離ればなれになることなく、なお共通の感情と空想とに結ばれて生活していた。経済状態のことや、将来の身の振り方などについて考える者など、誰ひとりとしていなかった。これが成年に達した人たちの場合なら、わたしはあまりほめたことではないと思うが、若い人たちの場合には、わたしはこれを尊重する。青年時代というものは、それが町人《プチブル》根性による道徳的堕落のために涸れてしまってさえいなければ、どこでも非実際的なものなのである。ましてやそれは、多くの希望を持ちながら、僅かしか実現されることのない若い国においては、なおさら非実際的なものでなければならない。それればかりでなく、非実際的であるということは、決して偽りであることを意味してはいない。未来に向けられたものはすべて、必ず、幾分かの理想主義を持っているものだ。非実際的な性格がなければ、どんな実際家も退屈に繰り返される同じものの上に留まることになるであろう。

ある種の高い喜びが、いかなる道徳的訓戒にもまして、真の堕落から人を守っている。わたしは青年らしい馬鹿騒ぎ、往々にして度を過ごした痛飲の時を覚えているが、わたしたちの仲間に一つとして不道徳な事件のあったことを覚えてはいない。真面目に顔を赤らめなくてはならないこと、忘れてしまいたい、隠しておきたいと思わせるようなことは、何一つとしてなかった。すべてが白昼堂々となされた——堂々となされることで悪い行為は滅多にないものだ。心の半分、またはそれ以上が向けられていた方向は、怠惰な情欲や病的なエゴイズムが不純な企図の上に集中され、罪を増幅させているような世界ではなかった。

若い世代が青年時代を持っていないような国民の境遇は、はなはだ不幸であるとわたしは思う。若いというだけでは不十分だということは、すでに書いた。ドイツの学生生活は、その最も異常であった時代においてさえ、フランスやイギリスの若者の町人的成人振りよりは百倍も勝っている。十五歳ですでに初老に近付いているアメリカの青年たちに、わたしはただ嫌悪感を覚えるばかりである。

シラー時代

フランスには、かつて貴族的な、また後には革命的な、輝かしい青春があった。サン・ジュスト(2)、オッシュ(3)、マルソー(4)やデムーラン(5)など、ジャン・ジャック〔・ルソー〕の陰鬱な詩情に育てられたこれらの英雄児たちは、みな真の青年であった。革命は若い人たちによって成就された。ダントン(6)も、ロベスピエール(7)も、ルイ十六世自身も、三十五歳過ぎまでは生きていなかった。ナポレオンの出現と共に、青年たちは伝令兵となる。

王制復古、すなわち「老年の復活」と青年時代とはまったく両立しない。すべての者が成人になり、実務的に、すなわち町人的になる。

フランスの最後の青年たちを代表するものはサン・シモン主義者たちと密集部隊〔フーリエ主義者たち〕であった。幾つかの例外はあったが、それはフランスの青年の散文的で月並みな性格を変えることはできない。エスクース(8)とルブラ(9)とは、彼らが老人たちの社会で青年であったが故に、自殺した。その他の者は、水の中から泥だらけの岸に投げ出された魚のようにもがいた挙句、一部はバリケードの上に倒れ、一部はイエズス会の釣り針にかかってしまった。

しかし、年齢というものはやはりそれ相応の時代を持つものであって、フランスの青年たちはボヘミアン風の時代によって青春時代を過ごす。すなわち、もし金がなければ、カルチェ・ラタンの小さなカフェーで小さなグリゼット〔浮気な職業婦人〕と暮らし、もし金があれば、大きなカフェーで大きな浮気女と暮らす。シラー時代の代わりに、これはポール・ド・コック(10)の時代である。力やエネルギーなどすべての若々しいものがこの時代の中でそそくさと、そしてかなり惨めに消費され、そして、遂に商店の店員向きの人間ができあがる。ボヘミアン風の時代は心の奥底に一つの欲情——金銭への渇望だけを残す。そして、将来の全生活がその犠牲になる。それより他の興味というものはなくなる。これらの実際的な人間は普遍的な問題を嘲笑し、〈征服されることを職業としている者を数多く征服した結果として〉婦人を軽蔑する。普通、ボヘミアン風の時代の生活は、落ちぶれた名士の内の擦り切れた罪人や、他人の懐で食っている老いたる売春婦や、声の潰れた役者や、手の震える画家などの指導の下に行なわれる。発音や飲み方や、とりわけ人間の問題に対する不潔な態度や、徹底した食道楽などが見習われる。

イギリスでは、ボヘミアン風の時代の代わりに、罪のない奇人ぶりや愛嬌のある突飛な行動への熱中が見られる。すなわち狂気じみた悪ふざけ、馬鹿げた浪費、重ったるい浮気、思い切りのいい、しかし注意深く隠された放蕩、カラブリア〔イタリア南端〕やキト〔南米エクアドル〕、南や北への無益な旅行などである。その傍らに乗馬、猟犬、競馬、まずい食事。ここにはまた頬の赤い太った赤ん坊たちを信じ難いほど大勢引き連れた細君、取引、《タイムズ》、議会、人を地上に這わせるオールド・ポート酒などもある。

青春とボヘミアン風の生活

われわれも悪戯をした。われわれも酒宴をした。しかし、その基調はこれとは違っていた。音域はあまりにも高かった。悪戯も馬鹿騒ぎも目的にはならなかった。目的は自分たちの使命に対する信念であった。われわれは間違いを犯していたかもしれない。しかし、われわれは確固たる信念を抱き、自分とお互い同士の中にある共通の事業への手段を尊重していた。

われわれの酒宴や馬鹿騒ぎはどんなものであったか。不意に、あと二日後は――十二月六日、聖ニコライの日だということに気付く。ニコライという名は恐ろしく沢山ある。ニコライ・オガリョーフ、ニコライ・サーチン、ニコライ・ケッチェル、ニコライ・サゾーノフ[11]……。

「諸君、名の日の祝いは誰がやるんだ。」

「ぼくだ！　ぼくだ！」

「ぼくはその次の日にやる。」

「それは馬鹿げている。次の日とはどういうことだ。一緒に祝うんだよ。みんなで持ち寄って。その代わり、すばらしい宴会になるぞ！」

「そうだ、そうだ！　ところで、誰のうちへ集まろうか。」

「サーチンが病気をしている、だから、むろん彼のところだ。」

そして予算を組んで、計画を立てる。これには未来のお客も主人もすっかり夢中になる。ひとりのニコライが夜食の注文にヤールの店へ馬車を走らせ、他のニコライは――チーズとサラミとを買いにマテルンの店へ出かける。酒は、言うまでもなく、ペトロフカのデプレの店から取り寄せる。この店のメニューに、オガリョーフは次のような題詞を書き付けた。

〈近くともまた遠くとも、
わたしはいつもお届けします〉

われわれの経験に乏しい嗜好は、まだシャンペン以上のものは求めなかった。そして時には、シャンペンをさしおいて、発泡酒の方をひいきにしたほど幼稚なものであった。その後わたしは、パリのレストランでメニューにこの名前を見つけ、一八三三年のことを思い出して一瓶を求めてみたことがあった。しかし、ああ、記憶の助けを借りても、わたしは一杯以上はとても飲めなかった。

祝いの日が来るまでに、酒は試しに飲まれる。それは明らかにみんなの好みに合うので、さらに追加注文の使いを出さなければならなくなる。

ここで、ソコローフスキー(12)の上に起きたことを話さないではいられない。彼はいつも金がなく、もらった金はすぐにみんな使ってしまった。逮捕される一年前に、彼はモスクワへ出てきてサーチンの家に居候していた。彼はある時、原稿をうまく売ることができた。たしか[13]「ヘヴェリ」の原稿だった。そこでわれわればかりではなく、大家《たいか》[15]たちも招いて、祝宴を開くことに決めた、すなわち、ポレヴォーイ[14]やマクシーモヴィチやその他の人びとを招待したのである。前の日の朝から彼は、丁度その時、所属の連隊と共にモスクワに来ていたポレジャーエフと連れ立って、買い出しに出かけた。茶碗やサモワール〔卓上湯沸かし器〕までも買い、さまざまな不必要な品物、最後に酒や食料品、すなわちパイや詰め物をした七面鳥やその他の物を買い込んだ。その晩、われわれはサーチンのところに集まった。ソコローフスキーは先ず一本だけ栓を抜こうと提案した。それから次々と抜いた。われわれは五人であったが、晩の終わり頃、すなわち次の日の朝の初め頃には、ソコローフスキーはもはや酒もなければ金もないことになってしまった。彼は僅かな借金を返して、残った金を全部買い物に使い切っていたのだ。

ソコローフスキーはがっかりしたが、そこは心を強く持って思案に思案を重ねた挙句、〈大家〉のすべてに宛てて手紙を書き、自分は重い病気にかかったから、祝宴は延期すると伝えた。

四人の名の日の宴会のために、わたしはプログラムを一つ書いた。その後これは異端審問官ゴリーツィンの特別の注意を引く光栄に浴したのだが、彼は委員会の席でわたしに、このプログラムが正確に実行されたかどうかを尋ねた。

「〈文字通り〉」とわたしは彼に答えた。彼はまるで一生をスモーリヌィ修道院で過ごしてきたか、あるいは受難日を過ごしてきたかのように、両肩をすぼめた。

夜食の後で、たいてい重要な問題、論争の的になるような問題が起きる。すなわち「ホット・ポンスをいかにして作るか」という問題である。その他のものは普通は、議会の信任投票のように、つまり、論議なしに食われたり飲まれたりした。しかしこの問題には、めいめいが口を出した。しかも、夜食の席からである。

「火をつけるのか、まだつけないのか。どうやってつけるのだ。シャンペンをかけて消すのか、それともソーテルヌ〔白ワインの一種〕をかけるのか。燃えてる内に果物やパイナップルを入れるのか、それとも後から入れるのか。」

「分かりきった話だ、燃えてる内に入れるんだ。そうすれば香りがみんなポンスにしみこむんだよ！」

「待て待て、パイナップルは浮きあがって、周りが焦げてしまうぞ、何にもなりはしないよ！」

「そんなことはみんなどうでもいいことだ！」とケッチェルが誰よりも大きな声で怒鳴る。「肝心なことは、ろうそくを消さなければならないということだ。」

ろうそくが消されて、みんなの顔は青く見え、輪郭が火の動きにつれて揺れる。その内に、小さな部屋の中の温度は、燃えるラム酒のために熱帯的になってくる。みんなは喉が渇《かわ》いてきたが、ホット・ポンスはまだでき上がらない。しかし、ヤールから差し向けられてきたフランス人のジョセフの方は準備ができていた。彼はホット・ポンスに対する一種のアンチテーゼ、すなわち色々なワイン、主にコニャックをベースにした氷入りの飲み物をこしらえている。「偉大なる国民」の生粋の息子である彼は、フランス・ワインを注ぎながら、それが二度赤道を越えてきているので、すこぶる上等なものであるとわれわれに説明する。「〈はい、はい、みなさま、赤道を二回でございます、みなさま！〉」

極地的な冷たさをもった注目すべき飲み物が終わって、それ以上飲む必要がなくなると、スープ皿の中の燃える湖をかきまぜながら（その際、砂糖の残ったかたまりがシューシューいったり、泣くような音を立てたりして溶けるのだった）、ケッチェルが叫ぶ。

「もう消せ！　もう消せ！」

火はシャンペンのために赤くなり、ある種の哀愁と不吉な予感とをもって、ポンスの表面を駆けめぐる。

そこで絶望的な声が起こる。

「ちょっと、おい、気が違ったな。樹脂がポンスの中へ、じかに溶け込んでいるじゃないか。」

「じゃ君が自分で、こんな熱の中で、樹脂が溶けないように、瓶を持っていられるか、やってみろ。」

「うむ、はじめに、何か巻きつけておけばよかったんだよ」と悲しげな声は続ける。「茶碗だ、茶碗だ！　足りるかい。幾人いるんだ……九人、十人……十四人――よし、よし。」

「茶碗を十四も、どこから持ってくるんだ。」

「茶碗のない者は――コップだ。」

「コップは割れるよ。」

「いや、いや、大丈夫、スプーンを入れておきさえすれば。」

ろうそくがさし出される。最後の炎が真中へ駆け上がって、ぐるぐる回って消えてしまう。

「ホット・ポンスは成功した！」

「成功した、大成功だ！」と周りから声が上がる。

あくる日は頭が痛み、吐き気がする。これは明らかにホット・ポンスのせいである。混ぜ物だからだ！　そこで今後はホット・ポンスは決して飲まないことに心から決心する。これは毒なのだ。

ピョートル・フョードロヴィチが入ってくる。

「あなたさまは今日ひとの帽子をかぶってお帰りになりました。あなたさまのはもっと上等です。」

「帽子なんかどうでもいいよ！」

「ニコライ・ミハーイロヴィチのクジマー〔サーチンの召使〕のところへひと走り行ってまいりましょうか。」

「誰か帽子をかぶらずに帰った奴がいるとでも思うのかい。」

「念のためということもございます。」

そこでわたしは、帽子というのはただの口実で、クジマーがピョートル・フョードロヴィチを勝負に呼んでいるのだと推察する。

「おまえはクジマーのところへ行っておいで。だがその前に料理番に、酸っぱいキャベツを持ってくるように言ってくれないか。」

「たぶん、レクサンド・イワヌイチさま、(16) 名の日のお祝いを受けた方たちも、面目を潰されることはなかったのでございましょうね。」

「そうね、あんな宴会は大学に入ってから一度もなかったからね。」

「そうしますと、大学の方は、きょうはお休みですね。」

わたしは良心の呵責を感ずる。そして沈黙する。

「お父さまがわたくしにお尋ねになりました。「どうしたんだ、まだ起きないのか。」わたくしは、むろん、へたなことは申しません。頭が痛むのでございます。朝からそうおっしゃっておられました。そこでわたくしはカーテンをあげなかったのでございます。

「そうか——と言われました——それはよくしてくれた。」

「どうかぼくに眠らせてくれよ。サーチンのところへ行きたければ、行っておいでよ。」

「はい、ただいま。先ずひと走り、キャベツを頼みに行ってまいりましょう。」

重い眠りが再びわたしの目を閉じる。二時間ほど経って目が覚めると、気分はずっとよくなっている。みんな、あそこで、何をしているのだろう。ケッチェルとオガリョーフとは残って、泊まったはずだ。ホット・ポンスがこうも頭に堪えるとは思わなかった。ポンスが大変うまかったことは確かだ。それにしても、どうしてまたホット・ポンスをコップでなんか飲んだのだろう。これからは絶対に、小さな茶碗に一杯以上は決して飲まないことにしよう。

その間に、父はすでに新聞も読んでしまい、料理番との接見もすませている。

「おまえは今日は頭痛がするって。」

「ひどいんです。」

「勉強のし過ぎかもしれないね。」こう言いながらも、彼が返事を聞く前から疑っていることは明らかである。「ああ、忘れていたけれど、おまえはきのうはニコラーシャとオガリョーフのところへ行ったんじゃなかったのかね。」*

＊ゴロフワーストフ〔一八〇〇―四六、ゲルツェンの従兄〕。

「もちろんです。」

「ご馳走してくれたかい……名の日のお祝いだったんだろう。またマデラ酒を入れたスープかい。わしはあんなものは大嫌いでね。ニコラーシャは場所柄をわきまえずによく飲むね。どうしてあんなになったのか、わしには分からない。亡くなったパーヴェル・イワーノヴィチ〔ニコラーシャの父〕は……そう、六月二十九日の名の日には、親戚の者をみんな呼んで、恒例の正餐会を催したものだ。つつましやかで、作法にかなったものだった。だが当世のはやりはシャンペンにバター漬けのイワシ。見るのもいやだね。プラトン・ボグダーノヴィチのあの気の毒な息子(17)については、わしは何も言わんよ、何しろほったらかしにされているんだから！　しかもモスクワでね……。金はあるし、御者のエレメイに、「ワインを買ってこい！」といえば御者は喜ぶさ、そのたびに店から十コペイカ銀貨をもらえるんだから。」

「ええ、ぼくはニコライ・パーヴロヴィチのところで朝食をご馳走になりました。しかしこのために頭が痛むんだとは思いません。ちょっと出てきます。歩くといつもよくなるんです。」

「行っておいで。食事はうちでするだろうね。」

「きまってますよ。ちょっと出てくるだけです。」

マデラ酒を入れたスープの話については、次のようないきさつを説明しなければならない。四人の名の日の例の宴会よりも一年かそれ以上も前のこと、わたしは復活祭の週にオガリョーフと散歩に出た。家で食事をしないで済むように、わたしはオガリョーフの父から食事に招待されているのだと言っておいた。

父は概してわたしの友人たちを好かなかった。彼らの姓を取り違え、しかもいつも同じ間違いをした。例えばサーチンを必ずサケンと呼び、サゾーノフはスナージンと呼んだ。彼はオガリョーフを他の誰よりも嫌っていた。それはオガリョーフが長髪だったからであり、いつも父の許しを求めないでたばこを吸うからでもあった。しかしその反面、彼はオガリョーフを甥の息子にあたる者と見ていたので、親戚の姓を間違うわけにはいかなかった。しかもプラトン・ボグダーノヴィチは、家柄からいっても財産からいっても、わたしの父によって認められていた数少ない人物の一人だった。わたしが彼の家と親しくしていることは、彼の気に入っていた。もしもプラトン・ボグダーノヴィチに息子がなかったなら、もっと彼の気に入ったことだろう。

こういうわけで、彼の招待を拒むことは無作法なことと考えられていたのである。プラトン・ボグダーノヴィチの尊敬すべき食堂に出かける代わりに、わたしたちは先ずノヴィンスコエの近くのプレイス〔兄弟のサーカス芸人〕の見世物小屋へ出かけた（わたしが後にジュネーヴとロンドンでこの軽業《かるわざ》師の一家に出会った時はとても嬉しかった）。そこにはかわいい女の子がいて、わたしたちはこの娘《こ》に夢中になり、彼女をミニヨンと呼んでいた。

ミニヨンを見て、晩にもう一度彼女を見にくることに決めて、わたしたちはヤールへ食事に出かけた。わたしは金貨を一枚持っていた。オガリョーフもほぼ同じくらいの金額を持っていた。わたしたちはその頃はまだまったく初心《うぶ》だったので、長い間考えた挙句、シャンペンをベースとした魚スープとライン・ワインの一瓶と、それに何かの鳥肉をほんの少し注文した。そのためわたしたちがこの恐ろしく高価な食事をすませて席を立った時には、まだ完全に空腹であった。そしてもう一度ミニヨンを見に出かけた。

父に、寝る前の挨拶をしに行くと、彼はわたしが酒臭いようだと言った。

「これはきっと」とわたしは言った。「スープにマデラ酒が入っていたためだと思います。」

「〈マデラ酒入りのスープ〉だって。これはプラトン・ボグダーノヴィチの婿《むこ》のやったことだな。近衛の兵舎の匂いがする。」

それからというもの、わたしが流刑地に行くまで、父はわたしが酒を飲んで顔が赤くなっているのを見ると、必ずこう言うのだった。

「おまえはたぶん今日もマデラ酒入りのスープを飲んだんだね。」

さて、こうして、わたしはサーチンのところへと急いだ。

もちろんオガリョーフとケッチェルとはそこにいた。ケッチェルは生気のない顔をして、ポンスの作り方が悪かったのだと言ってひどく怒っていた。オガリョーフの方は、楔《くさび》を楔で叩き出すという同種療法に従って、祝宴の後に残った分だけでなく、わたしの家の下男のピョートル・フョードロヴィチが徴発していった後に残った分までも飲んでいた。ピョートル・フョードロヴィチは早くも歌ったり口笛を吹いたり、騒々しい音を立てたりしながら、サーチン家の調理場で一勝負やっていた。

セミクの祭りのその日には
マリーアの森のそぞろ歩き。(18)

……われわれの青春、われわれのグループのどの時期を思い浮かべてみても、わたしは良心の重荷になるような、思い出すのが恥ずかしいような出来事を、一つとして記憶していない。しかもこのことは、わたしの親友のすべての者について、例外なしに言えることである。

　われわれの間には、プラトニックな空想家や十七歳で幻滅を感じた青年はいた。ワジームは戯曲を書きさえした。彼はこの戯曲の中で「おのが疲れ果てた心の恐ろしい経験」を描こうとしたのである。それは次のようにして始まっていた。

「園、遠くに家、窓から灯火が見える、嵐、人影はない、木戸は閉ざされていない、それは風にあおられて、軋っている。」

「木戸と園の他に、登場人物はいないのかい」とわたしはワジームに訊いた。

するとワジームは幾らか悲しげに、わたしに言った。

「君はいつも馬鹿なことを言うね！　これは冗談事ではないんだ。ぼくの心の過去の記録なんだ。そんなことを言うんなら、ぼくは読むのをやめるよ。」そして彼は読み進めた。

　まるっきりプラトニックでない悪戯もあった。ドラマで終わらずに、薬局で結末を告げるようなこともあった。しかし女を堕落させたり、男を辱めたりするような、低俗な情事はなかった。情婦などというものはなかった(この恥ずべき言葉さえ、わたしたちの間にはなかった)。冷静で安全な、散文的で町人的な放蕩、契約に基づく放蕩は、わたしたちのグループを避けて通った。

「そうすると、あなたはもっと悪い買淫的放蕩を是認するのですか。」

「わたしではない。あなたです！　つまりあなた個人ではなく、あなたがた全体です。そういう放蕩は社会制度の上にきわめてしっかりと根を下ろしているのですから、わたしがこれを認めるとか認めないとか、言う必要はありません。」

共通の諸問題、市民的熱狂がわたしたちを救ってくれた。単にこればかりではなく、学問や芸術への強く発達した関心もわたしたちを救ってくれた。それらは熱した紙と同じように、油の汚れを吸い取ってくれたのである。わたしはその頃のオガリョーフの手紙を幾通か保存しているが、わたしたちの生活のその頃の基調は、これらの手紙によって知ることができる。例えば、一八三三年の六月七日付の手紙で、オガリョーフはわたしに宛ててこんなことを書いている。

「ぼくたちはお互い同士のことと知りつくしていると思うから、率直に言ってもよいと思う。ぼくの手紙を君は誰にも見せはしないだろう。そこで、ぼくに言ってくれたまえ――しばらく前からぼくには、自分の使命は詩人になることだ、詩人あるいは音楽家(これはどちらも同じことだが)になるかだという気がしている。気がしているというだけでは足りない、そういう考えが刻みこまれたのだ。この感じとこの考えとが決定的にぼくの心を満たしている。ぼくはそれによって押し潰されていると言ってもよい。しかし、ぼくは自分が詩人だというある自覚を持っているので、この考えの中に生きる必要を感じている。ぼくがまだ下手な詩を書いているとしても、心の中のこの火、感情のこの充実は、ぼくが将来ちゃんと(こういう卑俗な表現を許したまえ)書けるようになるだろうという希望を、ぼくに与えている。友よ、言ってくれ、ぼくは自分の使命を信ずべきだろうか。君はあるいは、ぼく自身よりもよくぼくのことを知っているかもしれないから、間違うことはないだろう。一八三三年六月七日」

「君は書いて寄こした、「そうだ、君は詩人だ！」[19]と。友よ、これらの言葉が引き起こすすべてのことを、君は理解することができるだろうか。そうだ、それは偽りのものではない、ぼくが感じ、ぼくが志し、全生涯を託しているそのものは！　それは偽りのものではない！　君は真実を語っているだろうか。これは熱に浮かされたたわ言ではない。

ぼくはそう感じている。君は誰よりもよくぼくのことを知っている、そうではないか。ぼくはこのことを実際に感ずる。いや、この気高い生が熱に浮かされたたわ言であるはずはない。空想の幻であるはずはない。それは幻であるためにはあまりにも高いものだ。それは現実のものだ。ぼくはそれによって生きている。ぼくはそれより他の生き方をする自分を想像することができない。ぼくは何故音楽を知らないのだろう、今ぼくの心からすばらしいシンフォニーがとび出そうとしているのに。荘厳なアダージョ〔ゆっくりと〕が聞こえる。しかし表現する力がないから、語られたことよりももっと多くのことを語らねばならない。プレスト〔速く〕、プレスト。ぼくにとっては激しい抑え難いプレストが必要なのだ。アダージョとプレスト――これは二つの極端である。アンダンテ〔歩く速さで〕だのアレグロ・モデラート〔ほどよく速く〕だの、こんな中途半端なものはいらない。これは力強く語ることも力強い感情を持つこともできない吃音者か低能者のようなものだ。

チェルトコヴォ村にて、一八三三年八月十八日」

わたしたちは、青年時代のこの熱狂的なお喋りの習慣を忘れた。それは今のわたしたちには奇妙なものに見える。しかし、まだ二十歳にならない青年のこれらの文章には、この青年が卑俗な罪や卑俗な美徳に陥らないように守られていること、また、たとえ彼が沼に落ち込むことがあるとしても、身を穢さずにそこから抜け出してくるに違いないということは、はっきりと見て取れる。

これは自信がないのではない。むしろ信念に対する懐疑なのだ。それはわれわれにとってかくも尊い愛のこもった励ましの言葉によって、この確認を得たいという激しい願望なのだ。然り、これは生まれ出づる創造なのだ、懐胎した魂が不安げに辺りを見回しているのだ。

「ぼくにはまだ(と彼は同じ手紙の中で書いている)魂に聞こえてくる音を捉えることができない。肉体的無力がファンタジーを束縛しているのだ。しかしそんなことはどうでもよい！　ぼくは詩人だ。詩は冷たい理性によっては理解できないような場合にも、真理を囁いてくれる。これは天啓の哲学だ。」

サン・シモン主義とポレヴォーイ

かくしてわれわれの青年時代の第一部は終わり、第二部は牢獄をもって始まる。しかしそれに移る前に、われわれがどのような傾向の中にあったが故に、どのような思想を抱いたが故に、牢獄に入ることになったのかについて、書いておく必要がある。

ポーランド反乱の鎮圧の後に来た時代は、急速にその影響を広げつつあった。われわれを苦しめたのは、ニコライが強力になって、その苛酷《かこく》な政策の中に身を固めたという一事だけではない。われわれは、ヨーロッパにおいても、とりわけ政治の合言葉とスローガンの出処として期待していたフランスにおいても、事態が順調に進行していないことを、内心の恐怖をもって注視し始めた。われわれの理論は、われわれにとって疑わしいものになりつつあったのである。

一八二六年に抱いていた子供らしい自由主義は、次第に、ラファイエットやバンジャマン・コンスタンによって説かれ、ベランジェによって謳われたフランス的見解へと移っていったのだが、ポーランドの滅亡後は、その魅力も失われた。

その頃、一部の青年はロシア史の真面目な研究に深く没頭するようになった。ワジームもそのひとりであった。

そして他の一部の青年は——ドイツ哲学の研究に。

わたしとオガリョーフとはそのいずれにも属していなかった。わたしたちはこれらとは違った思想にあまりにも親しくなっていたので、それを簡単に捨ててしまうことができなかったのである。ベランジェ的な、食事の席での革命[20]に対する信仰は動揺した。わたしたちは何か別のものを探し求めていた。それはネストル[21]の『年代記[22]』の中にも、シエリングの先験的観念論の中にも、見いだすことのできないものであった。

内に発酵しつつあるものが何であるのか、明瞭には分からぬままに、自分たちを脅かすこの疑惑を理解しようと懸命になっている最中に、サン・シモン主義者たちの小冊子、彼らの説教、彼らの裁判記録が手に入った。それらはわれわれの心を強く打った。浅薄な人たちもそうでない人たちも、アンファンタン教父[23]とその使徒たちを十分に嘲笑してきた。これとは違った承認の時期が、社会主義のこれらの先駆者のために、到来したのである。

切り込みのないチョッキを着て、あごひげを伸ばしたこれらの熱狂的な青年たちは、町人的社会の真中へ、厳かに、そして詩的に、その姿を表わした。[24]彼らは新しい信仰を伝えた。[25]彼らには語るべきものがあった。彼らは、ナポレオン法典やオルレアン家の宗教によって彼らを裁こうとした古い秩序に対して、何者の名において審判を下すべきかを知っていた。

一方において、女性の解放、共同の労働への女性の招請、女性の運命の女性自身の手への移譲、平等なるものとしての女性との同盟。

他方において——肉体の正当性の承認と肉体の贖い、〈肉体の復権〉！

新しい人間関係の全き世界——健康の世界、精神の世界、美の世界、ありのままで道徳的な、それ故に道徳的に純粋な世界——を内に含んだ偉大な言葉。人びとは女性の自由とか、肉体の権利の承認とかいう言葉をさんざん嘲笑い、これらの言葉に不潔で卑俗な意味を与えてきた。修道僧的に堕落したわれわれの空想は肉を恐れ、女を恐れる。善良な人びとは罪を洗い清める肉の洗礼が、キリスト教にとって臨終の祈りに等しいものであることを理解した。生の宗教が死の宗教に代わり、美の宗教が精進や祈禱による鞭打ちと断食の宗教に代わった。十字架にかけられた肉体もまた蘇り、もはや自らを恥じることはなかった。人間は調和ある統一に到達しつつ、自分が全き存在であり、振り子のように互いに牽制し合う二つの異なった金属から成り立っているのではないこと、また、人間に接合されていた敵は消え去ったのだということに気付いた。

フランス人の観念の中には強く存在するが、彼らの生活の中にはまったく存在していないスピリチュアリズムからの解放のために、これらの言葉をフランスで全国民に向かって述べるためには、どれほどの勇気が必要であっただろう。

ヴォルテールによって嘲笑され、革命によって打ちすえられながらも、町人階級によってその必要のために補強され、縫い直され、強化された古い世界は、いまだかつてこのような攻撃を経験したことがなかった。古い世界は密かに協定された偽善に基づいて、異端者たちを裁こうとした。だが、これらの人びとはその偽善を暴いた。彼らはキリストへの背教の罪を問われた。だが、彼らは裁判官の頭上にある、一八三〇年の革命後に布をもって覆われた聖像(26)を指し示した。彼らは肉欲を正当化しようとしているとの罪を問われた。だが、彼らは裁判官に対し、おまえは純潔な生活を送っているかと問うた。新しい世界がドアを叩いていた。われわれの魂、われわれの心は新しい世界に向かって開かれた。サン・シモン主義はわれわれの信念の基礎に横たわり、本質において変わることなく残った。

感受性が強く、誠実で若々しかったわれわれは、サン・シモン主義の力強い波濤によってたやすく捉えられた。そして、多くの人びとが立ち止まり、腕をこまねいて引き返すか、あるいは浅瀬を近くに探し求めている時、われわれはその境を逸《いち》早く泳ぎ切り――海を渡った！

しかし、すべての者がわれわれと共に危険を冒したわけではない。社会主義とリアリズムとは、今に至るまでなお、革命と科学との途上に投げられた試金石である。諸々の出来事や思想の波濤によってこれらの石に打ちつけられた船乗りの群れは、直ちに分裂して二つの永遠の党派を形作る。これらの党派は服装を変えながら、歴史全体を、すべての変革を、数多くの政党を、十数人の青年からなる小さなグループさえをも貫いている。一つは論理を代表し、他は歴史を代表する。一つは弁証法を、他は発生学を代表する。その一つはより正しく、他はより可能性に富んでいる。

選択については論議の余地はない。思想を抑制することは、どんな激情を抑制することよりも難しい。思想は知らず知らずの内に人を導く。感情、夢想、結果に対する恐怖などによって思想を束縛しうる者がいることはいるかもしれないが、しかし、それは誰にでもあてはまることではない。思想が優位を占めている者にあっては、適用の可能性とか事の難易とかが問題なのではない[27]——その者は真実を探し求め、かつてサン・シモン主義者たちがしたように、プルードンが今に至るまでしているように、仮借するところなく、公正無私に原則を貫くのである。

われわれのグループはますます固く結束した。すでにその頃、つまり一八三三年に、自由主義者たちは、われわれを正道を踏み外した者として、不快視していた。牢獄のすぐ前に来た時、サン・シモン主義はわたしとニコライ・ポレヴォーイとの間に垣を設けた。ポレヴォーイは活動的で、あらゆる素材をたやすく消化することのできる並外れて敏捷な知力を持っていた。彼は雑誌記者として、業績や新発見、政治上および学問上の闘争などの年代記作者として生まれついていた。わたしは大学の課程の終わり頃に彼と知り合いになり、時々彼の家や、彼の弟のクセノフォント[28]の家を訪れた。これは彼がより多くの名声を得ていた時代、つまり《テレグラフ》誌が発刊禁止される前の時代であった。

最近の発見や昨日の問題、理論や諸事件の新しい消息によって生きる、カメレオンのように変わり身の早いこの男は、その知性が明晰であるにもかかわらず、サン・シモン主義を理解することができなかった。われわれにとってはサン・シモン主義は啓示であったが、彼にとっては狂気の沙汰であり、市民的成長を妨げる空疎なユートピアであった。わたしがどれほど熱弁をふるい、説明し証明しようとしても、ポレヴォーイは聞く耳を持たなかった。彼は腹を立て、気短かになった。学生によってなされる反論は、彼にとってとりわけ腹立たしいものだったのであろう。青年に対する自己の影響を大いに重視していた彼は、この論争の中に、青年が自分から離れて行く兆候を見たのである。

ある時、彼の反論の愚かしさに腹を立てたわたしは、彼に向かって、あなたはご自分がこれまでずっと闘ってきた、時代遅れの保守主義者と何ら変わるところはありません、とやり返した。ポレヴォーイはわたしの言葉に深く傷つけられた。そして、首を振りながらわたしに言った。

「今に君だって、一生の努力と苦労に対する報酬として、どこかの若い人から、「あっちへ行ってください、あなたはもう時代遅れの人です」と、微笑と共に言われる時が来ますよ。」

わたしは彼を気の毒に思った。わたしは彼を悲しませたことを恥ずかしく思った。しかし、それと共にわたしは、彼の陰気な言葉の中に、彼に対する判決が下されたことを理解した。そこに聞かれたのは強い戦士の言葉ではなく、年老いて隠退した剣闘士の言葉であった。その時わたしは、彼がもはや前方へ進むことはできないであろうし、このような活動的な知力と、このような不安定な基礎とを以てしては、一カ所に立ち続けていることもできないであろう、ということを理解した。

彼がその後どうなったか、あなたがたは知っている。彼は『シベリア女のパラーシャ』[29]の執筆に取りかかったのだった。

時宜を得て死ぬことは、然るべき時に舞台から去ることを知らず、さりとて前進することも知らない人にとっては、何と幸せなことだろう。このことはわたしが、ポレヴォーイやピウス九世[30]や、そのほかの多くの人たちを見ながら、いつも思っていたことである！

つけたり　アレクサンドル・ポレジャーエフ

あの時代の悲しい年代記への補足として、ポレジャーエフについて、幾分詳しく物語ることが必要である。

ポレジャーエフは学生時代にすでにその優れた詩によって有名だった。彼は、とりわけ『オネーギン』をもじった諧謔《かいぎゃく》的な叙事詩『サーシカ』を書いたことで有名だった。その中で彼は、滑稽な調子といとも愛嬌のある詩句で、多くのことを遠慮会釈なく攻撃した。

ニコライはペステリ、ムラヴィヨーフおよびその友人たちを絞首刑に処してから、一八二六年の秋にモスクワでおのれの戴冠を祝った。他の君主であれば、こういう祝典は大赦や赦免の動機となるものであるが、ニコライはおのれの神化を祝った後、ロベスピエールがおのれの〈聖体祭〉(1)の後にしたように、(2)またしても「祖国の敵たちを退治する」

ことにとりかかった。

秘密警察がポレジャーエフの叙事詩を彼に提出した……。

そこで、ある日の夜中の三時頃に、総長[3]がポレジャーエフを起こして、制服を着て大学本部へ来るように命ずる。そこでは教育管区長官が彼を待っている。彼の制服のボタンが全部揃っていて、余分のものはないかどうかを調べた上、長官は何の説明もしないで、ポレジャーエフを自分の馬車に乗せて運び去った。

長官はポレジャーエフを文部大臣のところへ連れて行った。大臣はポレジャーエフを自分の馬車に乗せて、同じように運び去る。しかし、今度は真っ直ぐに皇帝のところへ。リーヴェン公爵[4]は朝の六時前だというのに、すでに幾人もの廷臣やその他の高官が待っている広間にポレジャーエフを残して、奥の部屋に入って行った。廷臣たちはこの青年が何か功績を立てたのだと考えて、早速彼と話を始めた。ある元老院議員などは、息子の家庭教師になってほしいと彼に申し出た。

ポレジャーエフは皇帝の執務室に呼びこまれた。皇帝は書卓に身をもたせかけて、リーヴェンと話をしていた。彼は部屋に入ってきた者の上に、探るような邪悪な視線を投げた。彼は片手に手帳を持っていた。

「おまえか」と彼は訊いた。「この詩を書いたのは。」

「わたくしです」とポレジャーエフは答えた。

「おい、公爵」と皇帝は言葉を続けた。「君に大学教育の見本を見せてやる。青年たちが大学で何を学んでいるかを見せてやろう。この手帳を声を出して読め」と、彼は再びポレジャーエフの方を向いて付け加えた。

ポレジャーエフはひどく興奮していたので、読むことができなかった。ニコライの視線はじっと彼の上に注がれていた。わたしはこの視線を知っている。そして、この灰色がかった無色の冷たい錫のような目つきほど、人を絶望させる恐ろしい目つきを他に知らない。

「読めません」とポレジャーエフは言った。

「読め！」と至尊なる曹長は叫んだ。

この叫びによってポレジャーエフは力を取り戻した。彼は手帳を広げた。

「ぼくは『サーシカ』があんなふうに、あんな立派な紙に清書されたのは一度も見たことがなかった」とポレジャーエフは後に語ったものだ。

初めの内、彼には読むのが辛かったが、やがて段々と元気が出てきて、彼は声高に生き生きと、その叙事詩を最後まで読み切った。とりわけ辛辣《しんらつ》な個所に来ると、皇帝は片手で大臣に合図をした。大臣は恐怖のあまり目を閉じた。

「どうだね」とニコライは朗読が済むと言った。「わしはこの堕落に結着をつける！　これはすべてまだ例の影響だ、最後の残党だ！　わしはこれを根こぎにしてくれる！　こいつの素行はどうだ。」

大臣は、言うまでもなく、ポレジャーエフの素行については知らなかった。しかし彼の心の中には、ある人間的なものが目覚めた。そこで彼は言った。

「素行は申し分ございません、陛下。」

「こう言ってもらって、おまえは助かったんだぞ。しかし他の奴らの見せしめに、おまえを罰する必要がある。どうだ、軍隊勤務がいいか。」

ポレジャーエフは黙っていた。

「わしは、軍隊勤務によって、おまえに贖罪の機会を与えてやる。どうだ、そうしたいか。」

「わたしは服従しなければなりません」とポレジャーエフは答えた。

陛下は彼の方へ近付き、肩に手を置いて言った。

「おまえの運命はおまえ次第だ。わしが忘れるようなことがあったら、わしに手紙を書くがいい。」そう言って彼の額に接吻した。

わたしはポレジャーエフに接吻の話を何度も繰り返させた――それほどその話は、わたしには信じ難いものであった。ポレジャーエフはそれが本当のことだと誓った。

皇帝のところから、ポレジャーエフはジビーチのところへ連れて行かれた。ジビーチは同じ場所、すなわち、宮中に住んでいたのである。ジビーチは寝ていた。起こされた彼はあくびをしながら出てきて、書類を見てから侍従武官に尋ねた。

「この男か。」

「この男です、閣下。」

「そう！　結構なことだ、軍隊に勤務するわけだな。わしはずっと軍隊勤務をしてきた。見ての通り、ここまで勤め上げたわけだ。あんただって、元帥になるかもしれん。」

この場所柄をわきまえない愚劣なドイツ式の冗談は、いわばジビーチの与えた接吻であった。ポレジャーエフは兵舎に連行され、兵卒にされた。(5)

三年ほど経った。ポレジャーエフは皇帝の言葉を忘れないで、彼に手紙を書いた。返事はなかった。数カ月経って、彼はもう一度手紙を書いた。だが、やはり返事はなかった。手紙は届かないものと思って、彼は脱走した。(6)自分で嘆願書を提出するための脱走だった。彼の行動は軽はずみだった。モスクワで仲間たちと会って、彼らによって歓迎された。もちろん、こんなことがいつまでも秘密であるはずがなかった。トヴェーリで彼は捕えられ、脱走兵として鎖につながれ、徒歩で連隊に送られた。軍法会議は彼に対し列間笞刑《ちけい》(7)を宣告した。判決文は裁可を求めるために皇帝の下へ送られた。ポレジャーエフは処罰される前に自殺しようと思った。監獄で彼は何か鋭利な器具を長い間探した挙句、彼を愛していたひとりの年老いた兵士に打ち明けた。その兵士は彼の境遇を理解し、彼の望みを尊重した。老人は皇帝からの回答が来たことを知ると、ポレジャーエフのところへ銃剣を持って来て、涙を流しながらそれを渡して言った。

「おれが自分で研いだんだよ。」

皇帝はポレジャーエフを処罰することを命じなかった。

ポレジャーエフがあの優れた詩を書いたのはその頃であった。

なぐさめられることもなく
わたしは亡びて行った。
我が呪われたる守護神は
おのが勝利を祝った。(8)

ポレジャーエフはカフカースへ送られた。(9)同地で彼は、軍功によって下士官に昇進させられた。年が過ぎ、また過ぎた。出口のない暗い境遇は彼を打ち砕いた。警察詩人となってニコライの勇気を讃えて歌うことは、彼にはできなかった。だが、これは軍隊生活から逃れるただ一つの道であった。

しかし、もう一つ別の道があった。そして彼はそちらを選んだ。彼はおのれを忘れるために酒を飲んだ。彼には「シヴーハに」と題する恐るべき詩がある。

彼はモスクワに駐屯する猟兵連隊への転勤を願い出た。これは彼の運命を著しく改善した。しかし、すでに邪《よこしま》なる肺結核が彼の胸を蝕み尽くしていた。その頃に、わたしは彼と知り合いになった。一八三三年頃のことである。彼は衰弱しながらもなお四年ほど生きて、兵卒用の病院で死んだ。

彼の親友のひとりが埋葬のために彼の死体の下付《かふ》を求めに行ったところ、それがどこにあるのか、知る者は誰もいなかった。この病院は死体で商売をしている。それを大学や医学専門学校に売り払ったり、それで骸骨を作ったりするのである。遂に友人は可哀想なポレジャーエフの遺体を地下室に発見した。それは他の屍の下敷きになって転がっていた。ねずみが彼の片足をかじり散らしていた。

彼の死後、その作品が出版された(10)。その詩集には、兵卒の外套を着た彼の肖像が挿入されるはずだった。検閲はこれを不穏当とみなした。そこで、哀れな受難者は士官の肩章をつけた姿で描かれた。彼は病院で昇進したのである。

第二部　牢獄と流刑

一八三四—一八三八

若きゲルツェン(ヘルヴェーク画)

第八章　オガリョーフの逮捕

予言

……一八三四年の春のある朝、わたしはワジームの家に行った。彼は家にいなかった。彼の兄弟も姉妹もいなかった。わたしは二階にある彼の小さな部屋に入ると、机に向かって手紙を書き始めた。

ドアが静かに開いて、ワジームの年老いた母が入ってきた。彼女の足音はやっと聞きとれるくらいであった。彼女は疲れた痛々しい様子で、肘かけ椅子の方へ近付いてきた。そして腰をおろすと、わたしに言った。

「どうぞ、そのまま、書いていてください。わたしはワージャが帰ってきたのかどうか、見にきただけです。子供たちは散歩に出かけていて、下は空っぽで、あんまり静かだもんだから、わたし、気が滅入って怖くなってしまったんです。わたしはここにちょっといさせてもらいますけど、お邪魔はしませんから、どうぞお仕事をしていてくださいな。」

彼女の顔は物悲しげであった。そこには過去において耐え忍んできた悲しみの名残りや、未来への疑惑に満ちたためらいや、長い間の大きな数々の不幸の後に必ず残る人生への不信が、いつもより一際はっきりと認められた。

わたしたちはお喋りをした。彼女はシベリアの話をしてくれた。

「わたしはずいぶん沢山つらい目にあってきましたわ。これからも、まだ何かとつらい目にあわなければならないんでしょうね」と、彼女は、頭を振りながら付け加えた。「わたしの胸には、何一ついい予感なぞありませんもの。」

わたしはこの老婦人が、時として、われわれの大胆な話や煽動的な会話を聞きながら、青ざめて静かに溜息をついて部屋を出て行き、そのまま長い間一言も口をきかないことがあったのを思い出した。

「あなたも、それからあなたのお友達も」と彼女は続けた。「まちがいなく破滅の道を歩いています。あなたはワージャを、あなた自身を、それからお友達をみんな亡ぼしてしまいますよ。でもね、わたしはあなたを自分の息子みたいに愛しているのよ。」

涙が彼女のやつれた頬を流れ落ちた。

わたしは黙っていた。彼女はわたしの手を取ると、無理に微笑を浮かべながら、付け加えた。

「怒らないでね。わたし、今、すこし変なんだわ。でも、何もかもよく分かるの。ご自分たちの道をお進みなさい。あなたがたには、他の道はないんですもの。もし他の道を行ったとすれば、あなたがたはまるっきり違った人になってしまうでしょう。それはわたしも知っています。けれども、どうにも恐いのよ。ずいぶん色々と苦労をしてきたから、もうこれ以上苦労を重ねる力がないの。でもどうか、この話、ワージャには言わないでね。あの子、気にしますから。わたし、また叱られちゃうわ……。あら、あの子が帰ったようね。」

老婦人はそう言うと、急いで涙を拭い、そして、わたしに黙っていてくれるようにと、目で頼むのであった。

哀れなる母よ！　神聖なる、偉大な心の婦人よ！

これはコルネイユ[1]の〈彼をして死なしめよ！〉[2]にも匹敵する。

彼女の予言は間もなく事実となった。幸い、今度の嵐は彼女の家族の頭の上は通り過ぎた。しかし、哀れな母は多くの悲しい、恐ろしい思いをしなければならなかった。

オガリョーフの逮捕

「捕まったって？」わたしは寝床から飛び起きて聞いた。そして、自分が眠っているのかどうかを確かめるために、頭を手でさすってみた。

「あなたさまがわたしどものところからお帰りになって、二時間ほど経ってからです。夜中に市警察署長が、刑事とコサック兵たちを引き連れて、乗りつけてきました。書類をみんな押えて、ニコライ・プラトーノヴィチさまを連れて行ったのです(3)。」

これは、オガリョーフの侍僕であった。警察がどんな口実を考え出したのか、わたしには分からなかった――近頃ではすべてが静かであったのに。オガリョーフはほんの一日前に来たばかりなのに……。何故彼を捕まえて、わたしを捕まえないのか。

腕をこまねいてじっとしているわけにはゆかなかった。わたしは服を着て、はっきりした目当てもないままに家を出た。これはわたしの上に降りかかってきた最初の不幸であった。わたしは惨めな気持ちになっていた。自分の無力がわたしを苦しめた。

街を歩き回っている内に、ひとりの知人の顔がわたしの頭に浮かんだ。この人はその社会的地位から見て、今度の出来事がどういうことなのかを知ることができるはずだし、あるいは助力を与えてくれることができるかもしれない。彼は恐ろしく遠いところに――ヴォロンツォーフが原の先の別荘に住んでいた。わたしは最初に見つけた辻馬車を拾って、彼のところへと急いだ。朝の六時を過ぎていた。

火事とモスクワの自由主義者

わたしがB(4)と知り合いになったのはこれより一年半ほど前のことである。彼はモスクワにおける一種の花形であった。彼はパリで教育を受け、裕福で聡明で教養があり、機智に富み、そして、自由思想家であった。彼は十二月十四日の事件でペトロ・パウロ要塞監獄に投ぜられて、後に釈放された人びとのひとりであり、流刑の経験はなかったが、この事件の参加者としての名誉は失われずに残った。彼は官職に就き、総督の下で大きな勢力を持っていた。ゴリーツィン公爵は自由な思想の持ち主を愛した。それが自由な思想をフランス語で上手に言い表わす人である場合には、とりわけそうであった。公爵はロシア語が下手だったのである。

Bはわたしたちよりも十歳ほど年上で、その実際的な意見や、政治問題についての知識や、そのフランス語の雄弁や、熱烈な自由主義によって、わたしたちを驚かせていた。彼はきわめて多くのことをきわめて詳しく知っていた。彼はこの上なく感じのよい淀みのない話し方をした。その意見はきわめて明快で、すべての問題に回答を与え、助言を与え、解決を与えた。彼はあらゆるもの——新しい小説、論文、雑誌、詩を読み、さらには動物学まで熱心に研究し、ゴリーツィン公爵のために施策の原案を書き、また、子供のための本のプランまで作っていた。

彼の自由主義は正真正銘の三色旗流のもので、モーガン[5]とラマルク将軍との間にあって、その左側に位置する。

彼の書斎には、ハンプデン[6]やバイイ[7]からフィエスキ[8]やアルマン・カレルに到る、すべての著名な革命家たちの肖像画がかかっていた。この革命的祭壇の下には、多くの禁制の書物が並んでいた。一つの骸骨と幾つかの剝製の鳥と、干からびた両棲動物とアルコール漬けの内臓とが、この書斎のあまりに過激な性格に、思索と観察との真面目な色彩を投げかけていた。

わたしたちは彼の経験の深さや、人びとについての知識を羨ましく思ったものだ。彼が人の意見に反対する折の洗練された皮肉な論法は、わたしたちに大きな影響を及ぼしていた。わたしたちは彼を老練な革命家、あるいは未来の国家的人物と見なしていた。

わたしが訪れた時、Bは家にいなかった。彼は公爵と会うために、前の晩から町へ行っていたのである。彼の侍僕は、彼が一時間半もすればきっと戻るだろうと言った。わたしは彼を待つことにした。

Bの住んでいる別荘は立派なものであった。わたしが彼を待つために案内された書斎は、天井の高い広い部屋で、階下にあった。大きなドアからテラスと中庭に出られるようになっていた。暑い日だった。庭から木や花の香りが漂ってきた。子供たちが家の前で声高に笑いながら遊んでいた。豊かで満ち足りた広々とした生活、太陽と木蔭、花と緑……だが牢獄の中は狭く、息苦しく、そして暗いことだろう。わたしが重苦しい思いに耽っている間に、どれほどの時が経ったか分からないが、いきなり侍僕が、ある奇妙な興奮した声でテラスからわたしを呼んだ。

「何です」とわたしは訊いた。

「こちらへ来てご覧なさい。」

わたしは彼の気を悪くしないようにと思って、テラスへ出た。そして茫然とした。大きな半円形をなした家並みが、燃えているのである。それらはあたかも一時に燃え上ったかのように見える。火事は信じ難いほどの速さで広がって行った。

わたしはテラスに立ちつくしていた。侍僕はある種の神経的な満足感をもって、火事を眺めていた。そして言った。

「すばらしいですね。ご覧なさい。あの右側の家にも火がつきますよ。きっとつきますよ。」

火事というものには何となく革命的なところがある。それは財産を嘲り、富を平等にしてしまう。侍僕はこのことを本能によって理解していたのである。

三十分の後には、空の四分の一は煙に包まれてしまった。それは下の方が赤く、上の方は黒ずんだ灰色である。この日、レフェルトーヴォの村は燃え落ちた。これはその後五カ月ほど続いた放火事件の始まりである。この事件については、またあとで述べる。

遂にＢが帰ってきた。彼は快活で上機嫌で愛想がよかった。彼はたった今そのそばを通ってきた火事のことや、それが放火らしいという人びとの噂について語った。そして半ば冗談に言った。

「プガチョーフの乱ですよ。見ていたまえ。わたしだって、あなたがただって、逃れられっこありませんよ。杭の上にのせられて、つき殺されてしまうんですよ……。」

「杭の上にのせられる前に」とわたしは言った。「鎖につながれるんじゃないかと心配しているんです。ご存知ですか、今日、夜明け前に、警察がオガリョーフを捕まえて行ったんです。」

「警察が？　それは一体どういうことです。」

「わたしはそのことで、あなたのところへ来たんです。何とかしなければなりません。公爵のところへ行って、どういうわけなのか調べてください。わたしが彼に会う許しを求めてください。」

返事がないので、わたしはBを見た。しかしそこには彼の代わりに彼の長兄が、元気のない顔をして、すっかり萎《しお》れ返って控えているかのように思われた。彼は「ああ」と声を上げると、不安そうな顔をした。

「どうかなさったのですか。」

「だから言わないことじゃない。わたしはいつも言っていた。これがどういう結果になるか……。そうです。これは当然予期すべきことでした。いいですか。わたしは身も心も潔白です。だが恐らくわたしも捕まるでしょう。これは冗談事ではありません。監獄というのがどういうところか、わたしは知っているんですからね。」

「あなたは公爵のところへ行ってくれますか。」

「とんでもないことです。一体何のために。わたしは友人としてあなたに忠告します。オガリョーフのことについては喋らないようにしたまえ。できるだけおとなしくしているんですね。さもないと、まずいことになりますよ。こうしたことがどれほど危険なことか、あなたには分からないんです。わたしが心から忠告したいことは、それに関わり合いになるなということです。あなたのお考え通りに奔走したりした日には――オガリョーフを助けることができないばかりか、あなた自身を破滅させるのが落ちですよ。それが専制政治というものです。何の権利もない、身を守る何の術もないんです。弁護士や裁判官がいるとでも言うんですか。」

この時は、わたしは彼の大胆な意見や鋭い批評に耳を傾ける気がしなかった。わたしは帽子を取って立ち去った。

家に帰ると、すべてが不安に包まれていた。この時には父はオガリョーフが捕えられたことでわたしに腹を立てていた。すでにセナートルも来ていて、わたしの書物をかきまわして、危険と思われるものを取り除けていた。そして不機嫌であった。

オルローフ

机の上に、わたしはミハイル・オルローフからの手紙を見つけた。彼はわたしを食事に招待しているのであった。彼は何かをしてくれることができないだろうか。朝の経験で懲りてはいたが、しかし、試みて悪いことはない、訪ねたからといって災いはない。

ミハイル・フョードロヴィチ・オルローフは有名な福祉同盟(9)の創立者のひとりである。彼がシベリア送りにならなかったのは彼のせいではなく、ニコライの特別の信任を受けていて、十二月十四日に近衛騎兵隊を率いて、真っ先に冬宮の防衛に駆けつけた彼の兄(10)の尽力のせいである。オルローフは自分の領地の村に送られたが、数年後にはモスクワに住むことを許された。村での孤独な生活の間に、彼は経済学と化学とを学んだ。わたしが初めて彼に会った時、彼は新しい化学用語について講釈してくれた。年を取ってから何かの学問を始めようなどというエネルギッシュな人間には、その内容を作り変えたり、自分流に解釈したりする傾向がある。オルローフの用語法は、一般に用いられているフランス式のものよりも複雑であった。わたしは彼の注意を惹きたかった。そこでわたしは、彼の好意を得ようとして、彼の用語法が優れたものではあるが、やはり古い用語法の方がよいということを、彼に証明してみせた。

オルローフは反対したが、やがて同意した。

わたしのお世辞は成功した。その時以来、わたしたちは親しい間柄になった。彼はわたしを前途有望な青年と見ていた。わたしは彼をわれわれの思想の老兵、われわれの英雄たちの親友、われわれの生活の中の崇高なる一人物と見ていた。

不幸なオルローフは、いわば、檻の中のライオンであった。彼はどちらを向いても鉄の格子にぶつかった。動く場所もなく、為すべき事もなかった。しかも、行動への渇望が彼の心を蝕むのであった。

フランスの失墜後、わたしは一度ならずこの種の人びとに出会った。彼らは政治活動を渇望するあまり、自己分裂を来《きた》している。そして書斎の四つの壁の中や、家庭生活の中に引き籠っていることができない。彼らは孤独でいることができない。孤独の中にいると、彼らはふさぎの虫に取り憑かれ、気紛れになり、最後に残った友人とさえも口論を始め、到るところにおのれに対する陰謀を感じ、そういう、ありもしない奸計を暴こうとして、自らも陰謀を企むのである。

彼らには、空気と同じように、舞台と見物人とが必要なのだ。舞台の上では、彼らはまさしく主人公であり、耐え難いことをも耐え忍ぶ。彼らにはざわめきやどよめきや喝采が必要である。彼らには、演説したり敵の反論を聞いたりすることが必要である。彼らにはわくわくするような闘い、身震いするような冒険が必要である――これらの興奮剤がないと彼らは退屈し、沈滞し、痩せ衰え、不活発になり、出口を求めて突き進み、そして過ちを犯す。ルドリュ・ロランがそうであった。ついでながら、彼はその風貌においてもオルローフに似たところがある、ことに口ひげをはやしてから後には。

オルローフは大変な好男子だった。彼の長身、優雅な身のこなし、美しい男性的な顔立ち、完全に禿げ上がった頭、すべてこれらが調和の内に統一されて、彼の外貌に拒み難い魅力を与えていた。彼の半身像はアレクセイ・エルモーロフの半身像と好一対であった。エルモーロフのひそめた眉の上の四角い額、櫛の歯も立たないような濃い灰色の髪、遠方を睨んだ鋭い眼差しは、マリーア・コチュベイ[11]を魅惑したマゼーパ[12]のような、歴戦の老指揮官の持つ美しさを彼に与えていた。

退屈し切っていたオルローフは、何をしたらよいかを知らなかった。彼はガラス工場を経営しようと目論《もくろ》んだ。そして、中世風の絵入りガラスを製造したが、それを作る費用は、それを売った値段よりも高くついた。彼は「クレジット」について本を書き始めた。だが、それは彼が本当にやりたいと思っていたことではなかった。けれどもその他の出口はなかった。このライオンは舌を自由に動かすことさえもできずに、アルバート街とバスマンナヤ街との間を、空しく行きつ戻りつしているようにと、宣告されていた。学者や理論家になろうと努力しているオルローフを見るのは、この上なく痛々しいことであった。(13) 彼は明敏な知力を持ってはいたが、それは少しも思弁的なものではなかった。そこで彼は、長い間親しんできた問題においても、新しく発明されたさまざまな体系にぶつかると、例えば化学上の用語法の場合のように、混乱してしまう。彼は抽象的な問題においては、すべて決定的に失敗した。それにもかかわらず、彼はこの上なく頑に形而上学に取り組んでいたのである。

彼は言葉の上で不注意で軽はずみだったので、絶えず間違いを仕出かした。彼が物事から受ける第一印象は騎士的な、気高いものだった。彼はこの印象に心を惹かれて行くのだが、急に自分の立場を思い出して、中途から引き返す。こうした外交的撤退では、彼は形而上学や用語法よりも、もっと大きな失敗をする。彼は一つの困難に出会うと、それから立ち直ろうとして、さらに第二、第三の困難に陥る。彼はこのことで非難された。世の人というものはすこぶる皮相で不注意なものだ。彼らは、行ないよりも言葉の方に多くの注意を払い、全体の性格よりも個々の間違いの方を重視する。厳格なレグルス的な観点から人を非難したところで何になろう。少しでも高尚な感情を人に伝える時には、あたかも禁制の品を渡す時のように、地下室でドアに鍵をかけた上でなされなければならず、声高に語られた一語のために警官がすぐに来はしないかと、一日中心配していなければならないような、そんな悲しむべき環境こそ非難さるべきであるのに……。

　食事の会には多くの客が来た。わたしはオルローフの妻の弟[14]にあたるラエーフスキー将軍[15]の隣りに座ることになった。ラエーフスキーもやはり十二月十四日の事件の後、皇帝の不興を買っている身であった。彼は有名なニコライ・ラエーフスキー[16]の息子で、十四歳の少年の時に兄〔アレクサンドル〕と共に、父につき従ってボロジノーの戦いに参加した。後に彼はカフカースで負傷して死んだ[17]。わたしは彼にオガリョーフのことについて話し、オルローフが何かしてくれることができるだろうか、またしてくれる意志があるだろうか、と尋ねた。

　ラエーフスキーは顔を曇らせた。しかしこれは、わたしがその朝に見た泣き出しそうな保身の表情ではなかった。それは悲しい思い出と嫌悪感との混ざり合ったものである。

「その意志があるとか、ないとか言っている余地はありません」と彼は答えた。「ただわたしは、オルローフにどれだけのことができるか、疑問だと思うのです。食事が済んだら、書斎へ行っていてください。彼をあなたのところへ連れて行きますから。これで」と彼はしばらく黙ってから付け加えた。「今度はあなたがたの番が来たわけです。みんなこの淵の中へ引き込まれてしまうんですね。」

オルローフはわたしに色々と尋ねてから、ゴリーツィン公爵に宛てて面会を求める手紙を書いた。

「公爵は」と彼はわたしに言った。「立派な人です。もし何もしてくれなくても、少なくとも、本当のことを話してはくれるでしょう。」

次の日、わたしは返事を聞きにオルローフの家に赴いた。オルローフによればゴリーツィン公爵は、オガリョーフが捕えられたのは皇帝の命令によるものであること、審理委員会が設置されたこと、実質的な口実となったのは六月二十四日に行なわれたさる宴会(18)で、不穏当な歌が歌われたということである、などと説明してくれたとのことだった。わたしにはまったく訳が分からなかった。その日はわたしの父の名の日で、わたしは一日中家にいたし、オガリョーフもまたわたしの家に来ていたのである。

わたしは重苦しい心を抱いてオルローフの下を辞去した。彼も悲しんでいた。わたしが彼に手を差し延べると、彼は立ち上がってわたしを抱きよせ、その広い胸にわたしを固く抱きしめて接吻した。

彼はこれが長い別れとなるのだということを感じているかのようであった。

それから丁度六年後に[19]、わたしは彼と一度だけ会ったことがある。その時、彼の命は消えかかっていた。物思いに沈んだ様子や、以前には見られなかった一種の刺々しい顔の感じなど、病人に特有の表情がわたしをひどく驚かせた。彼は悲しげだった。彼は自分の死期が近いことを感じていた。そして、それなのにやりかけの仕事に何一つ決着をつけられないだろうということを知っていた。出口が見えないのだった。二カ月ほど後に彼は死んだ。血管の中で血が固まってしまったのだ。

……ルツェルンにはすばらしい記念碑[20]がある。それはトーヴァルセン[21]によって天然の岩に刻まれたものである。岩の窪みのところに瀕死のライオンが横たわっている。それは致命的な傷を受けている。血が傷口から流れ、傷口には一本の矢の切れ端が突き刺さっている。彼はその雄々しい頭を前足の上に乗せて呻いている。その眼差しは耐え難い苦しみを表わしている。下の方に池があるだけで、周りには何もない。周囲はすべて山々と木々の緑によって閉ざされている。人びとは、そこに百獣の王が死につつあることに気付かずに、通り過ぎて行く。

ある時、この石造の苦難者の前のベンチに長い間座っている内に、わたしはふと、最後にオルローフを訪れた時のことを思い出した。

オルローフのところから帰る途中、警視総監の家の脇を通りかかった時、オガリョーフと会う許しを警視総監に公然と要求してみようという考えが、わたしの頭に浮かんだ。わたしは生まれてこのかた、まだ一度も警察勤務の者の家を訪問したことはなかった。長いこと待たされたが、遂に警視総監が出てきた。

わたしの質問に彼は驚いた。

「あなたはどういう理由で許可を求めているんですか。」

「オガリョーフはわたしの親戚です。」

「親戚？」と彼はわたしの目を真っ直ぐに見ながら聞いた。

わたしは返事をしなかった。しかし、わたしも同じように閣下の目をまともに見た。

「許可を与えるわけにはゆきません」と彼は言った。「あなたのご親戚の方は〈接見禁止〉になっています。はなはだ残念です！」

墓地

……問題が少しもはっきりしないし、自分が何もすることができないので、わたしは打ちのめされたような気持ちになっていた。親しい友人たちの内、ほとんど誰ひとりとして市内にはいなかった。まったく何一つとして探り出すことができなかった。警察がわたしを忘れたのか、あるいは見逃しているのかと思われた。限りなく憂鬱であった。けれども、空が一面に灰色の雲で覆われ、流刑と牢獄との長い夜が近付きつつあった時に、明るい一条の光がわたしの上に差した。

わたしがまだほんの子供だと思っていた十七歳のひとりの少女(22)によって語られた幾つかの深い同情の言葉が、わたしを蘇らせたのである。

わたしの物語の中に、初めて女性が姿を現わす……。そして実にこのただ一人の女性の姿は、わたしの全生涯を貫いて消えることがない。

心をかき乱した青春の束の間の情熱は、彼女の姿の前に、霧の中の景色のように色褪せて消えて行った。別の新しい情熱はもはや訪れてこなかった。

わたしたちは墓地で会った。彼女は墓標に寄り掛かって立っていた。そして、オガリョーフのことを話した。わたしの悲しみは消えた。

「またあした」と彼女は言って、涙を通して微笑みながら、わたしに手を差し伸べた。

「またあした」とわたしも答えた……。そして遠ざかって行く彼女の後ろ姿を、わたしは長いこと見送った。それは一八三四年七月十九日のことであった(23)。

第九章　わたしの逮捕

逮捕

「またあした」と繰り返しながら、わたしは眠りについた……。心は軽く、そして幸せだった。

夜中の一時過ぎに、父の侍僕がわたしを起こしにきた。彼は衣服も身につけず、慌てていた。

「どこかの士官があなたさまにお会いしたいと言っております。」

「どこの士官だ。」

「存じません。」

「そうか、分かった」とわたしは言って、部屋着を羽織った。

広間の入口のところに、軍隊の外套を着たひとりの男が立っていた。窓の近くに軍帽の白い羽根飾りが見えた。その背後には、さらに何人かの人影が見えた。わたしはコサック兵の帽子を認めた。

これは市警察署長のミレル[1]であった。

彼は帝都総督の命令(その命令書を彼は手に持っていた)によりわたしの書類を調べなければならないのだ、とわたしに告げた。ろうそくが持って来られた。市警察署長はわたしの鍵を受け取った。刑事と部下の中尉とが書物や下着をかきまわし始めた。署長は書類を調べにかかった。どれもこれも彼には疑わしいものに思われた。彼はそれをすべて脇へ取り除けた。そして、いきなりわたしの方を振り向いて言った。

「今の内に身支度をしておいてください。ご同行願うことになっていますから。」

「どこへ」とわたしは訊いた。

「プレチーステンカ地区警察署までです」と彼は穏やかな声で答えた。

「それから?」

「総督の命令書には、それ以上のことは何も書いてありません。」

わたしは身支度を始めた。

とかくする内に、慌てふためいた下男たちがわたしの母を起こした。彼女は、自分の寝室からわたしの書斎に駆けつけた。しかし、客間と広間の間のドアのところで、コサック兵に引き止められた。彼女は悲鳴を上げた。わたしは身を震わせそこへ駆けて行った。市警察署長は書類をそのまま置いて、わたしと共に広間の方へ出てきた。彼はわたしの母に言い訳をして、彼女を通し、何の落ち度もないそのコサック兵を叱りつけてから、再び書類の方へ戻って行った。

　それからわたしの父が入ってきた。彼は青ざめていたが、強いていつもの素っ気ない様子を持ち続けようとしていた。その場の空気は重苦しいものになってきた。母は部屋の隅に腰をおろして泣いていた。老人は市警察署長とその場に無関係な話をしていたが、その声は震えていた。わたしは自分がこの場を持ち堪えられなくなることを恐れた。それに自分の泣いているところを見せて、刑事たちに満足感を与えることを望まなかった。

　わたしは市警察署長の袖を引っぱった。

「行きましょう！」

「参りましょう」と彼は嬉しそうに言った。

　父は部屋から出て行ったが、すぐに戻ってきた。彼は小さな聖像を持ってきて、それをわたしの首にかけた。そして、彼の父が今わの際にこの聖像で自分を祝福してくれたのだ、と言った。わたしは感動した。この宗教的な贈り物は老人の心の中の恐れとおののきの程度をわたしに示した。わたしは跪いて、それを首にかけてもらったのだった。

彼はわたしを立たせて抱きしめ、そして、祝福を与えた。

聖像は皿にのせた洗礼者ヨハネの首のエナメル塗りの絵であった。これは何であろう。手本か、忠告か、それとも予言であろうか、わたしは知らない。けれども、聖像の意味はわたしを強く感動させたのである。

母はほとんど気を失っていた。

家中の召使たちが目に涙を浮かべながら、わたしを取り囲んで階段を降りた。そして駆け寄ってきては、わたしの顔や手に接吻をするのであった。わたしは生きながら自分の出棺の場に臨んでいるかのように感じた。署長は顔をしかめ、急き立てた。

プレチーステンカ地区警察署の事務室

わたしたちが門の外に出ると、彼は部下を集めた。彼が連れて来たのは四名のコサック兵、二名の刑事、それと二名の巡査であった。

「わたしは家に帰ってもよろしいでしょうか。」門の前に腰をおろしていたあごひげをはやした男が市警の署長に聞いた。

「帰れ！」とミレルは言った。

「誰ですか、あの人は」とわたしは馬車に乗り込みながら聞いた。

「立会人ですよ。知っているでしょう。立会人がいなくては、警察は人の家に、入れないことになっているんです。」

「それで彼を門の外へ残しておいたんですか?」

「ほんの形式ですよ!　ひとりの人間に無駄に眠い思いをさせたわけですな!」とミレルは言った。

わたしたちの馬車には二名の騎馬のコサック兵が付き添っていた。

地区警察署にはわたしのための特別の部屋はなかった。市警察署長はわたしを朝まで事務室に入れておくように命じた。彼は自分でそこへわたしを連れて行った。そして肘かけ椅子に身を投げて、だるそうにあくびをしながら呟いた。

「いやな仕事ですよ。三時から走りまわっていて、今度はあなたのことで、夜が明けるまで駆けまわって。たぶんもう三時を過ぎたでしょう。あしたは九時に報告書を持ってゆかなければならない。さよなら」と彼は少し経って付け加えた。それから出て行った。

下士官が、もし用があったらドアを叩くようにと言って、わたしを部屋に閉じこめて鍵をかけた。

わたしは窓を開けた。すでに夜が明けかかっていて、朝の風が吹き込んで来た。わたしは下士官に水を求めて、柄付きコップに一杯の水を飲み干した。眠ろうなどとは考えもしなかった。そもそも横になる場所もなかった。事務室の中には幾つかの汚れた革の椅子と一つの肘かけ椅子の他には、書類を積み重ねた大きなテーブルと、隅の方にもう一つの、もっと多くの書類を積み重ねた小さなテーブルとがあるだけだった。寝室用のランプの薄暗い光だけでは部屋を照らすことができず、天井に揺れ動く光の斑点を投げかけるばかりだったが、それも明け方の光の前にはますます色褪せてゆくのだった。

わたしは署長の席に腰をおろして、テーブルの上にのっている書類の内、一番手近な書類を取り上げてみた。それはガガーリン公爵の下男の埋葬許可証と、この下男が医学上のあらゆる規則にかなった死に方をしたという医者の証明書とであった。わたしは別の書類を取った。それは警察法規であった。わたしはそれを拾い読みして、その中に、「すべて逮捕された者は三日以内に逮捕の理由を知り、または釈放を求める権利を有する」と書かれた条文を発見した。わたしはこの条文を覚えておいた。

一時間経って、わたしは窓の外に、家の執事が馬車でわたしのために枕と毛布と外套とを運んで来たのを見た。彼は下士官に向かって何かを頼んでいた。恐らくわたしのところへ入る許しを求めていたのだろう。これは白髪の老人で、わたしがまだ少年の頃、彼の二、三人の子供に十字を切って祝福してやったことがある。下士官は荒々しくぶっきらぼうに、彼の頼みを拒んでいた。わたしの家の御者のひとりがそのそばに立っていた。わたしは窓から彼らに向かって叫んだ。下士官は慌て出して、彼らに立ち去るように命じた。老人はわたしに向かって低くお辞儀をし、そして泣いた。御者は馬にひと鞭くれてから、帽子を取り、涙を拭いた。馬車は動き出した。わたしの目からも涙がとめどもなく流れた。胸が詰まってしまった。これはわたしが囚われの身であった間を通じて流した、最初の、そして最後の涙であった。

朝になると、事務室には少しずつ人が詰めかけてきた。前の日の酔いがまださめていないひとりの書記官がきた。彼は肺病らしい体つきをしており、赤毛で、にきびのできた顔には動物的な放蕩者の表情を浮かべていた。彼は煉瓦《れんが》色のフロックコートを着ていた。それはきわめて仕立てが悪く、汚れていて、垢のために光っていた。彼の後から、下士官の外套を着たひどく呑気そうな別の男が入ってきた。彼は早速わたしに向かって訊いた。

「劇場でパクられたってわけかい。」

「家で逮捕されたんです。」

「フョードル・イワーノヴィチがじきじきのお出ましかい。」

「フョードル・イワーノヴィチって誰ですか。」

「ミレル大佐だよ。」

「そう、彼です。」

「そうかい。」こう言って、彼は赤毛の男に目くばせをした。しかし、赤毛の男は何の興味もなさそうだった。カントニスト〔第三章訳注(15)参照〕上がりのこの男は会話を打ち切った。彼はわたしが喧嘩や泥酔のために捕まったのでないことを知って、わたしにすっかり興味を失った。あるいは危険な罪人と話をすることを恐れたのかもしれない。

少し経つと、寝過ぎた顔や寝不足の顔をしたさまざまな署員たちが現われた。最後に請願人や訴訟関係の者たちが現われた。

淫売宿の女将《おかみ》が居酒屋の主人《あるじ》を訴えにきた。彼女の言うには、その男が自分の店で彼女を人の大勢いる前で、しかも、女である彼女には、お役人の前ではとても口にできないようなひどい言葉で侮辱したとのことであった。居酒屋の主人は、自分がそんな言葉を口にした覚えなど絶対にない、と誓った。女将は彼がその言葉を一度ならず、しかも大きな声で、彼女に浴びせかけたのだと言いつのった。そして彼が彼女に向かって手を振り上げ、彼女がもしも頭を下げなかったら、きっと顔を血の出るほどぶたれただろう、と付け加えた。主人の方は、女将が第一に、彼に借金を払わないということ、第二に、彼自身の店で彼を侮辱したばかりではなく、手下の者たちを使って必ず彼を半殺しの目にあわせてやるから覚えてろ、と脅かしたなどと言い立てた。

女将ははれぼったい目をした、大柄で不潔な感じのする女であった。彼女は大きな金切り声を上げて叫んでいた。そして、やたらと口数の多い女であった。居酒屋の主人の方は、口でよりも身ぶり手ぶりで多くを喋った。

刑事のソロモンは、審判する代わりに彼ら二人をさんざんに罵った。

「犬でも食い過ぎると文句が多くなるもんだ！」と彼は言った。「家でおとなしくしていたらどうだ。こっちが黙って大目にみていればいい気になりおって。どんな重大問題だというんだ！　ちょっと喧嘩をすると、すぐに警察の厄介になろうとする。おまえは自分を何様だとでも思っておるのか。これがはじめてでもあるまいし！　おまえなんかまともな名前で呼ぶ者なんかいるはずがなかろう。悪口の一つも言いたくなろうというもんだ。商売が商売だから当たり前だ。」

居酒屋の主人は首を振って、深い満足の印に肩をすぼめた。刑事はたちまち彼に襲いかかった。

「それから、おまえも、売台の後ろで何を吠え立てているんだ、この野良犬め！　ブタ箱へぶちこまれたいのか。何という口ぎたない野郎だ！　何だ、何だ、その仏頂面は。白樺の苔でも喰らわせてやるか……ぴりっとするやつをな。」

わたしにとって、この光景はまったく目新しい魅力を持っていた。それはいつまでもわたしの記憶に残った。これはわたしが見たロシア式の家長的裁判の最初のものであった。

女将と刑事とは、署長が入ってくるまで怒鳴り合っていた。署長はこんな連中がどうしてここに来ているのか、何の用があるのかを聞きもせずに、一層野蛮な声で怒鳴り始めた。

「出てけ、ここから出てうせろ！　ここを風呂屋か飲み屋とでも思っているのか！」

「ならず者ども」を追い出してから、彼は刑事に向かって言った。

「君はこんな無秩序を許して恥ずかしくないのかね！　もう何度も君に言ったではないか！　役所の尊厳が失われてしまう。終いには、色んなろくでなしどもが、ここで大騒ぎをはじめるようになる。君はこういういかさま野郎をのさばらせ過ぎる。この男はなんだね！」と彼はわたしのことを尋ねた。

「フョードル・イワーノヴィチの連れていらした留置人です」と刑事は答えた。「書類はこれです。」

署長は書類に目を通してから、わたしを見た。そして、彼が一言でも何か言ったら、それ相応の返答をしてやるつもりでわたしが彼の上に注いでいる、真っ直ぐな動かない視線にぶつかって、不快そうな顔をした。そして「失礼しました」と言った。

女将と居酒屋の主人との争いがまたしても蒸し返された。彼女は宣誓を求めた。僧侶がやって来た。彼ら二人は宣誓したようである。わたしは終いまで見なかった。わたしは警視総監のところへ連れて行かれたのである。どうしてか知らないが、誰も一言もわたしに口をきかなかった。それから再び地区警察署に連れ戻された。そこには、見はり塔の真下に、わたしのために部屋が用意されていた。下士官の話によれば、わたしが何か食べたいなら、自分で買いに人をやらなければならない。官給の食事はまだ割り当てられていない。まだ二日ほどは決まらないだろう。しかもそれは三、四銀コペイカ程度のものだから、身分のいい留置人はそれを欲しがらないということだった。

汚れた長椅子が壁際にあった。昼過ぎだった。わたしはひどく疲れを覚えた。わたしは長椅子の上に身を投げ出して、死んだように眠り込んだ。目を覚ました時、わたしの心はすっかり鎮まり、落ち着いていた。わたしはほんの少し前までは、オガリョーフの消息が分からないために苦しんでいたのだが、今度は自分の番が来たのだ。危険は遠くからは見えなかったが、わたしの周りを包んでいたのである。黒雲は頭の上にかぶさっていたのだ。この最初の迫害は、わたしたちにとって、叙聖式ともなるべきものであった。

第十章　留置場で

見はり塔の下で

人間は心の中に恃《たの》むものを何か持っているならば、牢獄にだってすぐに順応できる。檻の中の静けさと完全な自由とに一旦慣れてしまえば、もう何の心配もないし、何の気晴らしも必要ない。

初めの内は書物も与えられなかった。地区警察の署長には、家から書物を取り寄せることは許されていないと言い渡されていた。そこでわたしは買ってきてくれるようにと彼に頼んだ。

「何か教科書とか文法の本なら、いいと思いますがね。そうでないものには、将軍の許可が必要です。」

退屈しのぎに文法書を読めというのは誠に滑稽な提案ではあったが、それにもかかわらず、わたしは双手をあげてそれに飛びついた。そこでイタリア語の文法書と辞書とを買ってくれるように、署長に頼んだ。わたしは二枚の十ルーブル紙幣を手許に持っていたので、その一枚を彼に渡した。彼はすぐにひとりの中尉を呼んで本を買いに行くように命じ、また警視総監宛てのわたしの手紙をも、これに渡した。この手紙の中で、わたしは先に読んだ条文に基づいて、逮捕の理由を明らかにするか、さもなければ釈放することを要求したのである。

わたしは署長の目の前でこの手紙を書いたのだが、彼はそれを出さない方がいいと、わたしを説得しようとした。

「無駄ですよ、本当に。将軍を怒らせるだけですよ。不埒な奴だ、と言うでしょう。あなたに不利です。決して得にはなりませんよ。」

夕方になって、刑事がきて、警視総監から逮捕の理由はその内わかるだろうと、口頭で告げるよう命ぜられた旨を伝えた。それから彼は手垢のついたイタリア語の文法書をポケットから取り出して、微笑しながら付け加えた。

「丁度うまくこういうのが見つかりました。単語集がついているので、辞書はいらないわけです。」

つり銭のことについては、一言も口に出さなかった。わたしは警視総監にもう一度手紙を書いてみようかと思ったが、プレチーステンカの警察署で小型のハンプデンの役を演ずることはあまりにも滑稽に思われた。

わたしが逮捕されてから一週間半ほど経った晩の九時過ぎに、背の低い色の浅黒い、あばたのある刑事がきて、わたしに、すぐ服を着て審理委員会に出頭するようにとの命令を伝えた。

わたしが服を着ている間に、次のような滑稽で、しかも腹立たしいことが起きた。わたしの食事は家から届けられていた。下男がそれを階下にいる宿直の下士官に渡し、下士官は兵卒をしてそれをわたしのところへ運ばせるのだった。ワインは一日に半本、またはー本だけ許されていた。サゾーノフはこの許可を利用して、上等の「ヨハンニスベルク」の一瓶を送って寄こした。兵卒とわたしは、二本の釘で巧みに瓶のコルクを抜いた。このワインは強い香りを遠くまで放っていた。わたしはこのワインを、三日か四日くらいかかって飲もうと楽しみにしていた。

人間の中にどれほど子供らしさが残っているか、一本のワインとか、番人に対する悪戯とか、ほんの些細なことがどんな慰めとなるかは、牢獄に入ってみて初めて分かることだ。

あばたの刑事はわたしの瓶を見つけた。そしてわたしに向かって、少し飲ませてくれと言った。わたしはしまった、と思った。しかし愛想よくそれに応じた。わたしはワイン・グラスを持っていなかった。この怪物はコップを取ると、これ以上入らないと思われるほどになみなみとついで、息もつかずに飲み干した。アルコールやワインのこのような飲み方は、ロシア人とポーランド人だけに特有のものである。西ヨーロッパのどこを探しても、わたしはコップの酒をひと息に飲み干したり、ワイン・グラスを一気にあおったりする人間を見たことがない。コップ一杯の損失をさらに痛切に感じさせるためであるかのように、このあばたの刑事は、嗅ぎたばこで汚れた青いハンカチで口を拭いながら、「すてきなマデラ酒ですね」と言って、わたしに感謝した。わたしは腹立たしい思いで彼を見た。そして、人間が彼に牛の種痘をしないで、自然が彼に人間の天然痘〔あばた〕を植えつけたことに、意地の悪い喜びを感じた。

　このワインの通人はわたしをトヴェーリ並木大通りにある警視総監の官舎に連れて行くと、待ち合い用の広間に案内し、わたし一人をそこに残して出て行った。三十分ほどして、奥の部屋からひとりの太った男[1]が出てきた。人のよさそうな呑気な顔付きをしていた。書類を入れた鞄を机の上に投げ出すと、彼は戸口のところに立っていた憲兵をどこかへ行かせた。

「あなたはたぶん」と彼はわたしに言った。「オガリョーフや、最近捕まった若い人たちの事件でやられたんですね。」

わたしはそうだと答えた。

「わたしもちょっと聞きました」と彼は続けた。「おかしな事件だ。わたしにはまるっきり理解できない。」

「わたしはこの件で、もう二週間も牢獄に入れられているんです。何にも理解できないどころか、何が何だか、さっぱり分からないんです。」

「それはそれで結構なことですよ」と彼はわたしをじっと見つめながら言った。「何も知らないことにしていたまえ。失礼ですが、あなたに忠告します。あなたは若い。あなたの中ではまだ血がたぎっている。あなたは話したがる。それがいけない。あなたは何も知らないのだということを忘れないでいらっしゃい。これが助かるただ一つの道です。」

わたしは驚いて彼を見た。彼の顔には少しも底意のある表情はなかった。彼はわたしの心を察した。そして、微笑して言った。

「わたしも、十二年ほど前にはモスクワ大学の学生だったんです。」

ひとりの官吏が入ってきた。太った男は上役らしい態度でこの官吏と話し、命令を終えるとわたしに優しくうなずいて、唇に指をあててから部屋を出て行った。わたしはその後一度もこの紳士を見かけたことがない。そして彼が誰であるか、わたしは知らない。しかし、わたしは彼の忠告の誠実さを身にしみて感じたのである。

それから警察署長が入ってきた。これはフョードル・イワーノヴィチではなく、別の警察署長であった。彼はわたしを委員室に呼んだ。大きな、かなり美しい広間に、五人ほどの人間が机に向かって席に着いていた。ひとりの病弱そうな老人の他は、すべて軍服を着ていた。彼らは葉巻をくゆらせ、制服のボタンを外し、肘かけ椅子に身を埋めながら、面白そうに話し込んでいた。警視総監が議長席に着いていた。

わたしが入って行った時、彼は隅の方におとなしく腰かけているひとりの人物に向かって声を掛けた。

「神父さん、よろしかったら。」

わたしはその時やっと、隅のところにいる灰色のあごひげをはやして、赤味と青味のさした顔をした老人が司祭であることを知った。僧侶は居眠りをしていた。家に帰りたがっていたのだ。何か他のことについて考え、片手を口に当ててあくびをしていた。彼は一語一語を引き延ばして、幾らか歌うような声で、わたしに訓戒を与え始めた。すなわち、皇帝によって任命された人びとの前で真実を隠すことは罪であり、すべてを聞く神の耳のことを考えれば、隠し立てをすることは無益であるということを説明し、「神より出でざる権力なき」とか、「カエサルのものはカエサルへ」とかいう、相変わらずのお題目を引用することも忘れなかった。最後に彼は、すべてをありのままに、誠実に、かつ率直に述べる誓いの印として、福音書と聖なる十字架とに接吻するようにと言った。しかし、わたしはその誓いをしなかった。彼もそれを強いて求めようとはしなかった。

　勤めを済ませると、彼はそそくさと福音書と十字架を包み始めた。ツィンスキー(2)は席からほんの少し身を起こして、僧侶に向かって、もう帰ってもよいと告げた。それから彼はわたしの方を向いて、宗教的な訓話を世俗の言葉に訳して聞かせた。

「わたしは司祭さんの言葉に一言付け加えておく。君は事実を否定することはできない。たとえ否定しようと思ってもです。」

　彼はテーブルの上にわざと投げ散らしてある書類や手紙や人相書の束を示した。

「隠さずに白状することだけが君の運命を軽くすることができる。自由の身になるか、ボブルイスクかカフカースへやられるか、これは君次第です。」

　訊問の内容は紙に書いて示された。その内の幾つかは驚くほど幼稚なものであった。

「貴下はある秘密結社の存在について知っているか。貴下は文学関係の、またはその他の結社に属しているか。その結社員は誰か。彼らはどこで集会をするか。」

　すべてこれらに対して、ただ一言、否と答えることはきわめてたやすいことであった。

「見たところ、君は何も知らないようですね」とツィンスキーは回答の紙をめくりながら言った。「わたしは君に警告しておいた。君は自分の立場を困難にするばかりですよ。」

これでわたしの最初の訊問は終わった(3)。

……それから八年後に、新しい警視総監の妹で、昔は大変美しかったひとりの婦人が、かつて審理委員会の開かれたこの家の別の部屋に、美しい娘と共に住むことになった。わたしはよく彼女たちを訪問した。そしてその度に、かつてツィンスキーとその一味が、わたしたちを訊問したり裁いたりしたあの広間を通り抜けるのであった。その広間には、その頃にもその後にも、パーヴェルの肖像画がかかっていた。それは気紛れと権力の濫用とが、人間をどれほどまでに堕落させるものであるかということを思い出させるためか、それとも警察のあらゆる兇暴さを奨励するためか、わたしは知らない。しかし、とにかくパーヴェルは杖を持って、獅子鼻の歪んだ顔をして、そこにいたのである。

わたしはいつもこの肖像画の前に立ち止まるのだった、その頃は囚われの身として、今は客人として。その傍らの小さな客間の中では、すべてが女性と美の香りとに満たされていた。それは厳しさと訊問との家の中では、不似合いなものだった。わたしはそこにいると気が重くなった。そして、美しく開いた花が警察署の煉瓦の冷たい壁の上に落ちたことを、何となく悲しく思った。われわれの会話、彼女たちの周りに集まった親しい人びとの小さなグループの会話は、訊問や密告や軒並みの家宅捜索についての報告などを聞き慣れているこれらの壁の内側では、きわめて皮肉に響き、きわめて異様に耳を打つのであった。われわれを隔てているこれらの壁の外側は、刑事たちの囁き声や、捕えられた者の溜息や、憲兵の拍車の音や、ウラルのコサック兵のサーベルの音で満たされていたのである……。

リスボンの刑事

一週間か二週間ほど経って、またしてもあのあばたの刑事が来て、再びわたしをツィンスキーのところへ連れて行った。玄関口の部屋には、鎖をつけられた数人の男が、銃を持った兵士たちに囲まれて、座ったり横になったりしていた。控え室にも、さまざまな身分の幾人かの男がいた。彼らは鎖はつけられていなかったが、厳しく監視されていた。刑事はこれがみんな放火犯であるとわたしに話した。ツィンスキーが火事の現場に行っていたので、彼の帰りを待たなければならなかった。わたしたちは晩の九時過ぎにそこへ着いたのだが、夜中の一時になっても、わたしはまだ誰にも呼び出されなかった。わたしはそれでも控え室で、放火犯たちと並んでおとなしく座っていた。彼らは一人ひとり連れ出されて行った。警官たちは出たり入ったりしていた。鎖が音をたて、兵士たちは退屈して銃で床を叩いたり、銃を弄んだりしていた。一時頃にツィンスキーが、煤と灰にまみれて帰ってきた。そして立ち止まろうともせずに、書斎に駆け込んだ。三十分ほど経って、わたしの刑事が呼ばれた。彼は青ざめ、興奮のあまり顔をひきつらせて戻ってきた。彼の背後から、ツィンスキーが顔を出して言った。

「ああ、ムッシュー・ゲルツェン、委員会のみなさんが一晩中、あなたを待っていたんですよ。〔ドミートリー・〕ゴリーツィン公爵〔総督〕のところへあなたを連れて行かねばならんのに、このでくの棒がこっちへあなたを連れて来てしまったんです。ここで長く待たせて、大変お気の毒なことをしましたが、これはわたしのせいではないんです。こういう連中にはまったく困ったもんだ。たしか五十年も勤めているんだが、相変わらずとんまな野郎なんで。さあ、もううちへ帰れ！」と彼はひどく声を荒立てて、刑事に向かって付け加えた。

刑事は道々幾度も繰り返すのだった。

「ああ、ひどい目にあった！　人間は自分の身にどういうことが起きるか考えもしないし、予想もつかないもんですね。すっかり睨まれちゃった。委員会であんたを待ってさえいなければ、署長は何とも思いはしないんですがね。ところが自分の不名誉になるもんだから。ああ、何と間が悪いんだろう！」

わたしは彼がライン・ワインを飲んでしまったことを許す気になった、とりわけ彼がわたしに、かつてリスボンの近くで溺れかかった時だって、今度ほどには驚かなかったと話した時には。この話がわたしにはまったく突拍子もないことだったので、わたしは場所柄もわきまえずに笑い出してしまった。

「一体あんたはどうしてリスボンくんだりまで出かけたんですか。ずいぶんおかしな話ですね……」とわたしは彼に尋ねた。

老人は二十五年あまりも海軍の士官をしていたのだった。ロシアではいかなる勤務も何らかの形で報奨を受けないでいることはないと、コペイキン大尉に断言した大臣の言葉に、同意しないわけにはゆかない[4]。運命がリスボンで彼の生命を救ったのは、四十年に及ぶ勤務の後に、ツィンスキーから子供のように罵られるためであった。

彼にはほとんど何の落ち度もなかったのである。

総督によって編成された委員会[5]は、皇帝の気に入らなかった。皇帝はセルゲイ・ミハーイロヴィチ・ゴリーツィン公爵を長とする新しい委員会を任命した。この委員会の顔ぶれはモスクワ衛戍司令官スターリ、もうひとりのゴリーツィン公爵[6]、憲兵大佐シュビーンスキー、それに元軍法会議検事オランスキー[7]である。

警視総監の命令書には、委員会の場所が変わったことは書かれていなかった。リスボンの刑事がわたしをツィンスキーのところへ連れて行ったのは、きわめて当然のことだったのだ……。

放火犯

地区警察署でもやはり大騒ぎをしていた。ひと晩に三カ所で火事があったのである。委員会からは、わたしがどうなったか、逃亡したのではないかという問い合わせに、二度も使いがきていた。ツィンスキーの罵り足りなかった分を、署長がリスボンの男に向かって補足した。これは、わたしをどこへ連れて行くかを問い合わせなかった点で、署長にもある程度責任があったからである。事務室の隅の椅子を並べた上に、誰かが横たわって呻いていた。見ると、それは美しい顔立ちの立派な身なりをした若い男であった。彼は血を吐きながら、苦しげな息遣いをしていた。警察医は朝になったら、なるべく早く彼を病院へ連れて行くようにと勧めた。

下士官がわたしを部屋に連れ戻った時、わたしは彼から、この怪我人のことについて聞き出した。それは退役した近衛士官で、どこかの女中と関係を結んでいたのだが、彼が女のところへ行った時に、その家の離れが燃え出したのである。これは放火の恐怖が絶頂に達していた時のことだった。事実、わたしが三回も四回も鐘の音を聞かない日はなかった。わたしは毎夜二、三カ所の空が明るくなるのを窓から見た。警察と住民たちとは懸命に放火犯を探した。その士官は娘に災いの及ぶことを恐れて、警鐘が鳴り出すと同時に、垣を乗り越えて隣りの家の納屋に隠れ、そこから逃げ出す機会を窺《うかが》っていた。庭にいた小さな女の子が彼の姿を見つけ、真っ先に駆けつけた警官たちに、放火犯は納屋に隠れていると告げた。彼らは群集と共にそこへ飛び込んで、勝ち誇ったように士官を引きずり出してきた。彼はあまりひどく殴られたので、あくる日の朝方に死んだ。

捕えられた人びとの取り調べが始まった。半数は釈放され、半数は容疑者とされた。市の警察署長ブリャンチャニーノフ(8)は毎朝馬車を乗りつけてきて、三時間も四時間も訊問を続けた。訊問される者たちは、時には笞打たれたり殴られたりした。そういう時には、彼らの泣き叫ぶ声、哀願する声、悲鳴、女の呻き声が、署長の甲高い声や文書係の単調な朗読の声と入り混じって、わたしのところまで聞こえてくるのだった。これは恐ろしく耐え難いことであった！　これらの声は夜毎にわたしの夢の中で響いた。わたしは、これらの苦難者たちが、わたしから数歩しか離れていないところで鎖につながれ、背中を引き裂かれ、打ちのめされて、しかも恐らく何の罪もないのに藁の上に横たわっているのだと思うと、怒りに身を震わせて目を覚ますのであった。

ロシアの牢獄、ロシアの裁判と警察がいかなるものであるかを知るためには、百姓か下男か職人か、あるいは町人になってみなければならない。政治犯は大部分が貴族階級に属し、厳重に監禁され、苛酷な刑罰を科せられはするが、彼らの運命は、あごひげをのばした貧しい人びととはまるで比べものにならない。こういう下層の人びとに対しては、警察は何一つ手加減をしない。百姓や職人は後で誰に苦情を言えるだろう。公正な裁判などをどこに求めることができるだろう。

ロシアの司法とロシアの警察との無秩序、蛮行、横暴、堕落はきわめてひどいものなので、下層の人間は、裁判にかけられることになると、裁判による刑罰よりも、裁判の過程の方を恐れるのである。彼はシベリアへ送られる日を待ち焦がれる。彼の苦しみは刑罰の始まりをもって終わる。ここで次のことを忘れてはならない。すなわち、警察によって捕えられる容疑者の四分の三は、裁判の結果、無罪釈放となるのに、彼らは有罪の者と同じ責め苦を受けてきたのである。

ピョートル三世は拷問《ごうもん》部屋と秘密官房とを廃止した[9]。

エカテリーナ二世は拷問を廃止した[10]。

アレクサンドル一世はもう一度それを廃止した[11]。

「脅迫の内に」なされた陳述は、法律上は認められない。被告に拷問を加える官吏は自ら裁判に付せられ、厳重に罰せられることになっている。

それでもなおロシア全土にわたって――ベーリング海峡からタウローゲン（リヴォニア（現ラトヴィア）との国境の村）に到るまで――人びとは拷問されている。笞で拷問することが危険な場合には、耐え難い暑さ、渇き、塩からい食物などによって拷問する。モスクワの警察が、ある被告を零下十度の厳寒の中で、鉄板の上に裸足で立たせたことがある。その被告は病気になって、病院で死んだ。病院の管理者であったメシチェールスキー公爵[12]は憤慨して、このことを公けにした。政府はすべてのことを知っている。知事たちは隠している。最高管理の任にある元老院は知らない振りをしている。大臣たちは黙っている。皇帝や宗務院、地主や刑事たち――すべての者は、「百姓に笞をくれないってことがありますかね。百姓というものは、時々笞をくれてやる必要があるものです！」[13]というセリファンの意見に同意している。

放火事件の審理のために任命された委員会は、六カ月にわたって裁判を続けた。すなわち、容疑者たちを叩き続けた。しかし、何事も叩き出すことができなかった。皇帝は怒った。そして、三日で事件を片付けることを命じた。事件は三日で片付いた。犯人たちが発見され、笞刑、烙印《らくいん》および徒刑の宣告を受けた。「放火犯たち」に対する恐ろしい刑罰を見せるために、すべての家から門番が狩り集められた。すでに冬になっていた。

わたしはその頃、クルチーツキーの兵舎に監禁されていた。刑罰の現場に立ち会った憲兵大尉の善良な老人が、次のような詳細をわたしに話してくれた。最初に笞刑を受けることになっていた男は、群集に向かって大きな声で、自分に罪のないことを誓うと述べ、痛さのあまり答えたのだから、何を喋ったのか自分でも分からないのだと言った。そしてルバーシカを脱ぐと、群集の方に背中を向けて付け加えた。「みなの衆、これを見てくだされ!」

恐怖のどよめきが群集の中を走った。彼の背中には傷が青い縞《しま》となっていた。彼はこの傷の上をまた笞打たれなければならないのであった。集められた群集の不満の呟きと暗い表情とは、警察をして事を早く取り運ぶことを余儀なくさせた。刑吏たちは笞刑の規定の度数を減らして叩いた。他の刑吏たちは烙印を押しつけ、第三の刑吏たちは足枷《あしかせ》をはめた。こうして事件は終了したものと見られた。しかし、この光景は住民たちを驚かせた。モスクワのあらゆるところで、人びとはそれについて話した。総督はこのことを皇帝に報告した。皇帝は改めて裁判を開くこと、そして、刑罰を加えられる前に抗議した放火犯の事件を、特別に調査することを命じた。

数カ月経ってわたしが新聞で読んだところによると、皇帝は罪なくして笞刑に処せられた二人の者に償いをするために、彼らに笞一打ちに対して二百ルーブルずつを与え、彼らが烙印を押されてはいるが罪なき者であることを証明する、特別の旅券を下賜するように命じたということである。これは群集に向かって話した放火犯とその仲間のひとりであった。

一八三四年のモスクワの放火事件は、十年ほど後になって、色々な地方に同様の事件を引き起こしたが、この事件そのものはいまだに謎とされている。だが放火があったこと、このことは疑いない。概して、火、つまり「赤い雄鶏」は、我が国ではきわめて民衆的な復讐の手段である。地主の屋敷や穀物乾燥場や納屋に火をつけたという話は絶えず聞くことである。しかし、モスクワにおける一八三四年の多くの火事の原因が何であったか、このことは誰も知らない。最も知らないのは、審理委員会の委員たちである。

八月二十二日の戴冠記念日の前に、何人かの悪戯者が色々な場所にこっそりと手紙を送って、住民たちに向かって、イリュミネーションの心配をするには及ばない、別な照明がしかけられるだろうから、と告げたことがある。

臆病なモスクワの官憲は大騒ぎを始めた。朝から地区の警察署には兵士たちが満ち溢れ、中庭には槍騎兵の中隊が詰めかけた。晩になると、騎馬や徒歩の巡察隊が絶えず街を巡り歩いた。屋内練兵場では砲兵隊が待機していた。警察署長たちはコサックや憲兵を引き連れて騎馬で行ったり来たりしていた。ゴリーツィン公爵自ら副官たちを従えて、市内を騎馬で巡回した。穏やかなモスクワのこの軍事的な様相は異様なものであり、人びとの神経を苛立たせた。わたしは夜遅くまで、見はり塔の下の窓枠に身を寄せて、中庭を眺めていた……。馬を下りた槍騎兵たちは、馬の周りに幾つかの固まりをなして座っていた。他の槍騎兵たちは馬にまたがっていた。士官たちは警察官に蔑みの眼差しを投げながら歩き回っていた。練兵場の副官たちが気づかわしげな顔をして、黄色い襟をつけて馬車を乗りつけてきた。そして、何もしないで帰って行った。

火事は起きなかった。

こんなことがあった後に、皇帝自身がモスクワに姿を現わした。彼は始まったばかりのわたしたちに対する取り調べに不満であった。わたしたちが秘密警察でなく、普通の警察の手に委ねられていることに不満であった。放火犯たちが見つからないことに不満であった。一言をもって言えば、彼はすべてのこと、すべての者に不満であった。

わたしたちは間もなく、至尊の手がわたしたちに向かって伸ばされてくるのを感じた。

第十一章　クルチーツキー兵舎

クルチーツキー兵舎

皇帝が到着してから三日ほどして、夜遅く(すべてこういうことは、公衆に不安を与えないために、夜の暗闇の中で行なわれるものである)、ひとりの警察官がわたしのところへきて、所持品をまとめて一緒に来るようにとの命令を伝えた。

「どこへ行くんですか」とわたしは問う。

「いずれ分かりますよ」と警察官は賢明に、そして鄭重に答えた。これを聞いて、わたしはむろんそれ以上話を続けずに、所持品をまとめて出かけた。

わたしたちは出発した。一時間半ほど乗り続けて、馬車は遂にシーモノフ修道院を過ぎ、重い石の門の傍らに止まった。門の前には、騎兵銃を持った二人の憲兵が行ったり来たりしていた。これは憲兵の兵舎に変わったクルチーツキー修道院(1)である。

わたしは小さな事務室に連れ込まれた。書記官も副官も士官も、みんな淡青色の服を着ていた。兜をかぶり完全な正装をした当直の士官は、わたしにしばらく待つようにと言い、わたしが手に持っていたパイプを使ってもよいとさえ言った。それから彼は留置人の身柄を受け取ったことを報告する書類作りに取りかかった。彼はそれを刑事に渡してから部屋を出て、もうひとりの士官と一緒に戻ってきた。

「あなたの部屋は準備してあります」とその士官は言った。「行きましょう。」

憲兵がわたしたちに明かりをかざした。階段を降り、中庭を数歩横切って小さなドアを開けると、一つの角灯に照らされた長い廊下があった。両側には幾つかの小さなドアが並んでいる。当直の士官はその一つを開けた。ドアは狭い衛兵所に通じていて、その後ろに小さな部屋があった。そこは湿っていて冷たく、地下室の臭いがした。

わたしを連れて来た肩紐をつけた士官は、わたしの方を振り向いて、フランス語で言った。わたしのポケットをさぐる〈必要にせまられていることをお気の毒に思う〉、しかしこれも軍務であり、義務であり、命令への服従であると……。この雄弁な前置きをすませてから、彼はいとも無造作に憲兵の方を向くと、目でわたしを指し示した。憲兵は早速、その信じ難いほど大きな毛むくじゃらな手を、わたしのポケットに差し入れた。

わたしはこの礼儀正しい士官に向かって、これはまったく必要のないことであり、このような強制的な手段を取らなくても、わたしが自分でポケットを全部裏返しにして見せてもいいと言った。さらに、ひと月半も勾留されていたのに、わたしがどんなものを手許に持っていることができようか、と言った。

「わたしたちはね」と肩紐をつけた士官は、真似もできないほどの深い自己満足の微笑を浮かべながら言った。「わたしたちはね、警察のやり方がどんなものだか、よく知っているんですよ。」

当直の士官も皮肉な笑いを漏らした。それでも二人の士官は憲兵に向かって、ただ見ているようにと言った。わたしは中の物をすべて引き出した。

「あなたのたばこを全部机の上にあけてください」と〈お気の毒に思っている〉士官は言った。

わたしはたばこ入れの中に、紙きれにくるんだペンナイフと鉛筆とを入れておいた。わたしは初めからこの二つの品のことを考えていた。わたしは士官と話をしている間、たばこ入れをまさぐりつつ、やっとナイフを手に掴むことができた。わたしは外からそれを押えて、たばこを思い切り机の上に振りまいた。憲兵はそれをもう一度たばこ入れにおさめた。ナイフと鉛筆とは助かった。普通の警察に対して不遜な軽蔑の念を抱いている肩紐をつけた士官にとって、これは一つの教訓である。

この出来事ですっかり気をよくしたわたしは、明るい気分で自分の新しい領土を観察し始めた。

三百年前に建てられ、すでに土の中に埋まってしまった僧房の幾つかは、政治犯を入れる俗房に作り変えられていた。

わたしの部屋の中には、敷布団のない寝台、水差しの載っている小さな机があり、そのそばには椅子が一つあった。銅製の大きな燭台には、細い油脂ろうそくが燃えていた。湿り気と寒さとが骨の髄にまで染み透るようであった。士官はストーブを焚きつけるように命じた。それからみんな立ち去った。兵卒は乾草を持ってくることを約束した。その間、わたしは外套を頭の下に敷いて、むき出しの寝台の上に横たわった。そしてパイプに火をつけた。

すぐにわたしは天井一面にプロイセンゴキブリが這い回っているのに気付いた。ゴキブリは久しくろうそくの光を見なかったので、明るい場所を目がけて、あらゆるすみずみから駆け寄ってきたのである。そしてぶつかり合い、駆けまわり、あるいは机の上に落ちて、机のへりをせわしげに走ったり、後戻りしたりしていた。

わたしはあらゆる種類の招かれざる客を好まなかったのと同じように、ゴキブリも好まなかった。我が隣人となるこれらの虫は、わたしにはひどく厭わしいものに思われた。

だが、いかんせん、ゴキブリに対する苦情をもって自分の最初の苦情を持ち出すわけにもゆくまい。そんなわけで、わたしの神経もこれに順応しなければならなかったのだが、しかし、三日も経つと、プロイセン人たちはすべて、仕切りを越えて兵卒の部屋の方へ移ってしまった。そっちの方が暖かかったのである。時々一匹か二匹が入ってきて、ひげを動かしていることがあったが、すぐに暖かい方へと引き返してゆくのだった。

わたしがいくら頼んでも、憲兵はやはり暖炉を閉め切りにしておいた。わたしは気分が悪くなり、めまいがした。わたしは立ち上がって兵卒の部屋の戸を叩こうとした。実際にわたしは立ち上がった。しかし、わたしのすべての記憶はそこで途切れている……。

……我に返った時、わたしは床に横たわっていた。頭が割れるように痛んだ。背の高い白髪の憲兵が、腕組みをして立っていた。そして、無意味な注意深さをもってわたしを見ていた。それはあの有名な、青銅の置き物の中で亀を見つめている犬のようであった。

「あなた、一酸化炭素中毒になったんですよ。」わたしが意識を取り戻したのを見て、彼は言った。「わしはわさびに、塩とクワスを一緒に持ってきました。もう匂いをかがせたんですよ。今度はこれを飲んでください。」

わたしは飲み干した。彼はわたしを抱き起こして、寝台に寝かせた。わたしはひどく気分が悪かった。窓は一つで、二重の枠がついていて、通気窓はなかった。兵卒は庭に出る許可を求めるために何度も事務所へ足を運んだが、当直の士官は、連隊長も副官もいないし、自分で責任を持つことはできないということを、わたしに告げるようにと、兵卒に命じた。わたしは炭酸ガスのこもった部屋に留まっていなければならなかった。

わたしはやがてクルチーツキーの兵舎における生活にも慣れて、イタリア語の動詞の変化を覚えたり、幾冊かの「ぞっき本」を読んだりしながら日々を過ごした。初めの内、わたしの勾留はかなり厳重であった。晩の九時に時を告げるラッパの最後の音が鳴り終わると、兵卒がわたしの部屋に入ってきてろうそくを消し、ドアに錠をかけて行くのだった。晩の九時から次の朝の八時まで、わたしは暗闇の中に座っていなければならなかった。わたしはもともと長時間眠る方ではない。牢獄で何の運動もしないでいる場合には、四時間の睡眠で十分であった。ろうそくを消されてしまうのはどんなに辛い罰だったことか。おまけに十五分おきに、廊下の両端から歩哨の兵卒が間延びした大きな声で、「気を付けよ！」と呼び交わすのだった。

数週間経つと、セミョーノフ大佐[2]（後にガガーリン公爵夫人となった有名な女優[3]の弟）がろうそくをわたしに残しておくことを許した。その代わり、拘禁された者のしていることがすべて歩哨に見えるようにするために、窓（それは庭の地面よりも下の方にあった)を何かで覆い隠すことを禁じた。また廊下で、「気を付けよ!」と叫ぶこともやめさせた。

その後、司令官はわたしにインク壺を部屋に置くことと、散歩することを許した。紙は、それを破り捨てたりしないで、その一枚一枚を取っておくという条件で、一定の枚数を与えられた。散歩は、菜園と歩哨線とに囲まれた庭の中で、日に一回だけすることを許された。その時には、一人の兵卒と一人の当番士官とが付き添った。

生活は単調に、しかし、静かに過ぎて行った。軍隊式の規則正しい時間の運び方が、詩の中にある韻脚の中断のような、ある機械的な正確さをこの生活に与えていた。朝になるとわたしは、憲兵の助けを借りて、ストーブでコーヒーを沸かした。十時頃には、当番の士官がサーベルを鳴り響かせながら、大きな折り返しのついた手袋をはめ、兜をかぶり、外套を着て姿を現わす。彼はその身体と一緒に数立方フィートの寒さを部屋の中に持ち込んでくるのであった。一時になると、憲兵が汚れたナプキンと一椀のスープとを運んで来た。彼はいつもその椀の縁のところを持って運ぶので、彼の両方の親指は他の指よりも目立ってきれいになっていた。食事はどうにか我慢のできるものだった。しかしここで忘れてならないことは、食事に対して一日二紙幣ルーブルずつ取ったことである。これは九カ月の拘禁を通じて、貧しい者にとっては、かなりの金額になった。

ある被拘禁者の父親は、金がないということを率直に申し立てた。すると、俸給の中から差し引くという、無情なる回答を与えられた。もしもこの父親が俸給を取っていなかったら、彼も牢獄に投げ込まれたことだろう。それはきわめてありうることなのだ。

なお、次のことを付け加えておかねばならない。すなわち、われわれの食費として、司令部からセミョーノフ大佐のところへ、一ルーブル五十コペイカずつが送られてきていたのである。このことで騒ぎが起きそうになったのだが、これで利益を得ていた副官たちが、憲兵中隊長に初公演の出しものや記念興行のボックス席を提供した。それで事は済んだ。

夕焼けの光が消えてしまった後には、完全な静けさが迫ってくる。それは、窓のすぐそばを雪を軋ませながら通る兵卒の足音によっても、歩哨たちの遠い叫び声によっても、決して乱されることはなかった。わたしはたいてい一時まで本を読んで、それからろうそくを消した。夢はわたしを自由の世界に連れ戻した。時には夢うつつの中に牢獄や憲兵が出てくることもある(おお、何と重苦しい夢を見たことだろう)。そして、すべてこれが夢だったことを知って喜ぶのである。しかし、にわかに廊下でサーベルの音がする。あるいは、当番の士官がランタンを持った兵卒を連れて来てドアを開ける。あるいは、哨兵が人間とも思えない声で、「誰か」と叫んだりする。あるいは、窓のすぐ外で、甲高い「起床ラッパ」が朝の空気を引き裂いて鳴り渡る……。

老憲兵の物語

本を読む気もしないほどに鬱屈した折には、わたしの番をしている憲兵たちと話をした。わたしがかつて一酸化炭素中毒にかかった時に看病をしてくれた老人とは、特にしばしば話をした。大佐は年老いた兵士たちへの思い遣りの印として、彼らに屋外勤務を免除して、勾留人の看守という楽な仕事をあてがっているのだ。ひとりの上等兵が彼らの指揮に当たっていたが、こちらはスパイでぺてん師だった。こうして五、六人の憲兵で全部の仕事をしていた。

ここで話そうとしている老人は、純朴で善良な人間だった。そして、少し優しくしてあげただけですっかり心を許してくれた。恐らく、彼は生涯の内に心から優しい扱いなど受けたことがなかったのだろう。彼は一八一二年の戦争に参加した。彼の胸はさまざまなメダルで覆われていた。彼は満期になるまで勤め上げたのだが、帰るところがないので、自分で望んで軍隊に残っているのであった。

「わたしは二度もモギリョフ県のさとへ手紙を出したですよ」と彼は言った。「でも返事が来ない。身内の者はもうひとりも残っていないんでしょうな。それで、何だかさとへ帰ってみる気もしないんですよ。帰ってみたところで、みじめなもんさ。あっちこっちほっつきまわって、こじきをするのがおちですからね。」

ロシアにおける軍隊勤務は、その恐るべき勤務年限と共に、何という野蛮で無慈悲な仕組みを持っているのだろう！　我が国では、人間の個性は到るところで、どんな僅かな憐れみもなく、またどんな償いもなしに、犠牲に供せられている。

フィリモーノフ老人はドイツ語の知識について自信を持っていた。彼はパリ占領後の冬の宿営中に、この言葉を覚えたのである。彼はドイツ語の単語をきわめて巧みにロシア語風に言い換えるのであった。例えば馬を彼はフェルトと呼び、卵をエルイ、魚をピーシ、からす麦をオーベル、ブリヌィ〔そば粉のパンケーキ〕をパンクーヒと呼んだ。

彼の話の中には無神経なところがあって、それがわたしを悲しませ、また、深く考え込ませるのであった。一八〇五年のトルコ戦役の時のこと、モルダヴィアで彼はある大尉の指揮する中隊に属していた。この大尉というのがこの世で一番善良な人物で、一人ひとりの兵卒をまるで自分の息子のように面倒を見るのだった。そして、いざという時には、いつも真っ先に立って突撃するのであった。

「それがあるモルダヴィアの女に惚れこんでしまってね。見ていると、わしらのこの中隊長殿はもう気が気でないんですね。モルダヴィア女が他の士官のところへ通っていることを知ったわけなんですよ。そこである時、彼はわしともう一人の仲間――これがまた立派な兵士でしたが、その後、マールイ・ヤロスラーヴェッツの近くで両足をもぎとられてしまったですがね――この二人を呼んで、モルダヴィア女に面目を潰されたことの次第を話して、ひとつ手を貸してもらえまいか、あの女をこらしめてやろうじゃないか、と言うんです。

「なんの、大尉殿」とわしらは言ったですよ、「自分たちはいつでも大尉殿のために全力をつくします。」大尉はお礼を言って、その士官の住んでいる家をわしらに教えて、それからこう言ったですよ。「おまえたちは夜、橋の上に立っていろ、あの女はきっとあいつのところへ行くからな。声を出させないようにして、あの女をとっつかまえて、川の中へぶちこんでしまえ。」――「やりますとも、大尉殿」とわしらは言いましたですよ。そして、その仲間と二人で袋を用意して座って待っていると、夜中近くなって、あの女が駆けてゆくじゃありませんか。そこでわしらは声を掛けましたですよ。「奥さん、ばかにおいそぎだね！」そこで頭に一つ喰らわせると、かわいそうに、うんともすんとも言わねえで、ぶったおれたですよ。そこで袋につめて、川ん中へ投げこんだってわけでさ。大尉殿は次の日その士官のところへ出かけて、こう言ったですよ。「あんたはあのモルダヴィア女に腹を立ててはいけませんよ。わしらはちょっとあの女をひきとめておきました。あれはつまり、いま川の中に、入っています。ところで、わしはあんたとサーベルか、ピストルか、お好きなもので、ひとわたり、わたり合ってもよろしいですよ。」そこで斬り合いをやりましたですよ。わしらの大尉は胸をしたたか突き刺されましてね。かわいそうに、すっかりやられてしまって、三カ月ほど経って、魂を神さまにおまかせすることになりましたですよ。」

「モルダヴィアの女は」とわたしは尋ねた。「そこで溺れてしまったの？」

「おぼれちゃいましたよ」と兵卒は答えた。

わたしは年老いた憲兵がこの話をわたしに物語る時の子供のような無頓着さを、驚きの目をもって見た。すると彼はそれを察したのか、あるいは、初めてそれに気付いたのか、わたしを安心させ、おのれの良心を宥めるかのように、こう付け加えた。

「異教徒の女なんですよ。洗礼を受けない女と同じですよ、ああいう連中は。」

皇帝祝祭日[4]のたびに、憲兵たちは一杯のウォッカを振舞われることになっていた。曹長の許可を得て、フィリモーノフは自分のもらい分を五、六回分抜かしておいて、これを一度にもらうことにしていた。フィリモーノフは自分が何杯抜かしたかを計算木の上に印しておいて、最も重要な祝祭日にそれをもらいに行くのであった。彼はこのウォッカをスープ皿に注ぎ、その中にパンをちぎって浸し込み、さじでこれを食べるのであった。この前菜が済むと、彼は吸口の小さな長いパイプでたばこを吸い始める。彼のたばこは信じ難いほど強烈なものであった。彼は自分でこれを刻んでいたので、「サンクラーシェ」(5)という洒落た名前を付けていた。たばこを吸いながら彼は(兵卒の部屋には椅子がなかったので)ひどく窮屈な恰好で、小さな窓の上に身を横たえた。そして歌うのだった。

蟻塚《ありづか》そびえて花咲き匂う
牧場へ娘は出て行った。

酔っ払ってくるにつれて、ツヴェトーク(花)という語の発音が怪しくなってくる。「トヴェトーク」と言ったり「クヴェトーク」と言ったり、「フヴェトーク」と言ったりする。そして「フヴェトーク」と発音するようになってくると、彼は眠り込んでしまうのであった。二度も負傷して、六十の齢《よわい》を超えて、なおこのような朝食に耐えうるこの老人の健康は、何と驚くべきものであろう!

士官の話

ヴァウエルマン(6)やカロ(7)の描くフランドルの兵舎といった風景や、心ならずも囚われの身となった者たちの誰もが思い出す、牢獄のゴシップに別れを告げる前に、士官たちについてもいま少し話そう。

彼らの大部分はかなり善良な人間で、決してスパイではなく、偶然に憲兵隊に編入された人びとである。彼らは僅かしか、あるいは、まるっきり学問をしなかった若い貴族で、財産もなく、どうしたらいいのか皆目分からない連中である。彼らは、他に仕事がなかったので、憲兵になったのである。自分の職務を彼らは完全な軍隊的正確さをもって遂行していた。しかしわたしの見たところでは、そこには少しも熱意というものがなかった。ただし、副官は例外である。だが、それ故にこそ彼は副官だったのだ。

わたしと知り合いになってからというもの、士官たちはわたしのために彼らのできる範囲内で、細々とした便宜を何くれとなく計らってくれた。だから、彼らについて不平を言うのは罪深いことだろう。

ある若い士官は一八三一年に、ひとりのポーランド人の地主を捜索して逮捕するために派遣された時のことを、わたしに話してくれた。この地主は自分の領地の近くに身を隠していた。彼は密使《エミッサール》(8)と関係を持っているという疑いを受けていたのである。士官は集まった情報に基づいて出かけた。そして、地主の隠れていた場所を嗅ぎつけ、部下の者を引き連れてそこへ行った。彼は家の周りに歩哨線を巡らし、二人の憲兵を連れて中へ入った。家には誰もいなかった。彼らは部屋から部屋へと通り抜け、あちらこちらと覗いてみた。だが、どこにも、誰もいない。しかし、幾つかの些細なものの気配が、明らかに、この家に最近まで人が住んでいたことを物語っていた。若い士官は憲兵たちを下に残して、もう一度屋根裏部屋に上って行った。周りを注意深く見回すと、小さなドアが見つかった。それは物置き部屋か、あるいは何かの小部屋に通じているものだった。ドアは中から閉ざされていた。足で蹴飛ばすと、それは開いた。と、ドアのそばに背の高い美しい女が立っていた。彼女は黙って、ひとりの男の方を指し示した。その男は腕に十二歳ほどの、ほとんど意識を失っている少女を抱きかかえていた。それは地主とその家族であった。士官は困惑した。背の高い女はこれを見て取って、彼に言った。

「あなたはここにいる人たちを亡ぼすほど無情な方なのでしょうか。」

士官は命令への絶対服従だの義務だのについての、決まりきった言葉を述べて言い訳をした。しかし、自分の言葉が少しも効き目のないことを見て、彼は絶望して、終いに次のように訊いた。

「ではわたしにどうしろというんですか。」

その女は昂然と彼を見やり、ドアを指し示して言った。

「下へ行って、ここには誰もいないとお言いなさい。」

「実際、どうしてあんなことになったんだか、自分がどうなったんだか、いまでも分からないんです」と士官は言った。「とにかくわたしは屋根裏からおりて、下士官に部隊の集合を命じました。二時間経って、わたしたちは別の領地で熱心に地主を探していたんです。その間に、彼らは国境を越えていました。女だから！　それは認めますがね！」

……この世の中に、すべての身分を、その肩書きや道徳的なカタログやその所属の主な性格だけによって、ひとからげにして非難するくらい偏狭で非人間的なことはない。名称というものは恐ろしいものである。ヨハン・リヒター[9]はきわめて正当にも、次のように語っている。もしも子供が嘘を言ったなら、彼の行為が悪いことであるということを教えて叱るべきである。彼が嘘をついたと告げることはよい。しかし、彼が嘘つきであると言ってはならない。諸君は子供を嘘つきだと決めてしまうことによって、その子供の道徳的自信を打ち壊すのである。人が「あれは殺人者だ」と語っているのを聞くと、われわれはすぐに、隠し持った短刀だの、残忍な表情だの、悪企みだのを思い浮かべる。たまたま生涯の内でただ一度誰かを殺しただけなのに、あたかも人を殺すことがその人間の日常の仕事であり、職業であるかのように考える。スパイになったり、他人の堕落を食い物にしたりしながら、同時に正直な人間であることは不可能である。しかし、少しも人間的品位を失わずに憲兵士官になることはできる。これは丁度「社会的不節制」の不幸なる犠牲者の中にも、常に女らしさ、優しい心、さらには気高い心をさえ見いだすことができるのと同じである。

ある人びとは、名称より先に進むこと、犯罪や込み入った偽りの状態を踏み越えて行くことができないか、それを望まないか、あるいはその努力をしないで、純潔ぶってこれに背を向け、あるいは乱暴にこれを突き離す。わたしはこのような人びとに嫌悪感を覚える。これはたいてい真実味のない、冷たい、利己的な、そして自分の純潔さにおいて厭うべき性格の持ち主、あるいは自分の真の姿を表だって示すことができなかったか、またはその必要に迫られたことのない、卑俗で低俗な性格の持ち主のすることである。彼らは、他の人びとの落ち込んだ汚い深みにいて、互いに打ち寛いだ気分になっているのだ。

第十二章　結　審

審理

……だが、こうしたさまざまなことはさておいて、事件の方はどうなったか、取り調べと審理はどうなっていたか。

新しい委員会においても、古い委員会の場合と同じように、事は中々順調には運ばなかった。警察はかなり以前からわれわれを監視していた。しかし、せっかちで熱心過ぎたために、適当な機会を待つことができず、失態を演じてしまったのだ。警察はわれわれをおびき寄せ摘発しようとして、スカリャートカ[1]という退役士官を送り込んだ。彼はわれわれのグループのほとんどすべての者と知り合いになった。しかし、われわれの方は彼が何者であるかをすぐに察知して、これを遠ざけたが、主に学生からなる別の青年たちは、それほど用心深くはなかった。しかもこれらの別の青年たちは、われわれといかなる深いつながりも持ってはいなかった。

　学校を卒業したある学生が、一八三四年六月二十四日に、友人たちを招いて祝いの宴を開いた。われわれの仲間は一人もその宴会に出なかったばかりか、招かれた者もなかったのである。若い人たちはいずれも酔っ払って馬鹿騒ぎをやり、マズルカを踊った。そして、ソコローフスキーの有名な歌をみんなで合唱した。

ロシアのツァーリは
この世にとわの別れを告げた。
医者がメスを取り上げて
皇帝のおなかを引き裂いた。

国は嘆きの涙をながし
民もあげて涙をながす。
われらを治めるために
変わり者のコンスタンチンがやって来る。

祝福されたるわれらのツァーリは
天の国のツァーリなる
よろずの物の神の下に
願いの文を手渡した。

神はお告げの文を読みながら
深く憐れを催して
われらの下にニコライを
つかわした……ならず者……[2]。

その晩、スカリャートカは、その日が自分の名の日であることをふと思い出した[3]。彼は馬を売って大もうけをしたことを話した。一ダースのシャンペンを約束して、学生たちを招待した。みんな出かけて行った。シャンペンが運ばれた。主人はよろめきながら学生たちに向かって、ソコローフスキーの歌をもう一度歌おうと言った。歌の最中に、ドアが開いて、ツィンスキーが警官を連れて入ってきた。これは粗暴で愚劣な、まずいやり方である。しかも、それはうまくいかなかった。

警察が捕まえようとしていたのはわれわれだった。かねがね目星をつけておいた五、六人の者を、この事件に巻き込むための表立った理由を探していたのだが、実際には、何の罪もない二十人の青年たちを捕まえたに過ぎなかった。

しかし、ロシアの警察はやすやすとはへこたれない。二週間経って警察は、宴会の事件に関係あるものとして、われわれを捕まえた(4)。ソコローフスキーの家でサーチンの手紙を見つけ、サーチンの家でオガリョーフの手紙を、オガリョーフのところでわたしの手紙を見つけた。それにもかかわらず、明らかになったことは何一つとしてない。最初の審理は失敗した。皇帝は、第二次の審理委員会をしてもっと大きな成果を収めさせるために、ペテルブルクから選《え》り抜《ぬ》きの異端審問官アレクサンドル・ゴリーツィンを送って寄こした。

こういう種類の人間は我が国では稀である。第三課の有名な長官モルドヴィーノフ(5)、ヴィリノ(6)大学の総長ペリカン(7)など、何人かのバルト海沿岸地方出身の役人たちや、堕落したポーランド人たちがこの部類に属していた*。

＊この点で最近頭角を現わした人物のひとりに、スパイ・アカデミーの設立案を提出した有名なリプランジ〔イワン・ペトローヴィチ、一七九〇―一八八〇、秘密警察員〕がいる〔一八五八年に加筆〕。

しかし、この異端審問にとって不幸なことには、主席委員にモスクワ衛戍司令官スターリが任命された。スターリは豪直な軍人で、勇猛な老将軍である。彼は事件を調べてみて、これが互いに何の関係もない二つの事情から成り立っていることを発見した。すなわち、その一つは祝いの宴会に関する事件で、これは警察で片付けるべき事件であり、もう一つは訳の分からぬ理由によって捕えられた人びとに関する事件で、その表向きの罪状というのは未成熟なある種の意見であって、このことで裁判を行なうのは困難であり、滑稽でもあると。

スターリの意見は若い方のゴリーツィンの気に入らなかった。二人の間には、かなり刺々しいやり取りがなされた。老軍人はすっかり怒ってしまって、サーベルで床をひと突きして言った。

「人間を破滅させる代わりに、あんたがたは学校や大学をすべて閉鎖するように答申書を書いた方がましじゃよ。これは他の気の毒な青年たちへの警告にもなりますからな。だが、あんたがたは好きなことをなさるがいい。ただし、わしはごめんだ。わしはこの委員会にはもう足を踏み入れん。」

こう言い捨てると、老人はさっさと広間を出て行った。

このことはその日の内に皇帝に伝えられた。

あくる朝、衛戍司令官が報告を持って現われた時、皇帝は彼に、何故委員会へ出ることを望まないのかと尋ねた。スターリは何故であるかを説明した。

「馬鹿な！」と皇帝は言い返した。「ゴリーツィンと事を構えるなんて、恥ずかしくないのかね！　おまえが今まで通り委員会に出席することを、わしは希望する。」

「陛下」とスターリは答えた。「わたしの白髪に免じてお許し願います。わたしはこんな白髪になるまで、少しのやましいこともなく生きてまいりました。わたしの忠誠は陛下もご存知の通りであります。わたしの血、老い先短いわたしの命は陛下に捧げたものであります。しかし、今度のことはわたしの名誉に関する問題でありまして、わたしの良心は委員会で行なわれていることに従うことができないのであります。」

皇帝は眉をひそめた。スターリはお辞儀をして引き下がり、それ以来、委員会には二度と姿を現わさなかった。

このアネクドートが真実であることには疑いの余地はいささかもないが、これはニコライの性格をきわめてはっきりと示すものでもある。彼でさえ尊敬することを拒否できないこの勇敢な軍人、この功労ある老人がかくも頑固に辞退し、自分の名誉を守ることを懇願しているからには、今度の事件の中には、あるいは不純なものが含まれているのではないか、という考えが頭に浮かぶのが当然である。ゴリーツィンの出頭を求め、その面前でスターリをして問題の説明をするように命ずることは、このうえなくたやすいことである。だが彼はそうはしなかった。そして、われわれを前よりももっと厳重に拘禁するように命じたのであった。

スターリの去ったあとの委員会には、単純そのものの老ゴリーツィン〔セルゲイ・ミハーイロヴィチ〕公爵を議長に、被告たちの敵だけが残った。このゴリーツィンたるや、事件については、それが始まる九カ月前におけると同じように、九カ月の後でも、さっぱり理解できないのであった。彼は重々しく沈黙を守り、審理には滅多に口をはさまなかった。そして訊問が終わると、必ず尋ねるのだった。

「退出させてよいですかな。」

「結構です」とゴリーツィン〈ジュニア〉が答えると、〈シニア〉の方のゴリーツィンは囚われた者に向かって、重々しく言うのであった。

「さがりなさい！」

わたしの最初の訊問は四時間続いた。

訊問は二つの種類に分かれていた。それは、ゴリーツィン〈ジュニア〉と軍法会議検事オランスキーとの表現を用いれば、「政府の精神に反する考え方、サン・シモンの有害な教義に基づく革命思想」を摘発することであった。

これらの訊問に答えることはたやすかった。しかし、これは訊問といえるものではなかった。押収された書類や手紙の中で語られている意見は、かなり単純なものであった。もともと訊問の対象となりうるものは、これらの文章を書いたか書かなかったか、という物的事実のみであったわけである。だが、委員会は書き抜いた文章の一つひとつについて、「貴下は貴下の手紙の次の個所をいかに説明するか」と付け加えることが必要だと考えたのである。

むろん、説明することは何もなかった。答えとして、わたしはどうとでも取れる空疎な言葉を書き込んだ。ある手紙の中に、軍法会議の検事は次のような言葉を見つけた。

「すべての憲法は何の役にも立たない。これは――主人と奴隷との間の契約であって、問題は奴隷の状態をよくすることではなく、奴隷をなくすことである。[8]」

この一文の説明を求められた時、わたしは自分が立憲政府を擁護するいかなる義務もないし、また、もしわたしがそれを擁護したならば、わたしはこのことで罪に問われるであろうと答えた。

「立憲政府はこれを二つの面から攻撃することができる」とゴリーツィン〈ジュニア〉が持ち前の、神経質な押し殺したような声で言った。「君は君主制の立場から攻撃しているのではない。さもなければ、君は奴隷のことなどは言わなかったはずです。」

「この点では、わたしはエカテリーナ二世陛下と同じ間違いをしているわけです。陛下は家来が自らを奴隷と呼ぶことを禁止しました。」

ゴリーツィン〈ジュニア〉はこの皮肉な答えに腹を立て、息遣いも荒くわたしに言った。

「君はわれわれがスコラ哲学の議論をするために、ここに集まっているとでも思っているんですか。君は大学で卒業論文の説明でもしているつもりなんでしょう。」

「では、何故あなたは説明を求めるのですか！」

「君は自分が何を要求されているかを理解してないような振りをしている。」

「理解できないんです。」

「どれもこれも、何て強情な連中なんだろう」と議長のゴリーツィン〈シニア〉が口をはさみ、両肩をすぼめ、憲兵大佐のシュビーンスキーの方をちらりと見た。わたしは微笑した。

「オガリョーフそっくりだ。」このきわめて善良な議長は言葉を結んだ。

しばらく休憩があった。委員会の招集されていた部屋はセルゲイ・ミハーイロヴィチ〔ゴリーツィン〕公爵の書斎であった。わたしは書棚の方を振り向いて、そこにある本を眺めた。それらの本の中には、サン・シモン公(9)の何巻もの手記〔全二十一巻〕があった。

「これは」とわたしは議長に向かって言った。「何という不公平なことでしょう！　わたしはサン・シモン主義のことで調べられているのに、公爵、あなたのところには、そのサン・シモンの著書が二十冊もあります。」

お人善しのこの老人は生まれてからこの方、まだ一冊も本を読んだことがなかった。そこで彼は答えに詰まってしまった。しかし、ゴリーツィン〈ジュニア〉が毒蛇のような目でわたしを睨み、そして言った。

「何です、君は知らないんですか。これはルイ十四世の時代のサン・シモン公の手記ですよ。」

議長は微笑した。そしてわたしにうなずいてみせた。それは「ほれ、どうだ、やりそこなったな!」という意味であった。それから言った。

「もうさがってよろしい。」

わたしがまだ戸口を出ない内に、議長が誰かに聞いた。

「君がわたしに何度も見せた、あのピョートル一世に関する論文はあの男が書いたのかね。」(10)

「あの男です」とシュビーンスキーが答えた。

わたしは立ち止まった。

「〈才能はあるんだね〉」と議長は言った。

「だから余計困るんです。悪賢い手に握られた毒は一番危険だと言いますからね」と、異端審問官は付け加えた。「きわめて有害な、まったく度し難い青年です……。」

わたしの判決はこれらの言葉に尽くされていた。

サン・シモンの話のついでに、次のことを述べておこう。オガリョーフのところで書類や本を押収している時、警察署長はティエール[11]のフランス革命史を一冊取り除けた。それから、二冊……三冊……八冊まで見つけた。遂に彼は我慢できなくなって言った、「ああ！　実に沢山革命の本がある。あ、まだここにもある！」――と彼は言い足して、キュヴィエの講演『地殻の変動について』[12]を刑事に渡したのである。

第二の種類の訊問はもっと手の込んだものであった。そこには人をまごつかせ混乱させ、反証を挙げるためのさまざまな警察式のトリックや訊問の罠が用いられた。そこには他の者の陳述に対する暗示や、さまざまな精神的拷問が行なわれた。それらはここに語るに値しない。ただ彼らが、あらゆるトリックを用いたにもかかわらず、わたしたち四人[13]に対して一度も対決訊問を押しつけることができなかったということを言っておけば十分である。

ゴリーツィン〈ジュニア〉

最後の訊問を受けた後、わたしは一人で小さな部屋に座っていた。わたしたちはそこで訊問に対する回答を書いていたのである。と、突然ドアが開いて、ゴリーツィン〈ジュニア〉が沈痛な思わしげな面持ちで入ってきた。

「わたしが来たのは」と彼は言った。「君の陳述が終わる前に、君と少し話をしたかったからです。わたしの死んだ父と君のお父上とは古くからの知り合いでした。それでわたしは君に特別の関心を抱かざるをえません。君は若い。しかもこれから出世することのできる身だ。それにはこういう事から足を洗わなければならない。幸い、それは君の考え次第でできることだ。君のお父上は君が逮捕されたことで非常に心を痛めておいでだ。今は君が釈放されるのをただ一つの望みとして生きておいでになる。わたしはセルゲイ・ミハーイロヴィチ公爵〔老ゴリーツィン〕とたった今、このことを話したばかりです。二人ともできるだけのことをしたいと、本当に望んでいるのです。君に助力する手立てを、わたしたちに与えてもらいたいのです。」

わたしは話がどういう方向を辿るか分かった。血が頭に逆上した。わたしは腹立ちのあまりペンを握りしめた。

彼は続けた。

「君は今まっすぐに憲兵の手の中へ、あるいは要塞監獄に向かって、つき進んでいる。その途中で君はお父上を殺してしまうでしょう。お父上は、君が灰色の外套を着た姿を見たら、一日とは生きていられないでしょう。」

わたしは何かを言おうとした。しかし、彼はわたしの言葉を遮った。

「君が何を言おうとしているか、わたしには分かっています。ちょっとお待ちなさい。君が反政府的な意図を持っていたこと、これは明らかです。君のために皇帝のご仁慈をお願いするには、君の悔悟の証拠が必要です。君は何もかも否認し、言い逃れをして、まちがった名誉心から、仲間を庇っている。だが、君よりもわれわれの方が彼らのことをよく知っています。彼らは君ほど控え目ではない。* 君は彼らを助けることはできません。ところが、彼らは君を巻き添えにして、破滅の中にひきこんでしまうでしょう。委員会に宛てた手紙をお書きなさい。率直にありのままに、こう書くのです。君が自分の罪を感じているということを、若気のいたりで誘惑されたのだということを。そして君を誘惑した哀れな迷える人びとの名前を挙げなさい……。君は、こういう僅かな代償によって、ご自分の将来とお父上の生命とを贖《あがな》うことができるのです。そうしたいと思いませんか？」

＊これが厚かましい嘘であり、低級な、警察式のトリックであることは言うまでもない。

「わたしは何も知らないんですから、自分の陳述に一言も付け加えようとは思いません」とわたしは答えた。

ゴリーツィンは立ち上がった。そして冷やかな声で言った。

「ああ、それでは君は望まないんですね。どうなっても知りませんよ。」

これで訊問は終わった。

一八三五年の一月か二月かに、わたしは最後に委員会の前に出た。わたしが呼ばれたのは、自分の陳述書を読み直して、それに付け加えたいことがあれば付け加え、そして署名するためであった。シュビーンスキーだけが一人その場にいた。読み終わってから、わたしは彼に言った。

「こんな訊問や答弁だけで、人にどういう罪を着せられるものか、教えてもらいたいもんですね。あなたがたは法典のどういう条文に基づいて、わたしを勾留しているんですか。」

「法典は別な種類の犯罪のために作られているんです」と淡青色の制服を着た大佐は言った。

「それは別な問題です。こういう作文をすっかり読み返してみても、わたしは足かけ七カ月にわたる投獄の理由となる事件というのが、たったこれだけのものだとは、どうしても信じられないんです。」

「君たちは秘密結社を作っていなかったと言っているが、君たちはわれわれがそれを信じているとでも、実際に思っているらしい。」

「一体どこにそんな結社があるというんです」とわたしは質問した。

「証拠が見つからなかったこと、君たちがまだ何も仕出かさない内だったということは、君たちにとって、幸せなことでした。われわれは丁度よいときに君たちを引きとめた。つまり簡単に言えば、われわれは君たちを救ってやったわけです。」

再び『検察官』の中の、錠前屋の女房ポシレープキナとその亭主との物語である。(14)

わたしが署名を終えた時、シュビーンスキーは鈴を鳴らし、司祭を呼ぶように命じた。司祭が入ってきた。そしてわたしのすべての陳述が少しも強制されることなく、自発的になされた旨を、わたしの署名の下に書き込んだ。言うまでもなく、彼は訊問に立ち会ったわけでもなく、その模様をわたしに形式的にも聞くことさえなかったのである(これは、わたしの逮捕の時に、門の外に立っていた立会人と同じような存在であった)。

審理が終わると、拘禁状態は幾らか緩められた。近親者たちは司令部から面会を許されることになった。こうしてさらにふた月が過ぎた。

判決

三月の半ばには、われわれに対する判決は確定していた。だが、誰ひとりとしてその内容を知る者はいなかった。ある者はわれわれがカフカースに送られることになっていると言い、またある者は、われわれの行く先はボブルイスクだと言った。また、別のある者はわれわれ全員の釈放を期待していた(スターリが特別に皇帝に宛てて書き送った意見とはこのようなものであった。彼はわれわれが監禁されたことをもってすでに罰を受けたものと見なすことを提言していたのだ)。

遂にわれわれすべては、判決を受けるために、三月二十日にゴリーツィン公爵のところに集められた(15)。これはわれわれにとって祭日の中の祭日であった。ここでわれわれは、逮捕後初めて互いに顔を合わせたのである。

われわれは抱き合ったり、手を握り合ったりしながら、憲兵隊や守備隊の士官たちの列に取り巻かれて、騒々しく、賑やかに立っていた。この再会はわれわれすべてを元気づけた。消息を尋ね合ったりして、互いの話は尽きることがなかった。

ソコローフスキーもその場にいた。幾らか痩せて青ざめてはいたが、相変わらず機智の才に輝いていた。

ソコローフスキーは「宇宙」「ヘヴェリ」、その他のかなり優れた詩の作者で、生まれつき大きな詩的才能を持っていた。しかし、自分の才能を伸ばさないでいられるほど自制的ではなかったが、さりとて、才能を伸ばすのに十分な教養もなかった。彼は心優しき遊び人で、人生派の詩人ではあったが、政治的な人間ではまるでなかった。彼は快活で人づきあいがよく、楽しいときの楽しい友であり、われわれすべてと同じように……あるいは、最も遊ぶことの好きな陽気な男であった。

賑やかな宴会の席から許らずも牢獄に投げ込まれはしたが、ソコローフスキーは立派に身を処した。彼は獄舎の中で成長した。審理委員会の検事――ペダントで、偽信心家で、スパイで、妬みや貪欲や中傷の中で痩せ細り、白髪になったこの男は、帝位と宗教とに対する忠誠心の故に、ソコローフスキーの詩の最後の二行が文法的にどういう意味なのか、あえて理解しようともしなかった。そこで彼はソコローフスキーに問うた。

「歌の終わりにある、不遜な文句は誰を指しているんですか。」

「皇帝を指したものでないことは信じてくれてよろしいです」とソコローフスキーは言った。「この点を酌量されるべき理由として、勘案して下さるよう特にお願いします。」

検事は両方の肩をすぼめ、上目遣いに、長いこと黙ってソコローフスキーを見つめてから、嗅ぎたばこを嗅いだ。

ソコローフスキーはペテルブルクで捕えられ、どこへ行くのか一言も告げられぬままに、モスクワに送られてきた。我が国の警察は何の役にも立たないのに、しばしばこのような悪戯をする。これは警察の詩情である。世の中に、これほど散文的で、これほど厭わしい職業はない。それはおのれの芸術的要求とか、余分な華やかさとか、飾りとかいうものを持っていない。ソコローフスキーは真っ直ぐに獄舎に連行され、暗い物置きのような部屋に入れられた。わたしたちが各々の兵舎に勾留されていた時に、何故彼だけが獄舎に入れられたのだろうか。

彼は、二、三枚のルバーシカを手許に持っているだけで、その他には何も持っていなかった。イギリスでは、囚人を牢獄に連れて来るとすぐに入浴させる。我が国では、清潔を防止する手段が講じられる。

もしもドクトル・ガーズ[16]が自分の下着をひと包み送って寄こさなかったら、ソコローフスキーはぼろをまとっていたことだろう。

ドクトル・ガーズはきわめて独特な変わり者であった。この奇異なる損なわれた人間についての思い出は、一、二等階級の人びとの善行(これは肉体の朽ちはてた後に明らかにされるのが常である)を記した、公式の追悼文の束に紛れて消えてしまうべき種類のものではない。

黒いフロックコートを着て短いズボンをはき、黒い絹の靴下に留め金つきの短靴をはいた、痩せて蠟《ろう》のように青ざめた小柄な老人は、十八世紀の何かのドラマの中からたった今出てきたばかりの人物のように思われた。この葬式と結婚式とのための〈晴衣《はれぎぬ》〉を着て、北緯五十九度の心地よい気候の中を、ガーズは毎週のように、流刑囚が護送されて行く日になると、雀が丘の中継監獄に馬車を駆るのであった。監獄の医師として、彼は囚人たちに近付くことができた。彼は囚人たちを診察するために出かけるのだが、いつもありとあらゆる品物を詰めこんだ籠を携えて行った。そこには食料や甘味などさまざまなもの(女の囚人たちのためには、てうちぐるみ、蜜菓子、みかん、りんごなど)が詰め込まれてあった。このことは慈善家の貴婦人たちの怒りと憤激とを呼び起こした。これらの貴婦人たちは慈善によって囚人に楽しみを与えることを恐れ、また、餓死や肌を刺す寒さから救ってやるために必要なこと以上の慈善を施すことを恐れているのだ。

しかしガーズは頑固であった。彼は「女囚たちを甘やかす愚かしい行ない」に対する非難をおとなしく傾聴してから、両手をこすり合わせて言うのだった。

「一つ考えていただきたいものですな、ご親切な奥様。パンの一片とか銅貨銭ぐらいなら、誰だって彼らに与えるでしょう。ところが、砂糖菓子とか、みかんとかいうものになると、彼らはながらくお目にかかれないんです。こういうものは誰もくれませんからな。わしはあなたがたのお言葉から推して、こう結論するわけです。そこで、わしは彼らにその楽しみを与えてやりたいと思うわけですよ。これから先長い間二度と繰り返されることはなさそうですからな。」

ガーズは病院に住んでいた。ある時、食事の前に、彼のところへひとりの病人が診察を受けにきた。ガーズは病人を診察してから、処方を書くために書斎に行った。戻ってきてみると、そこには病人もいないし、食卓の上の銀の食器もなくなっていた。ガーズは番人を呼んで、患者の他に誰かその部屋に入らなかったかと聞いた。番人は事の次第を察して部屋を飛び出し、一分後には、一束のスプーンを持ち、患者を連れて戻ってきた。番人は、もうひとりの病院付きの兵卒の助けを借りて、この患者を捕まえたのである。その泥棒は医師の足許に身を投げだして、許しを乞うた。ガーズは当惑した。

「刑事さんを呼んで来てくれ」と彼は番人のひとりに言った。「それからおまえはすぐ書記官を呼べ。」

番人たちはおのが発見と勝利と、そして、全体としてこの事件に一役買ったことに満足して、飛び出して行った。ガーズは彼らのいない間を利用して、泥棒に言った。

「おまえはよくない人間だ。おまえはわしをだました。そしてものを盗もうとした。神さまがおまえを裁くだろう……。だが今は、兵卒たちが戻らない内に、はやく裏門から逃げろ……。ちょっとおまち、おまえは一コペイカも持っていないかもしれんね、さあ、この半ルーブル銀貨をあげる。だが心を入れ替えるようにするんだぞ。お巡りさんの手は逃れることができても、神さまの手から逃れることはできないんだよ！」

これには家の者たちまでがガーズを非難した。しかし、頑固な医師は自分の説を述べ立てた。

「盗みは大きな罪悪だ。しかし、わしは警察がどういうところだか知っている。警察でどういういじめ方をするか知っている。訊問して、むちでひっぱたくだろう。隣人を拷問にかけることは、これは遥かに大きな罪悪だからね。それにわしのしたことが、あの男の心を動かさないものとも限らないじゃないか！」

家の者たちは頭を振った。そして言った。〈彼はどうかしている。〉慈善家の貴婦人たちは言った。「〈正直な人です、けれどここが少しおかしいんです。〉」そして額を指さしてみせるのであった。だが、ガーズは両手をこすり合わせながら、自分の思うことをやっていた。

……ソコローフスキーがこうした数々のアネクドートを語り終えない内に、他の何人かの者もそれぞれ自分たちの話を一度に始めるのだった。あたかもわれわれのすべてが長い旅から帰ってきた時のように。質問や、冗談や、洒落がつきることなく続いた。

肉体的にはサーチンが一番苦しい目にあった。彼は痩せ細り、髪の毛も幾らか薄くなっていた。わたしたちが検挙されたことをタムボフ県の自分の母の村で聞くと、彼は憲兵の到来によって母がびっくりすることを懸念して、自らモスクワに向かった。そして途中で風邪をひき、ひどい熱を出して家に引き返した。警察が来た時、彼は病床にあった。警察署に拘引することは不可能であった。彼は自宅で逮捕された。寝室のドアの内側にひとりの邏卒《らそつ》が配置され、看護人として分署長が病人のベッドのそばに付き添うことになった。そのため病人は、うわ言を言うような状態から回復して意識を取り戻した時、ひとりの訊問するような視線と、もうひとりの酔っ払った顔とに出会うことになったのである。

冬の初めにサーチンはレフォルトーヴォの病院に移された。この病院には隔離された拘禁室として空いている部屋が一つもなかった。しかし、そのような詰まらぬことにかかずらっている必要はなかった。ストーブのない仕切り部屋が見つかった。病人をこの南国的なベランダに住まわせて、これにひとりの番兵をつけた。石造りの物置き部屋の中の冬の温度がどんなものであったかは、次の事実から知ることができる。すなわち、番兵は夜になると寒さに凍えきって、ストーブで身体を暖めるために、廊下に出て行った。そして、このことを宿直の者には黙っていてくれと、サーチンに頼んで行くのだった。

病院の当局者自身も、このような熱帯向きの部屋に住むことは、極北に近いこの土地では不可能であると考えるようになった。サーチンは凍傷患者を暖めるための部屋の近くに移された。

わたしたちが各自の遍歴の話の半分も語ったり聞いたりしない内に、急に副官たちがそわそわしはじめ、守備隊の士官たちが直立し、警官たちは居住まいを正した。ドアが厳かに開かれて、小柄なセルゲイ・ミハーイロヴィチ・ゴリーツィン公爵が正装に綬を肩にかけて入ってきた。ツィンスキーはと言えば、これは侍従武官の制服を着ていた。検事のオランスキーでさえも、この慶びの日を祝うために、薄緑色の一種の軍属の制服を身につけていた。司令官はむろん来なかった。

その間にも、騒ぎと笑声とはますます大きくなったので、検事が脅かすような顔付きをして広間に入ってきて、ここで大きな声で話したり、とりわけ笑ったりすることは、わたしたちがこれから聞かねばならぬ至上の命令に対して、甚だしい不敬にあたるものであると言ったほどである。

ドアはいずれも開け放たれた。士官たちはわれわれを三つの組に分けた。第一の組にはソコローフスキー、画家のウートキン(17)、そして士官のイバーエフ(18)、第二の組にはわたしたち、第三の組には〈その他のすべて〉。

第一の部類に対する判決が特別に読み上げられた。それは恐るべきものであった。不敬罪のかどで、彼らはシリュッセルブルクへの無期禁錮を言い渡されたのである。

三人ともこの野蛮な判決をヒロイックな態度で聞いた。

オランスキーが、勿体をつけるために重々しく、陛下および聖上のご家族を侮辱したかどによりこれこれであると間をおいて読み上げた時、ソコローフスキーは彼に言った。

「いや、わたしは家族なんかを侮辱したことはありませんよ。」

彼の家で発見された書類の中には、詩の他に、彼が戯れにミハイル・パーヴロヴィチ大公を真似て、ことさら綴字を間違えて幾度か書き写した決議文があった。これらの綴字上の間違いも彼の罪を重くするのに役立ったのである。

ツィンスキーは、自分もまた気さくな愛想のよい人間でありうることを示すために、刑の宣告が済んでから、ソコローフスキーに話しかけた。

「君は以前にシリュッセルブルクにいたことがありますか。」

「去年ね」とソコローフスキーはすぐに答えた。「しっくり来たみたいですよ、わたしはあそこでマデラ酒を一本飲み干しましたからね。」

二年の後にウートキンは独房で死んだ。ソコローフスキーは半ば死にかかってから要塞監獄を出されてカフカースに送られ、ピャチゴルスクで死んだ。この二人の死後、政府の下にまだ残っていた廉恥心と良心との一片が、政府をして三番目の囚人をペルミに移させることになった。イバーエフは自己流の死に方をした。彼は神秘主義者になってしまったのだ。

ウートキンは、彼自身が調書に署名する時に用いた言葉によれば、「獄舎につながれたる自由なる芸術家」であり、年は四十ほどであった。彼は一度も、いかなる政治的事件にも関係したことはなかった。しかし、廉潔で激情的な人間であった彼は、審理委員会においてもおのが思うところを申し述べた。委員に対する答弁は辛辣で無遠慮であった。そのために彼は、壁から水のしたたり落ちるじめじめした地下牢獄で殺されることになったのである。

イバーエフが他の者よりも重い罪を着せられたのは、ひとえに、その肩章の故にである。もし彼が士官でなかったなら、彼は決してあれほどの罰は受けなかったことだろう。彼はたまたまある宴会に出席した。そして恐らく、他の者たちと同じように、飲んだり歌ったりはしたことだろう。しかし恐らく、他の者たちよりも多く、そしてより声高に歌ったわけではないだろう。

わたしたちの番が来た。オランスキーは眼鏡を拭いて、咳払いをした。そして恭《うやうや》しげに至尊の意志を伝えることに取りかかった。そこには次のようなことが述べられてあった。すなわち、陛下は委員会の報告を聴取した上、犯人たちの年の若いことを特に考慮して、わたしたちを裁判に付さぬようにお命じになった。だが、もともとわたしたちは、法律の決めるところによれば、不穏なる歌を歌って不敬罪に問われた者として、死刑になるか、他の法規によるとしても、終身徒刑に送られるべきところではあるが、陛下は限りなきご仁慈をもって、罪人たちの大部分を、警察の監視の下で居住地にとどまることを許し、より罪の重い者に対しては、懲治策《ちょうじさく》として、遠隔の県に送って無期限に文官の職につかせ、その地方の当局の観察下に置くことをお命じになった、というのである。[19]

これらの、より罪の重い者とはオガリョーフ、サーチン、ラフチーン、オボレーンスキー、ソローキン、[20]そしてわたしの六人であった。わたしはペルミに送られることになっていた。この刑の宣告を受けた者の一人であるラフチーンは、まるっきり逮捕されていなかった。判決を聞くために委員会に呼び出された時、彼はこれが単なる脅かしであり、他の仲間が罰せられるのを見ることにより、罰を受けたこととされるのだろうと考えていた。人びとの語っていたところによれば、ゴリーツィン公爵に親しい誰かが、ラフチーンの妻に想うところがあったので、こういう思わぬ贈り物をすることによって、彼を陥れたのだそうだ。体の弱い彼は、三年ほど経って流刑地で死んだ。

オランスキーの朗読が終わると、シュビーンスキー大佐が前に進み出た。彼は、わたしたちが皇帝のかかるご仁慈を受けることになったについては、審理委員会の議長を務めた高貴なる大官のお執成《とりなし》によるものであるということを、選び抜かれた言葉とロモノーソフ的〔十八世紀的〕な文体とをもって語った。

シュビーンスキーはわたしたちのすべてが、これらの言葉を聞いて公爵に感謝するものと期待していた。しかしそうはゆかなかった。

釈放されることになった者の何人かは、ちょっと頭を下げた。だが、それも密かにわたしたちの方を見ながらであった。

わたしたちは、皇帝と公爵とのご仁愛なるものにいささかも感動した様子を示さず、そのまま突っ立っていた。

そこでシュビーンスキーは別の策略を思いついて、オガリョーフに向かって言った。

「君はペンザへゆくことになっている。君はこれが偶然だと思っているんですか。ペンザには君のお父さんが卒中に倒れて寝ている。そこで公爵は、君がこの町にゆけるように、皇帝にお願いしてくださったんです。君がそばにいれば、君の流刑によって受けるお父さんの打撃が、幾らかでも軽くなるだろうとお考えになったからです。君は公爵に感謝すべきだとは思いませんか。」

他に仕方がなかったので、オガリョーフは軽く頭を下げた。彼らが努力して得たものはやっとこれだけだった。

お人善しの老人はこれで気をよくした。彼は何故か分からないが、それに続いてわたしを呼んだ。わたしは、彼とシュビーンスキーとがどんなことを言おうと、決して感謝などはしまいという神聖な誓いを心に立てて、前に進み出た。しかも、わたしは他の誰よりも一番遠い、一番汚らしい町へ流されるのだから。

「君はペルミへ行くことになっている」と公爵は言った。

わたしは黙っていた。公爵はまごついた。何かしら言わなければならなくなって、彼は付け加えた。

「わたしはあそこに領地を持っている。」

「あなたはわたしを通じて管理人に、何かことづてようとおっしゃるんですか」とわたしは微笑しながら尋ねた。

「わたしは君のような人間には、何も頼もうとは思わない。」カルボナーリには、[21]と機智に富んだ公爵は付け加えた。

「ではわたしにどういうご用があるんですか。」

「何にもない。」

「あなたはわたしをお呼びになったようですが。」

「君はもう行ってよろしい」とシュビーンスキーが口を出した。

「待ってください」とわたしは答えた。「大佐、わたしはこの機会に、あなたの注意を喚起しておきたいんです。わたしが最後に委員会に出席した時、あなたは誰もわたしを宴会の事件で非難しているのではないと言いました。ところが判決文には、わたしがこの事件の犯人のひとりだと述べられています。これは何かの間違いだと思いますが。」

「君は皇帝の判決に抗議しようと言うんですか」とシュビーンスキーは言った。「ペルミよりもっと悪い場所に変更されないように気を付けたまえ。わたしは君の発言を書き付けておくように命ずる。」

「わたしはそれをお願いしたかったんです。判決文の中には、委員会の報告に基づき、と述べてあります。わたしはあなたのその報告に抗議しているのであって、皇帝の意思に抗議しているのではありません。わたしは宴会のことでも、何かの歌のことでも、一つも訊問を受けなかったことについて、公爵に証人になってもらいたいのです。」

「君は」とシュビーンスキーは怒りのために青くなって言った。「自分が宴会の席にいた連中より、十倍も罪が重いことを知らないようですね。例えばその人は」と彼は釈放された者のひとりを指さして言った。「酔っ払った挙句に、いかがわしい歌を歌ったが、あとになって、跪いて、涙を浮かべて、許しを乞うた。ところが君はまるっきり悔悟の様子がない。」

大佐が指さした紳士は一言も言わなかった。そして真っ赤になって顔を伏せた……。それは良い教訓であった。卑劣な行ないの後の、当然の報いであった……。

「ですが、わたしは自分の罪が大きいかどうかを言っているのではないのです」とわたしは続けた。「もしわたしが殺人者であった場合には、わたしは泥棒だと思われたくはありません。わたしは人がわたしを弁護してくれる場合でさえ、わたしが何かを、今あなたが言ったように、「酔っ払った挙句に」仕出かしたのだとは言ってもらいたくないのです。」

「わたしにもし息子がいて、それがこういう強情な人間であったら、わたしはこれをシベリアに流刑にしてくださるように、自分から陛下にお願いするだろう。」

そこで警視総監が話に口を出して、何か取り止めのない、馬鹿げたことを言った。若いゴリーツィンがその席にいなかったことは残念である。彼が雄弁をふるう絶好の機会であったろうに。

すべてこれは、もちろん、何の結果をもたらすことなく終わった。

ラフチーンはゴリーツィン公爵のそばへ行って、出発を延ばしてくれるように頼んだ。

「わたしの妻は身ごもっているのです」と彼は言った。

「それはわたしのせいではない」とゴリーツィンは答えたものだ。獣や狂犬だって嚙み合う時には、真面目な顔をして尾を下げるものだ。ところが貴族であり、しかも善良な人物だとの評判を取っていたこの愚かな高官は……このような下卑た冗談を恥ずかしいとも思わなかったのである。

……わたしたちはさらに十五分ほど、広間に留まった。憲兵士官や警察官たちが強く制止したにもかかわらず、わたしたちは互いに固く抱き合い、長い別れを告げた。オボレーンスキーの他には、わたしはヴャトカから帰るまで、誰とも会うことがなかった。

出発はわれわれの前に迫っていた。

牢獄はまだ過去の生活の続きであった。しかし、僻遠の地への出発と共に、過去の生活との結び付きは断ち切られてしまうのであった。

われわれの親しいグループの青春の生活は、終わりを告げることになった。

流刑は恐らく幾年も続くであろう。われわれはどこで、いかにして巡り会うのだろうか、果たして会えるのだろうか。

今までの生活が名残り惜しく思われた。しかも別れも告げずに……かくも急にそれを見棄てなければならなかった。オガリョーフに会えるとは思ってもいなかった。親しい友の内二人の者が、最後の日に近くなってわたしと面会することができた。しかし、わたしはそれだけでは物足りなかった。

わたしを慰めてくれるあの少女にもう一度会って、かつて墓地でしたように、もう一度彼女の手を握りたかった……。彼女と会うことによって過去に別れを告げ、未来を迎えることにしたかった……。

わたしは流刑地に旅立つ前の日、一八三五年の四月九日[22]に数分の間、彼女に会った。わたしはこの日を神聖な日として、永く記憶に留めた。これはわたしの生涯における最も幸せな瞬間の一つであった。

……この日についての、また、わたしの過去のすべての明るい日々についての思い出が、わたしの心に、何故かくも多くのおぞましいことを呼び戻すのだろう……。墓、暗紅色のバラの冠、わたしと手をつないでいた二人の子供、松明《たいまつ》、追放者の群れ、月、山の麓の暖かい海、わたしの理解しえなかった、そして、わたしの心を責め苛んだ言葉……。

すべては過ぎ去った[23]。

訳　注

まえがき

（1）ゲルツェンがオガリョーフと共にロンドン（一八五五―六二）およびジュネーヴ（一八六九）で発行した文集（年刊）。
（2）ナターリア・アレクサーンドロヴナ・ザハーリイナ（ナタリーア）の手紙。
（3）ゲルツェンがヴャトカからウラジーミルに到着した一八三八年一月二日から五月初めのナターリアとの結婚までの期間。
（4）ヴィサリオーン・グリゴーリエヴィチ・ベリンスキー、一八一一―四八、文芸批評家、ゲルツェンの親友。
（5）一八三九年ペテルブルクで創刊された月刊雑誌、一八三九―四六年の期間ベリンスキーがその編集にあたっていた。ついでシチェドリーン、ネクラーソフ、エリセーエフらが編集者となった。その後ナロードニキの合法的機関誌となり、一八八四年発行を停止された。ゲルツェンの『一青年の手記』は同誌の一八四〇年十二号および一八四一年八号に掲載された。
（6）この部分は一八七八年にタチアーナ・パッセク（「コールチェワの従姉」、旧姓クーチナ、一八一〇―八九、作家、ワジーム・パッセクの妻)の回想記『遠い年々の中から』の中で初めて発表された。現在これは『一青年の手記』とは別に『自分について』と題され、『ゲルツェン三十巻著作集』の第一巻に収められている。

(7) 一八四八年の革命の敗北、一八五一年秋の汽船の沈没による母と息子の死、一八五二年五月の妻の死、そして、それらに伴うゲルツェンの深い苦悩を指している。

(8) 『一青年の手記』はゲルツェンの初期の自伝的小説(前注(5)参照)。

(9) ニコライ・サーチン、一八六〇年国外に出て、ロンドンでゲルツェンと会った。

(10) グリュートリはスイスのウリ州にある草原の名。伝説によれば、ここでスイスの自由が誕生したといわれ、一三〇七年にウリその他の州の同盟が締結された。ここでは雀が丘におけるオガリョーフとの誓い(第四章参照)を指す。

(11) オガリョーフの詩「イスカンデルに捧げる」(一八五七)の末尾の句。「イスカンデル」はゲルツェンの筆名。

ルーシの同胞たちに

(1) この一文はゲルツェンの死後にレムケ編集の全集に初めて発表された。現在は三十巻著作集の第八巻三九七―三九八ページに収録されている。ルーシはロシアの古名。

(2) 妻ナターリアの死を指す。

(3) ゲルツェンとその一家が実際にロシアの国境を越えたのは一八四七年一月十九日である。

（4）『青年の手記』および『自分について』を指す。
（5）ダンテの『神曲』の「地獄篇」第二十歌からの不正確な引用。

第一章

（1）イワン・アレクセーエヴィチ・ヤーコヴレフ、一七六七―一八四六。
（2）アンナ・ボリーソヴナ・メシチェールスカヤ、「公爵令嬢」、一七三八―一八二七、ゲルツェンの父方の祖母の妹。
（3）一七六三―一八二六、伯爵、祖国戦争の時のモスクワ総督および軍司令官。
（4）ゲルツェンの乳母、後にホワーンスカヤ家でナターリアの乳母も務めた。
（5）エドアール・アドルフ、一七六八―一八三五、フランスの元帥、ナポレオンのモスクワ占領の時のモスクワ総督。
（6）地中海東海岸諸国の総称。狭義にはシリア、レバノンを指す。
（7）アガトン・ジャン・フランソワ、一七七八―一八三七、ナポレオンの書記。
（8）アレクサンドル・イワーノヴィチ・ミハイローフスキー＝ダニレーフスキー、一七九〇―一八四八、将軍、軍事史家。
（9）ミシェル・ネイ、一七六九―一八一五、フランスの元帥、ナポレオンの協力者。
（10）ルイ・ド・ナルボンヌ、一七五五―一八一三、フランスの政治家、外交官、ナポレオンの副官（一八一〇―一二）。

(11) アレクサンドル・ベルティエ、一七五三―一八一五、フランスの元帥。
(12) ジャン・バティスト・バルテルミー・ド・レセップス、一七六六―一八三四、男爵、フランスの外交官、一八一二年ナポレオンによってモスクワの警察本部長に任命された。
(13) フェルディナンド・フョードロヴィチ・ヴィンツェンゲローデ、一七七〇―一八一八、陸軍中将、祖国戦争の参加者。
(14) イワン・ドミートリエヴィチ・イロワーイスキー、一七六七―一八二七以後、ロシアの将軍。
(15) 一八三五年の流刑地への護送を指す。
(16) アレクセイ・アンドレーエヴィチ・アラクチェーエフ、一七六九―一八三四、伯爵、政治家。
(17) アレクサンドル・セミョーノヴィチ・シシコーフ、一七五四―一八四一、政治家、作家、文部大臣(一八二四―二八)、文語の改革に反対した。
(18) ピョートル・アレクセーエヴィチ・ヤーコヴレフ、一七六〇―一八一三、ゲルツェンの伯父、タチアーナ・パッセクの祖父。
(19) ルイーザ・ガーク(ハーク)、一七九五―一八五一、ゲルツェンの母。
(20) レフ・アレクセーエヴィチ・ヤーコヴレフ(「セナートル」)、一七六四―一八三九、外交官、元老院議員。
(21) ジャン・バティスト・ジュール・ベルナドート、一七六三―一八四四、フランスの元帥で一八一八年以後スウェーデンとノルウェーの王(カール十四世)。
(22) ミハイル・アンドレーエヴィチ・ミロラードヴィチ、一七七一―一八二五、将軍、一八一八年からペテルブルク総督、デカブリストの反乱の折に射殺される。
(23) フランスの亡命者、王党派、ロシア陸軍に勤務していた。
(24) バスティーユ占領一周年を祝って一七九〇年七月十四日にパリで行なわれた祝祭。
(25) エリザヴェータ・イワーノヴナ・プローヴォ、?—一八二二?、ゲルツェンの養育係。
(26) カルル・イワーノヴィチ・カロ、?—一八四二。
(27) ザムエル・ゴットリープ・グメリン、一七四四—七四、ドイツの博物学者、旅行家、ペテルブルク科学アカデミー会員。
(28) ペーター・ジーモン・パラス、一七四一—一八一一、ドイツの自然科学者、ペテルブルク科学アカデミー会員、シベリア、ウラル、北カフカースの踏査で知られる。
(29) 自分の洗礼名が由来する聖人の祭日に当たる個人の祭日。ギリシア正教とカトリックにこの習慣がある。
(30) アレクサンドル・アレクセーエヴィチ・ヤーコヴレフ、一七六二—一八二五、ゲルツェンの父の兄、妻ナターリア・ザハーリイナの父。「長兄」。
(31) アンドレア、一五〇〇?—一六一一?、イタリアのヴァイオリン製作者。弟も息子たちも著名なヴァイオリン製作者。
(32) ドミートリー・パーヴロヴィチ・ゴロフワーストフ、一七九六—一八四九、ゲルツェンの従兄、モスクワ教育管区長官。
(33) セミョーン・ロマーノヴィチ・ヴォロンツォーフ、一七四四—一八三二、外交官、政治家、イギリス駐在大使(一七八四—一八〇六)。
(34) ウィリアム・ウィンダム・グレンヴィル男爵、一七五九—一八三四、イギリスの外務大臣(一七九一—一八〇一)。
(35) ジェローム・ボナパルト、一七八四—一八六〇、ナポレオン・ボナパルトの末弟。

第二章

(1) ピョートル・キリーロヴィチ・エッセン、一七七二—一八四四、将軍、後にペテルブルク総督。
(2) アレクセイ・ニコラーエヴィチ・バフメーチェフ、一七七四—一八四一、陸軍大将、ベッサラビア都督(一八一六—二〇)、その後諸県の知事を歴任した。
(3) ニコライ・ボリーソヴィチ・ユスーポフ、一七五〇—一八三一、高官、大地主、芸術愛好家。
(4) アレクセイ・ペトローヴィチ・クーチン、一八〇八?—三九?、驃騎兵士官。タチアーナ・クーチナ(パッセク)の兄。
(5) ボーマルシェ『セヴィリアの理髪師』第一幕第二場。
(6) ピョートル・アンドレーエヴィチ・クレインミーヘリ、一七九三—一八六九、ニコライ一世の寵臣、運輸大臣(一八四二—五五)。
(7) アレクサンドル・クリストーフォロヴィチ・ペレクーシヒナ、一七八三—一八四四、ニコライの寵臣で、秘密警察の長官。

(8) マリーア・サヴィーシナ・ベンケンドルフ、一七三九—一八二四、エカテリーナ大帝の侍女。
(9) ルイ十五世の愛人、一七二一—六四。
(10) アイルランドのマシュー神父(一七九〇—一八五六)による禁酒の説教と禁酒協会の設立(一八三三)を皮肉っている。
(11) オーシプ・イワーノヴィチ・センコフスキー、筆名バロン・ブランベウス、一八〇〇—五八、東方学者、作家、ジャーナリスト、《読書館》誌編集者。
(12) 数字のカードを用い、読み上げられた数字を伏せてゆく遊び。
(13) ここで地主の依頼によって警察が農奴を笞打った。
(14) 銀ルーブルは時々の交換レートにもよるが、概ね、紙幣ルーブルの三～四倍に相当した。
(15) 奇蹟を行なうモスクワの聖母マリアの聖画像《イコン》、十七世紀イベリア(現ジョージアの古名)より渡来、このイコンの掲げられた小聖堂(「赤の広場」の一隅にある)には参詣人が絶えない。
(16) ピョートル・アレクセーエヴィチ・ヤーコヴレフ。
(17) コンスタンチン・ドミートリエヴィチ・トロチャーノフ、?—一八二一、ゲルツェンの伯父(「セナートル」)と父との農奴。
(18) “Répertoire du théatre français” 68 vol, Paris, 1823-1829.
(19) 『ロシア演劇、あるいはロシア戯曲大全集』全四十八巻、ペテルブルク科学アカデミー、一七八六—九四。
(20) アウグスト・ラフォンテーヌ、一七五八—一八三一、ドイツの小説家、多くのセンチメンタルな小説を書いた。

(21) アウグスト・フリードリヒ・フェルディナント・コッツェブー、一七六一—一八一九、ドイツの反動的な作家。

(22) 一七二〇—一八〇六、フランスの俳優で一七八五年にロシアに客演した。

(23) ラシーヌの悲劇『フェードル』第五幕第六場のテラメーヌのセリフから。

(24) 本名ジョセフィーヌ・ウェメル、一七八七—一八六七、フランスの女優。

(25) 本名アンヌ・ブーテ、一七七九—一八四七、フランスの女優。

(26) ラシーヌの悲劇『アタリー』第一幕第一場のジョアドの言葉。

(27) ドイツ語のイョークス(Jokus)は俗語で「洒落」「冗談」などの意味がある。

(28) フランス語で le soldat de Vilainton、これはワーテルローの会戦におけるイギリス軍の総司令官ウェリントンの蔑称、le soldat de Wellington をもじったもの。

(29) ピエール・ジャン・ベランジェ、一七八〇—一八五七、フランスの詩人。

(30) ゲプハルト・レベレヒト・フォン・ブリュッヘル、一七四二—一八一九、ナポレオン戦争時のドイツの元帥。

(31) 一七五七—一八二七、政府高官。

(32) ワシーリー・ワシーリエヴィチ・ボゴレーポフ。

(33) ザウートレニヤ、早朝に行なう祈禱のこと。

(34) 復活大祭の精進あけに食べる円筒形の甘いパン。

（35）ピョートル・マトヴェーエヴィチ・テルノーフスキー、一七九八―一八七四、一八二七年からモスクワ大学神学教授。

第三章

（1）頭髪は蛇で、見る人を石にする目を持つギリシア神話の女妖。
（2）アレクサンドル一世の弟。アレクサンドルには継嗣がいなかったので、一般にはコンスタンチン（当時ポーランド総督）が帝位を継承するものと思われていた。街頭では早々と「コンスタンチン帝」の肖像が売り出されていたのはそのためである。しかし実際には、この時コンスタンチンは帝位継承権を放棄していた。
（3）エヴグラフ・フョードロヴィチ・コマローフスキー、一七六九―一八四三、治安警備隊司令官（一八一六―二八）。
（4）アレクサンドル・フョードロヴィチ・ラブジーン、一七六六―一八二五、美術院副総裁（一八一八年以後）。
（5）ヴィクトル・ジョセフ・エティエンヌ・ド・ジュイー、一七六四―一八四六、フランスの作家。
（6）ヤコフ・イワーノヴィチ・デ・サングレン、一七七六―一八六四、アレクサンドル一世時代の秘密警察の長官（一八一二―一六）。
（7）一七七一―九四、カミーユ・デムーランの妻。夫の処刑に抗議して民衆に訴え逮捕され、処刑された。

(8) ルイ・アリボー、一八一〇—三六、ルイ・フィリップ一世の暗殺を企て失敗し、処刑された。
(9) フランスの作家、一八〇四—七六。
(10) カミーラ・ペトローヴナ・イワショーワ(ル・ダンテュ)、一八〇八—三九。
(11) ワシーリー・ペトローヴィチ・イワショーフ、一七九七—一八四〇、騎兵大尉。
(12) 一八二五年九月十日に起きた決闘事件。チェルノフは妹の不名誉をそそぐために、ノヴォシーリツェフに決闘を申し込み、共に負傷を負い死んだ。
(13) プーシキン(ワシーリー・リヴォーヴィチ、一七六七—一八三〇、詩人、アレクサンドル・プーシキンの伯父)の叙事詩「ツァーリ・ニキータと四十人の娘」の中の詩句。
(14) ワシーリー・イワショーフの異母兄、アンドレイ・ゴロヴィーンスキーのこと。
(15) 兵士を父、兵営の女を母として生まれた子供は、生まれながらにして兵籍に入れられた。そのような兵士のことを「カントニスト」と呼んだ。
(16) ゲルツェンは正確な資料を持っていなかったため、イワショーフの事件を幾らか間違って記述している。オリガ・ブラーノワ『あるデカブリストのロマンス』(一九二五)によれば、この事件は次の通りである。ワシーリー・ペトローヴィチ・イワショーフはシムビルスクの富裕な地主の息子で、士官として輝かしい経歴を築いていたが、一八一九年からデカブリストの組織に加入した。病身であるため積極的には活動しなかったが、皇帝を廃して共和国を建設することを主張したかどで、二十年の徒刑に処せられた。一八二七年ペトロフスキー徒刑監獄に移され、一八三六年にトゥリンスクに移住を命ぜられた。これより先一八三〇年にイワショーフの母は、かつて同家の娘たちの家庭教師をしていたフランス婦人マリー・ル・ダンテュから、娘のカミーラがワシーリー・イワショーフを恋するあまり重い病気にかかっており、イワショーフと運命を共にするためにシベリアに行きたがっているという手紙を受け取った。そこでイワショーフ家の人たちはカミーラのためにシベリアへの旅行および徒刑囚との結婚の許可を皇帝に嘆願した。一八三一年の夏、カミーラはペトロフスキー監獄に到着し、その年の九月イワショーフと結婚した。一八三八年の夏、イワショーフの妹エリザヴェータ・ヤズィコワ夫人はひそかにトゥリンスクにおもむき、彼らのもとで二週間を過ごした。その年の冬に彼らの父が死んだ。ゲルツェンの言っている「庶子」はイワショーフの兄ではなく、彼の異父兄、A・E・ゴロヴィーンスキーである。彼はイワショーフとその妻とに残された莫大な財産の管理人になった。一八三九年にカミーラの母親もシベリアにやって来た。しかし、イワショーワ夫人は一八三九年の十二月に風邪をひいたのがもとで死に、イワショーフもあくる年の十二月に卒中のために死んだ。イワショーフ夫妻のあとには二人の娘が残されたが、一八四一年祖母マリー・ル・ダンテュと共にロシアに帰ることを許され、ゴロヴィーンスキーの保護を受けることになった。

(17) パーヴェル・イワーノヴィチ・ペステリ、一七九三―一八二六、デカブリスト、五人の首謀者の一人。

(18) 一八二六年七月二十一日のこと。

(19) デカブリストの五人の首謀者ペステリ、ムラヴィヨーフ＝アポストル(セルゲイ・イワーノヴィチ、一七九六―一八二六)、ルィレーエフ、カホーフスキー、ベストゥージェフ＝リューミンの死刑は一八二六年七月十三日に行なわれ、同月の二十日過ぎになって初めて《モスクワ通報》紙上に発表された。

(20) ワシーリー・ヤーコヴレヴィチ・ミローヴィチ、一七四〇―六四、陸軍少尉、シリュッセルブルク要塞監獄に投ぜられたイワン六世アントノーヴィチを支持してクーデターを計画し、死刑となる。

(21) エメリヤン・イワーノヴィチ・プガチョーフ、一七四二―七五、ウラルのコサック、農民反乱の指導者、逮捕されて死刑になる。

(22) 一七五四年九月三十日女帝エリザヴェータの治世に、死刑は別の刑をもって替えることが定められた。ただし、エカテリーナ二世の時に修正され、国事犯はこの限りではないとされた。

(23) 一八三二年に公布された法集成によれば、死刑は政治犯、検疫上の犯罪、軍規違反(ただし行軍中の)に対して適用されることになった。

(24) 祈禱が行なわれたのは一八二六年七月十九日。前後関係について、ゲルツェンの記憶に混乱がある。あるいは、処刑のことは噂によって祈禱前に知られていたということは考えられる。

(25) アンナ・ペトローヴナ・ロプヒナー、一七七七―一八〇五、ガガーリン公爵夫人。

(26) 在位一八〇〇―二三。

(27) ローマ皇帝ネロの二番目の妻。

(28) ハドリアヌス帝に愛された美少年、一一〇―一三〇頃。

(29) ローマ皇帝、淫乱をもって知られた。在位二一八―二二二。

(30) セルウィウス・スルピキウス、ローマ皇帝、在位六八―六九。
(31) フェルディナンド二世、在位一八三〇―五九。
(32) ポーランド反乱の起きた日。
(33) ペテルブルク南西の町で、ここには悪名高いパーヴェル一世お気に入りの宮殿があった。
(34) コンドラチー・フョードロヴィチ・ルィレーエフ、一七九五―一八二六、詩人、デカブリスト、死刑になる。
(35) 一八五六年度《北極星》にはゲルツェンの『過去と思索』の第一部の他に、プーシキンの「自由」「村」「シベリアに送る詩」「チャアダーエフに」、ルィレーエフの「市民」その他の詩が載った。
(36) 一七九四年七月二十七日、テルミドール九日の反動派のクーデターを指す。
(37) タチアーナ・クーチナ。
(38) 露暦十二月二十五日(新暦一月七日)から、露暦一月六日(新暦一月十九日)までの十三日間。
(39) エリザヴェータ・ペトローヴナ・スマルマン(旧姓ヤーコヴレワ)。ゲルツェンには従姉にあたる。
(40) ライ麦から作る弱アルコール性の清涼飲料水。ロシア人は愛飲する。
(41) ニコライ・イワーノヴィチ・グネージッチ、一七八四―一八三三。
(42) グネージッチ訳の『イーリアス』の第一歌。
(43) グリボエードフ『知恵の悲しみ』第一幕第七景。

(44) ナターリア・ペトローヴナ・クーチナ(旧姓ヤーコヴレワ)、一八二二年没。
(45) ピョートル・イワーノヴィチ・クーチン。
(46) プーシキンの韻文小説『エウゲーニー・オネーギン』第三章二十八連からの引用。
(47) 皇后マリーア・フョードロヴナ、パーヴェル一世の妃、一七五九—一八二八。
(48) ヨハン・ハインリヒ・チョッケ、一七七一—一八四八、ドイツの作家。
(49) シラーの戯曲『群盗』の舞台。
(50) この論文は現在残っていない。
(51) ゲルツェンは家族と共に一八四七年の末から翌年四月までイタリアを旅行した。
(52) オガリョーフの詩集『ユーモル』第一部からの引用。

第四章

(1) 一八三三年六月七日付でオガリョーフがゲルツェンに宛てた手紙からの引用。
(2) カルル・イワーノヴィチ・ゾンネンベルク、?—一八六二?、オガリョーフの少年時代のドイツ人教師、後にゲルツェンの父の家に住んだ。
(3) オガリョーフの父プラトン・ボグダーノヴィチ。
(4) オガリョーフの詩集『ユーモル』第二部からの引用。
(5) エルンスト・イオアン・ビロン、一六九〇—一七七二、バルト・ドイツ人貴族、女帝アンナの寵臣。彼が登用されることにより、宮廷内にドイツ人の勢力が拡大した。一七四〇年に失脚。

(6) アレクサンドル・ラヴレーンチエヴィチ・ヴィトベルク、一七八七―一八五五、建築家、ヴャトカ時代のゲルツェンの友人、第二部第十六章参照。
(7) この年が何年であるか確定することはできないが、今では一八二七年の夏であったというのが有力な説である。
(8) アレクサンドル一世は、ナポレオン戦争での勝利を記念して聖堂の建立を計画した。建築家ヴィトベルクの設計が採用され、定礎式が一八一七年十月十二日に行なわれた。しかし、この計画は実現しなかった。詳しくは第二部第十六章を参照。
(9) オーストリアの王ヨーゼフ二世はエカテリーナ二世（大帝）時代、一七八〇年にロシアを訪問している。
(10) ヤコブと神との闘いを指す。『旧約聖書』「創世記」第三十二章。
(11) 一八三三年六月七日付、オガリョーフからゲルツェンへの手紙からの引用。
(12) この時ゲルツェンと共にいたのは妻のナターリアであった。
(13) エリザヴェータ・ワシーリエヴナ・サリアス・デ・トゥルネミール（エウゲニア・トゥール）。
(14) ニコライ・ミハーイロヴィチ・カラムジーン、一七六六―一八二六、詩人、小説家、歴史家。
(15) カラムジーンの「我がアガトンの墓に捧げる花」より。
(16) シラーの『哲学書簡』の中で手紙のやりとりをしている二人の友人の一人。
(17) プーシキン『エウゲーニー・オネーギン』の「オネーギンの旅」からの引用。
(18) ベッティナ・フォン・アルニム（エリザヴェート、一七八五―一八五九、ドイツの作家）の

『ある子供とのゲーテの往復書簡』第一巻(ベルリン、一八三五)二七四ページからの不正確な引用。

(19)シラーの戯曲『ジェノヴァのフィエスコの謀反』の主人公。

(20)シラーの戯曲『ジェノヴァのフィエスコの謀反』の中の人物。

(21)シラーの戯曲『群盗』の主人公。

(22)シラーの戯曲『ドン・カルロス』の中の人物。

(23)モスクワのヴラスエフスキー小路の家。ゲルツェンはここに一八二四年から一八三〇年まで住んでいた。

(24)オガリョーフの短詩「古き家」(一八四〇)。

第五章

(1)ルヴェ・ド・クヴレの小説の主人公。

(2)マルクス・アティリウス・レグルス、?—前二四八?、ローマの執政官、カルタゴ軍に捕えられ、捕虜交換のための特使としてローマに派遣されたが、任務を果たせなかったので、約束を守ってカルタゴに戻り、死刑になった。

(3)プーシキンの詩「顕官に」(一八三〇)。

(4)ピエトロ・ゴッタルド・ゴンザーガ、一七五一—一八三一、イタリアの画家、舞台装置家、一七九二年ロシアに行き、死ぬまでロシアで仕事をした。

（5）ガブリエラ・ロマーノヴィチ・デルジャーヴィン、一七四三―一八一六、エカテリーナ二世「専属」の詩人。彼女を讃える沢山の頌詩を書いた。
（6）イヴァン・アンドレーエヴィチ・クルィローフ、一七六九―一八四四、劇作家。
（7）ニコライ・ニコラーエヴィチ・バフメーチェフ、一七七〇?―一八三〇?、陸軍大将、アレクセイ・バフメーチェフの兄、オレンブルク知事（一七九八―一八〇三）、ゲルツェンの父の友人。
（8）母親、ゲルツェンの兄、ゲルツェン自身を指す。
（9）ここでは彼が領地に派遣した執事のこと。
（10）ゲルツェンの父の侍僕。
（11）一フント＝四〇九・五グラム。
（12）ミハイル・フョードロヴィチ・オルローフ、一七八八―一八四二、デカブリスト、逮捕される前は陸軍少将。
（13）オルローワ＝チェスメンスカヤ、一七八五―一八四八、莫大な額の資産家で、アレクサンドル一世とニコライ一世に仕えた侍女。
（14）オルローフの著作『国家信用論』（モスクワ、一八三三）のこと。
（15）ジャック・ネッケル、一七三二―一八〇四、ルイ十六世の時代、財政政策を預かった、スイス出身のフランスの政治家。
（16）グリゴーリー・イワーノヴィチ・クリュチャリョーフ、モスクワの官吏、ゲルツェンの父の財産管理を担当していた。

(17) レーヴェリは現エストニアの首都タリン。
(18) 「気ままな」の意。
(19) リチャードソンの小説『クラリッサ』に登場する放蕩児。
(20) 正確には「クズネツキー・モスト」、「鍛冶橋」の意。ゲルツェンはレーヴェリの人ゾンネンベルクに、あえて間違った呼び方をさせたままにしている。
(21) ウラル山脈のヨーロッパ寄りの麓の都市。
(22) 「カタンのレフ」の意、八世紀に出た聖職者、主教。
(23) フランツ・ニコラーエヴィチ・ティリエ、ゲルツェンの少年時代のフランス人家庭教師。
(24) 一八一〇年にシェレメーチェフ伯爵によって開かれた慈善施設。巡礼者、老齢者、障害者、病人が収容された。
(25) ジャン・フランソワ・マルモンテール、一七二三―九九、フランスの作家。
(26) ピエール・カルレ・ド・シャンブラン・マリヴォー、一六八八―一七六三、フランスの喜劇作家、小説家。
(27) ピョートル・イワーノヴィチ・シャリコフ、一七六八―一八五二、公爵、感傷派の詩人。
(28) ウラジーミル・イワーノヴィチ・パナーエフ、一七九二―一八五九、詩人、多くの感傷的な牧歌を書いた。
(29) ピーメン・ニコラーエヴィチ・アラーポフ、一七九六―一八六一、高官、劇作家、翻訳家、ロシア演劇史家。

(30) イワン・イワーノヴィチ・ドミートリエフ、一七六〇―一八二七、詩人、寓話作家。
(31) ワシーリー・リヴォーヴィチ・プーシキン、一七六七―一八三〇、詩人、例のプーシキンの伯父にあたる。
(32)「赤い門」の意。
(33) マリーア・アレクセーエヴナ・ヤーコヴレワ（ホワーンスカヤ）、一七五五―一八四七、ゲルツェンの父の姉、ナターリア・ザハーリイナ（ゲルツェンの妻）の養母、「公爵夫人」。
(34) 著書はゲルツェンの記憶違い。正しくは *Las-Cases*。

第六章

(1) アレクセイ・ニコラーエヴィチ・バフメーチェフ。第二章訳注（2）参照。
(2) 高等教育を受けていない官吏が八等官になるためには、理数学部と文学部と法学部の一定の授業を受けた上、教授や講師からなる委員会の試問に合格しなければならなかった。この制度は一八〇九年から三四年まで存続した。
(3)「屈辱」の意。前三二一年にローマ人がナポリの近郊カウディウムの二股道でサムニウム人に敗れた故事に由来する。
(4) 一八一一年十月にペテルブルク近郊のツァールスコエ・セロー（文字通り訳せば「皇帝村」）。現在のプーシキン市）に設立された貴族の子弟のための学校。
(5) アレクサンドル・イワーノヴィチ・ポレジャーエフ、一八〇四―三八、詩人。

(6) 第一部第七章の「つけたり」を参照。
(7) アレクサンドル・アレクサーンドロヴィチ・ピーサレフ、一七八〇—一八四八、作家、モスクワ教育管区長官。さまざまな作家の文章を集めた『カルーガ夜話』二巻(一八二五)を編集。
(8) ヤコフ・イワーノヴィチ・コステネーツキー、一八一一—八五、モスクワ大学の学生、スングーロフ事件(後出)の関係者。一八三九年兵卒としてカフカースに送られ、後に士官となった。
(9) クリーツキー兄弟の長男ピョートル・イワーノヴィチ、一八〇六—?、官吏、一八二七年に逮捕され、流刑地で六年を過ごした後に、兵卒勤務となり、一八五五年にモスクワに戻された。次男ミハイル、一八〇九—三六、モスクワ大学の学生。一八二七年に逮捕されソロヴェツキー修道院に幽閉されたが、一八三四年兵卒としてカフカースに送られ、同地で戦死した。三男ワシーリー、一八一〇—三一、モスクワ大学の学生、一八二七年に逮捕され、シリュッセルブルク要塞で死んだ。
(10) セルゲイ・ミハーイロヴィチ・ゴリーツィン、一七七四—一八五九、公爵、モスクワ教育管区長官(一八三〇—三五)。一八三四年にゲルツェン、オガリョーフらの事件の第二次審理委員会の議長を務めた。
(11) ミハイル・ヴィリゲリモーヴィチ・リヒテル、一七九九—?、モスクワ大学産科学教授。
(12) ここでゲルツェンが念頭に置いているのは、一八四四年にニコライによって出された、パスポートについての法令である。これによって出国の理由が厳しく問われることになり、また、年齢も二十五歳以上と制限され、しかも、パスポートの発給事務が内務省の管轄下に置かれることになった。病気の療養のために外国旅行に出るには、警察の許可だけでなく、医者の診断書の提出も求められることになった。

(13) ここでゲルツェンが念頭に置いているのは、正教を公認の宗教として擁護するために取られた一連の宗教政策のこと。一八三九年には、正教徒でありながら同時にローマ教皇の権威を認めるユニアト教徒に正教への合同を求め、古儀式派（旧教徒）を弾圧し、ヴォルガ、ウクライナ、カフカース、カザフ、シベリアなどの異教徒に正教への改宗を迫った。

(14) 医学部への入学にはラテン語の試験が課せられていたので、外国人や医者、薬剤師の子弟にとって有利であった。また医者不足（特に軍隊での）を解消するため、政府はラテン語の素養を持つ神学校の卒業生に給付金を与えて、医学部への進学を勧めた。

(15) グリボエードフ『知恵の悲しみ』第三幕第三景。

(16) 一六七七―一七六六、ポーランド王（在位一七〇四―〇九、一七三三）、後にフランスに住んだ。その家は豪華な飾りつけをもって知られた。

(17) シャルル・ルイ・シュヴァリエ、一八〇四―五九、フランスの物理学者。

(18) ドミートリー・ニコラーエヴィチ・スヴェルベーエフ、一七九九―一八七六、モスクワの貴族、その家でスラヴ派や西欧派の会合が行なわれた。

(19) アレクセイ・ステパーノヴィチ・ホミャコーフ、一八〇四―六〇、詩人、哲学者、スラヴ派の論客。

(20) ジョルジュ・キュヴィエ、一七六九―一八三二、フランスの博物学者。比較解剖学、古生物学にも足跡を残した。

(21) オーギュスタン・ピラミュ・ドゥ・カンドール、一七七八―一八四一、スイスの植物学者。

(22) ゲルツェンは「化学者」の思想に影響を与えていた十八世紀の自然科学的唯物論のことを言っている。

(23) ジョセフ・ジェローム・ルフランセー・ド・ラランド、一七三二―一八〇七、フランスの天文学者、数学者。

(24) エティエンヌ・ジョフロア・サンティレール、一七七二―一八四四、フランスの動物学者。

(25) ロレンツ・オーケン、一七七九―一八五一、ドイツの自然哲学者。

(26) 一八三一年三月十六日に起きた。

(27) ミハイル・ヤーコヴレヴィチ・マーロフ、一七九〇―一八四九。

(28) 「僅か九人です」という意味に通じるロシア語の洒落である(「マーロ」とは「僅かしかない、いない」の意)。

(29) ロディオン・グリゴーリエヴィチ・ゲイマン、一八〇二―六五、化学教授。

(30) イワン・アレクセーエヴィチ・ドヴィグープスキー、一七七一―一八三九、植物学・解剖学教授、総長(一八二六―三三)。

(31) オボレーンスキー公爵のモスクワ教育管区長官時代は一八一七年から二五年まで。つまりニコライ一世の即位以前のことである。

(32) ユスト・クリスティアン・イワーノヴィチ・ローデル、一七五三―一八三二、宮廷医、モスクワ大学講師。

(33)フォン・ワルトハイム・グリゴーリー・イワーノヴィチ・フィッシェル、一七七一―一八五三、モスクワ大学動物学講師(一八〇四―三五)。

(34)フョードル・アンドレーエヴィチ・ヒルデブラント、一七七三―一八四五、解剖学教授。

(35)イワン・アンドレーエヴィチ・ハイム(ゲイム)、一七五八―一八二一、一七八四年から歴史・統計学・地理学教授、総長(一八〇八―一八)。

(36)アレクセイ・フョードロヴィチ・メルズリヤコーフ、一七七八―一八三〇、詩人、批評家、翻訳家、一八〇七年からロシア文学教授。

(37)フョードル・イワーノヴィチ・チュマコーフ、一七八二―一八三七、数学教授、理数学部長(一八二七―三一)。

(38)ワシーリー・ミハーイロヴィチ・コステリニーツキー、一七七〇―一八四四、医学部教授(一八一〇―三五)、後に学部長。

(39)フョードル・フョードロヴィチ・レイス(フェルディナント・フリードリヒ・ロイス)、一七七八―一八五二、化学教授(一八〇四―三二)。

(40)半ば伝説化したムーア人の一族。十五世紀にスペインで滅亡した。その悲劇的な運命を題材として、シャトーブリアンは『最後のアベンセラージェの冒険』を書いた。

(41)ワシーリー・キリーロヴィチ・トレジャコーフスキー、一七〇三―六九、詩人、文芸学者。

(42)エミール・イワーノヴィチ・コストローフ、一七五〇?―九六、詩人、翻訳家。

(43) ミハイル・マトヴェーエヴィチ・ヘラースコフ、一七三三―一八〇七、古典派の詩人、劇作家。
(44) ヤコフ・ボリーソヴィチ・クニャジニーン、一七四二―九一、詩人、劇作家。
(45) フィリップ・ゲンリク・ディルタイ、一七二三―八一、一七五六年以後モスクワ大学の最初の法学教授。
(46) イワン・パーヴロヴィチ・アラペートフ、一八一一―八七、後に自由主義的な官吏。
(47) 残るもうひとりは、パーヴェル・パーヴロヴィチ・カメーンスキー(一八一二―七〇)、卒業後の消息は不明。
(48) アレクサンドル・ニキーチッチ・パーニン、一七九一―一八五〇、一八三〇―三三年にモスクワ教育管区長官セルゲイ・ゴリーツィン公爵の助手として派遣された特別管理官、一八三四年からハリコフ大学副学長。
(49) ミハイル・グリゴーリエヴィチ・パーヴロフ、一七九三―一八四〇、一八二〇年から物理学、鉱物学、農学の講義をした。
(50) ミハイル・トロフィーモヴィチ・カチェノーフスキー、一七七五―一八四二、歴史学者、評論家、一八三七年以後総長。
(51) ミハイル・ユーリエヴィチ・レールモントフ、一八一四―四一、詩人、作家。代表作に『現代の英雄』(一八四〇)がある。
(52) イワン・セルゲーエヴィチ・ツルゲーネフ、一八一八―八三、作家。代表的作品に『猟人日記』(一八四七―五二)『父と子』(一八六二)などがある。

(53) コンスタンチン・ドミートリエヴィチ・カヴェーリン、一八一八―八五、歴史家、法律学者、自由主義的な評論家、一八四四年からモスクワ大学の教授。

(54) ニコライ・イワーノヴィチ・ピローゴフ、一八一〇―八一、外科医学、解剖学の権威、ペテルブルク外科医学専門学校教授。

(55) ガブリイール・イワーノヴィチ・ミャーフコフ、モスクワ大学軍事学講師、「ミャーフキー」は「軟らかい」という意味。

(56) フリードリヒ・ハインリヒ・アレクサンダー・フォン・フンボルト、一七六九―一八五九、ドイツの博物学者、探検家。

(57) セルゲイ・セミョーノヴィチ・ウヴァーロフ、一七八六―一八五五、ペテルブルク科学アカデミー総裁(一八一八―五五)、文部大臣(一八三三―四九)。

(58) 一八二九年十月二十六日のこと。

(59) 一八二九年十月一日のこと。

(60) 南米大陸のエクアドルにある山、標高六三一〇メートル。

(61) ベルリン近郊ポツダムにあるフリードリヒ二世の宮殿。

(62) ドミートリー・ワシーリエヴィチ・ゴリーツィン、一七七一―一八四四、公爵、モスクワ総督(一八二〇―四三)。

(63) ジョン・ジョージ・ラムトン、一七九二―一八四〇、伯爵、イギリスの政治家、駐ロシア大使（一八三五—三七）。

(64) セルゲイ・ニコラーエヴィチ・グリンカ、一七七六—一八四七、作家、評論家、祖国戦争の参加者。

(65) クリスティアン・ゴトフリート・エレンベルク、一七九五—一八七六、ドイツの動物学者、一八二九年のフンボルトのウラル旅行に同行した。

(66) グスターフ・ローゼ、一七九八—一八七三、ドイツの鉱物学者、地質学者、一八二九年にフンボルトと共にシベリアおよびウラルを旅行した。

(67) コシュート・ラヨシュ、一八〇二—九四、一八四八—四九年の革命時のハンガリー民族運動の指導者。

(68) ジュゼッペ・ガリバルディ、一八〇七—八二、イタリアの民族独立運動家。彼の事績は第五部以下で詳細に語られている。

(69) アレクセイ・レオーンチエヴィチ・ロヴェーツキー、一七八七—一八四〇、医師、博物学者、一八二六年から外科医学専門学校教授、一八三四年からモスクワ大学教授。

(70) ジュコーフスキー（ワシーリー・アンドレーエヴィチ、一七八三—一八五二、詩人、皇太子アレクサンドルの家庭教師）の詩「ボロジノーの記念日」（一八三九）からの不正確な引用。

(71) パーヴェル・ステパーノヴィチ・シチェープキン、一七九三—一八三六、数学教授（一八二六—三三）。

(72) ルネ・ジュスト・アユイ、一七四三—一八二二、フランスの鉱物学者。

(73) アブラハム・ゴトロープ・ウェルナー、一七四九―一八一七、ドイツの地質学者。
(74) アイルハルト・ミッチェルリヒ、一七九四―一八六三、ドイツの化学者。
(75) キリール・ヤーコヴレヴィチ・チュファーエフ、一七七五―一八四〇?、ペルミとトヴェーリの県知事を経て、ヴャトカ県の知事(一八三四―三七)。
(76) コルサコフの喜劇『マルファとウガール』中の人物。
(77) コルサコフの喜劇『マルファとウガール』の主人公。
(78) アレクサンドル・オーギュスト・ルドリュ・ロラン、一八〇七―七四、フランスの政治家、一八四八年の臨時政府の内務大臣、一八四九年イギリスに亡命した。
(79) フョードル・アレクセーエヴィチ・デニーソフ、?―一八三〇、技術学教授。
(80) ワシーリー・ミハーイロヴィチ・ドロズドーフ・フィラレート、一七八二―一八六七、一八二六年以後のモスクワの府主教。
(81) 俗名アレクサンドル・ニコラーエヴィチ・ゴリーツィン、一七七三―一八四四、公爵、宗務大臣、文部大臣などを歴任。
(82) ジャン・バティスト・アンリ・ラコルデール、一八〇二―六一、フランスのカトリック伝道師、一八四八年の共和国を支持した。
(83) ピョートル・ミハーイロヴィチ・ヴォルコーンスキー、一七七六―一八五二、元帥、参謀総長、宮内大臣。
(84) ステパン・ペトローヴィチ・フィッヘラウロフ、モスクワ大学医学部学生、一八二七年入学。

(85) エカテリーナ二世は夫ピョートル三世を殺して帝位に就いた。
(86) 一四八〇―一五一九、教皇アレクサンデル六世（ロドリーゴ・ボルジア）の娘、政治的陰謀と不道徳な行為とをもって知られる。
(87) プーシキン『エウゲーニー・オネーギン』第七章三十八連からの引用。
(88) アン・ラドクリフ、一七六四―一八二三、イギリスの作家、中世に題材をとった小説が多い。
(89) 一七五七―一八三六、フランス王（在位一八二四―三〇）。
(90) 七月革命が起こると、シャルル十世はフランスを逃れ、イギリスのホリールードにあるエジンバラ城に逃げこんだ。
(91) ルイ・フィリップ、自ら「市民王」と称した。
(92) 七月革命の報をヘルゴランド島で聞いたハイネは、その時の感激を『ルートヴィッヒベルネ』の第二巻に書いている。パーンの神はギリシア神話に登場する牧神。
(93) ラファイエット、マリー・ジョセフ、一七五七―一八三四、フランスの貴族、軍人、政治家。一八三〇年の七月革命時にはリベラル君主主義者。
(94) マクシミリアン・ラマルク、一七七〇―一八三二、伯爵、フランスの軍人、政治家、一八二八年から下院議員、ルイ・フィリップの政策を攻撃した。
(95) ジャック・アントワーヌ・マヌエル、一七七五―一八二七、フランスの政治家、ブルボン王朝復活期の自由主義的反対派の代表者。
(96) バンジャマン・コンスタン、一七六七―一八三〇、フランスの政治家、作家。

(97) ジャック・シャルル・デュポン・ド・ルール、一七六七―一八五五、フランスの政治家、一八三〇年の司法大臣。
(98) アルマン・カレル、一八〇〇―三六、フランスの評論家。
(99) ゲーテの詩「希望」からの不正確な引用。
(100) イワン・イワーノヴィチ・ジビーチ、一七八五―一八三一、元帥、一八三一年ポーランド反乱鎮圧軍の総司令官。
(101) 聖職者が聖事を行う場所と平信徒が祈る場所を区切る聖像画の障壁のこと。
(102) タデウシュ・コシチューシュコ、一七四六―一八一七、一七九四年のポーランド独立運動の指導者。
(103) 一八三一年十月二十四日。
(104) グスタフ・ステファノヴィチ・シャニャーフスキ、一八〇八頃―?、実際に逮捕されたのは一八三一年のこと。逮捕後シベリアに流刑され、消息を断った。
(105) ユーリー・パーヴロヴィチ・コリレイフ、一八一三―四四、モスクワ大学の学生、スングーロフ事件に連座、兵卒としてオレンブルクに追放、一八四二年モスクワに戻る。
(106) プラトン・アレクサーンドロヴィチ・アントノーヴィチ、一八一二―八三、ゲルツェンの大学時代の友人、スングーロフ事件で一八三三年に兵卒としてカフカースに送られ、後に政府の高官となった。
(107) ここに挙げられているのは、いずれもスングーロフ事件に連座した者たちである、従って、彼らの逮捕されたのは三二年でなく三一年のこと、正確には同年六月二十日。
(108) 彼らは皆、兵卒として軍隊に編入された。
(109) ワジーム・ワシーリエヴィチ・パッセク、一八〇八―四二、後に歴史家、民族学者。
(110) ニコライ・クリストーフォロヴィチ・ケッチェル、一八〇六?―八六、後に医師、詩人、翻訳家。
(111) ウクライナ・コサックの本営地、「自由の根拠地」の意味に用いられている。
(112) ワジーム・パッセクの父ワシーリー・ワシーリエヴィチは、進歩思想の故に一七九四年に逮捕された。彼はラジーシチェフの『ペテルブルクからモスクワへの旅』の写本を所持していた。
(113) 「他の人」とはワシーリー・ワシーリエヴィチの伯父で後見人でもあったピョートル・ボグダーノヴィチのこと。彼は政府部内で高い地位にあった。
(114) 実際には一八二四年末のこと。一家は二五年に中部ロシアに移り住んだ。
(115) エウゲーニー・ワシーリエヴィチ、一八〇四―四二、パッセク兄弟の長兄、ペテルブルク大学法学部卒業後、内務省に勤務。レオニード・ワシーリエヴィチ、生没年不詳、パッセク兄弟の二番目の兄、海軍士官。
(116) ジオミード・ワシーリエヴィチ、一八〇七―四五、モスクワ大学卒業後、交通技術学校、陸軍大学を卒業、一八四一年カフカース軍勤務、同地で戦死。
(117) 正確には一八四二年十月。
(118) タチアーナ・ペトローヴナ・クーチナ、一八一〇―八九、後に作家、彼女については第三章

（本書一三八―一四八ページ）を参照。

(119) アレクサンドル・セルゲーエヴィチ・シリャーエフ、?―一八四一、書籍出版および販売業者。

(120) ポレジャーエフは死の直前に士官に昇進した。

(121) コリレイフは死の直前に流刑を解かれた。

(122) ベリンスキーも肺結核で死んだ。

(123) カルル・イワーノヴィチ・ラブース、一八〇〇―五七、画家、美術院会員。

(124) ザハール・グリゴーリエヴィチ・チェルヌィショーフ、一七九六―一八六二、デカブリスト、逮捕されるまで騎兵大尉。

(125) エリザヴェータ・グリゴーリエヴナ・チェルヌィショーワ、?―一八五八、パッセクの家族と親しい関係にあった。

(126) アルヒマンドリート、修道僧の位階で主教の下の位。修道院長になる資格を有する。

(127) ソコーリニコフ・メルヒセデク、一七七三―一八五三。

(128) イグーメン、修道僧の位階で掌院と修道司祭の間の位。

(129) ドミートリー・ウラジーミロヴィチ・ヴェネヴィーチノフ、一八〇五―二七、詩人。

(130) ヴェネヴィーチノフのエレジー「詩人と友」の末尾の句。

(131) ミハイル・ワシーリエヴィチ・ペトラシェーフスキー、一八二一―六六、秘密結社を組織したとされて、一八四九年に逮捕され、シベリアに流刑になる。

(132) ニコライ・ペトローヴィチ・スングーロフ、一八〇五―?、一八二〇年代の末にモスクワに組織された秘密結社の指導的人物、一八三一年に逮捕されシベリアへの徒刑を宣告され、徒刑地で死んだ。
(133) スングーロフ事件との関わりで、ゲルツェンとオガリョーフの仲間に対する秘密警察の監視活動は、一八三三年の頃に始まっていた。
(134) イワン・ワシーリエヴィチ・キレーエフスキー、一八〇六―五六、哲学者、スラヴ主義の主唱者の一人。
(135) カルル・グスターヴォヴィチ・スターリ、一七七七―一八五三、ナポレオン戦争の参加者、モスクワ衛戍司令官（一八三〇―五三）。元老院議員。
(136) アレクサンドル・アレクサーンドロヴィチ・ヴォルコフ、一七七八―一八三三、陸軍大将、モスクワ管区憲兵隊司令官。
(137) ステパン・イワーノヴィチ・レソーフスキー、一七八二―一八三九、モスクワ管区憲兵隊司令官（一八三三―三四）。
(138) ニコライ・ミハーイロヴィチ・サーチン、一八一四―七三、詩人、翻訳家。
(139) イワン・アファナーシエヴィチ・オボレーンスキー、一八〇五―四九、ゲルツェンの大学時代の友人、一八三四年にゲルツェンと共に逮捕された。
(140) 司祭以上の位階を授けるために主教が相手の頭に両手を置いて行なう儀式。
(141) ニコライ・ペトローヴィチ・シュビーンスキー、一七八二―一八三七、モスクワ管区憲兵隊の大佐、ゲルツェンらの事件の審理委員会の一員。
(142) アレクサンドル・アレクサーンドロヴィチ・ベストゥージェフ、筆名マルリンスキー、一七九七―一八三七、デカブリスト、作家、シベリアの流刑地からカフカースの兵卒勤務に移され、戦死。

第七章

(1)「コペルニクスの太陽系の分析的解明」。
(2) ルイ・アントワーヌ・サン・ジュスト、一七六七―九四、ジャコバン党の指導者の一人。
(3) ルイ・ラザール・オッシュ、一七六八―九七、フランス革命時の将軍、ヴァンデ戦争を鎮圧。
(4) フランソワ・セヴェラン・マルソー、一七六九―九六、フランスの将軍、フランス革命時代の活動家。
(5) カミーユ・デムーラン、一七六〇―九四、フランス革命時のダントン派のジャーナリスト。
(6) ジョルジュ・ジャック・ダントン、一七五九―九四、フランス革命時のジャコバン派の指導者の一人。
(7) マクシミリアン・マリ・ロベスピエール、一七五八―九四、フランス革命時のジャコバン派の指導者の一人。
(8) ヴィクトル・エスクース、一八一三―三二、フランスの詩人、劇作家、親友ルブラと共に自殺した。

(9) オーギュスト・ルブラ、一八一一―三二、フランスの詩人、劇作家。

(10) シャルル・ポール・ド・コック、一七九四―一八七一、当時のフランスの通俗的なベストセラー作家。

(11) ニコライ・イワーノヴィチ・サゾーノフ、一八一五―六二、ゲルツェンの学生時代のグループの参加者、評論家、後に亡命。

(12) ウラジーミル・イグナーチエヴィチ・ソコローフスキー、一八〇八―三九、詩人、一八三二年からゲルツェンとオガリョーフのグループに接近し、一八三四年に逮捕される。

(13) 一八三三年十二月か一八三四年一月のこと。

(14) ニコライ・アレクセーエヴィチ・ポレヴォーイ、一七九六―一八四六、作家、歴史家、ジャーナリスト。

(15) ミハイル・アレクサーンドロヴィチ・マクシーモヴィチ、一八〇四―七三、植物学者、歴史家、民族学者、一八三三年からモスクワ大学の自然科学教授。

(16) 「アレクサンドル・イワーノヴィチ」(つまりゲルツェンのこと)の日常的な呼ばれ方。

(17) オガリョーフのこと。

(18) 「セミクの祭」は復活大祭の第七週目の木曜日に死者の霊を祭り、春を迎える民間の祝日のこと。「マリーアの森」はモスクワ郊外の森の名前。

(19) 一八三三年八月七―八日付のオガリョーフ宛てゲルツェンの手紙からの抜粋。

(20) ベランジェの一八二〇年代の詩の中には、宴席での乾杯の挨拶にかこつけて共和主義への共鳴を語る詩があるが、ゲルツェンはこれを皮肉っているのである。
(21) ネストル、一〇五六―一一一四、キエフ洞窟修道院の僧、『原初年代記』を集大成した。
(22) ネストルの『原初年代記』はスラヴ派の中でもてはやされていた。
(23) バルテルミー・プロスペル・アンファンタン、一七九六―一八六四、フランスの空想的社会主義者、サン・シモンの弟子。
(24) サン・シモン主義者たちは、一八三二年に社会の公序良俗を乱したということで、刑法第二四一条によって裁かれた。この刑法と民法とを合わせて「ナポレオン法典」と称されている。
(25) 七月王政（オルレアン王政）を特徴づけていたのは、王政を牛耳る金融貴族たちの道徳的頽廃であったが、サン・シモン主義者たちの「新しい宗教」と両性の平等という思想は「女性の共有」を宣伝するものと歪曲され、その反道徳性の故に告発された。
(26) 七月革命後に法廷からキリスト磔刑の像は取り去られ、聖像画には緑の布がかぶせられていた。
(27) ピエール・ジョセフ・プルードン、一八〇九―六五、フランスの無政府主義的社会主義者。
(28) クセノフォント・アレクセーエヴィチ・ポレヴォーイ、一八〇一―六七、ジャーナリスト、兄ニコライと共に《モスクワ・テレグラフ》を編集。
(29) ポレヴォーイは《モスクワ・テレグラフ》の廃刊後、政府の側に身を投じた。『シベリア女のパラーシャ』はこの時期の作品。
(30) 一七九二―一八七八、一八四六年からローマ教皇。

つけたり

(1) 聖霊降臨後第一主日後の木曜日。

(2) ジャコバン党の独裁時代、一七九四年五月七日(新暦)にいわゆる「聖体」拝礼が制定された。この拝礼は新しい「市民宗教」と称された。この聖体を崇めるために一七九四年六月八日に祝典が行なわれ、その後に「祖国の敵」に対する弾圧が強化された。

(3) アントン・アントーノヴィチ・プロコポーヴィチ・アントンスキー、一七六二—一八四八、モスクワ大学の自然科学教授、同総長(一八一八—二六)。

(4) カルル・アンドレーエヴィチ・リーヴェン、一七六七—一八四四、文部大臣(一八二八—三三)。

(5) 一八二六年七月二十八日にポレジャーエフはブトゥイルスキー連隊の下士官になった。

(6) 一八二七年六月のこと。

(7) 笞を持って二列に並んだ兵士の間を歩かせて、兵士に笞打たせる刑。

(8) ポレジャーエフの短詩「摂理」からの不正確な引用。

(9) ポレジャーエフは一八二九年モスクワ歩兵連隊の兵士としてカフカースに送られた。

(10) 『竪琴——アレクサンドル・ポレジャーエフ詩集』(モスクワ、一八三八)。

第八章

（1）ピエール・コルネイユ、一六〇六―八四、十七世紀フランスの劇作家、『ル・シッド』は代表作。
（2）コルネイユの悲劇『オラース』の第三幕第六場の父オラースの言葉。
（3）オガリョーフは一八三四年七月九日に逮捕され、十二日に一度釈放されたが、三十一日に再び逮捕された。
（4）ワシーリー・ペトローヴィチ・ズブコーフ、一七九九―一八六二、元老院総裁。
（5）シドニー・モーガン、一七八三―一八五九、アイルランドの作家。
（6）ジョン・ハンプデン、一五九四―一六四三、十七世紀イギリス市民革命の活動家。
（7）ジャン・シルヴァン・バイイ、一七三六―九三、天文学者、フランス革命時代の政治家、バスティーユ事件後のパリ市長、シャン・ド・マルス事件で大衆運動を弾圧したかどにより死刑となった。
（8）ジュゼッペ・マルコ・フィエスキ、一七九〇―一八三六、コルシカ人、フランス王ルイ・フィリップの暗殺を企てて死刑になる。
（9）デカブリストによる秘密結社で、「救済同盟」（一八一六―一七）が解散された翌年にモスクワで結成され、二一年まで存続した。農奴制と専制政治の廃絶と立憲体制の樹立を目指した。二一年以降は共和制を目指す「南部結社」と立憲君主制を目指す「北部結社」とに分裂した。
（10）アレクセイ・フョードロヴィチ・オルローフ、一七八六―一八六一、軍人、外交官、第三課の課長。

(11) プーシキンの叙事詩「ポルタワ」の中の人物。
(12) イワン・ステパーノヴィチ・マゼーパ、一六四四―一七〇九、コサックの頭目、スウェーデン王カール十二世と同盟してピョートル一世の軍隊を南から攻めたが、ポルタワの戦いで敗れた。
(13) オルローフは一八三二年九月、自然科学者協会の名誉会員に選ばれたが、評議員となって会則の改定に乗り出して失敗したり、三六年には「自然についての若干の哲学的考察」という講演を行なって不評を買った。
(14) エカテリーナ・ニコラーエヴナ・オルローワ、一七九七―一八四八、ラエーフスキー将軍の娘。
(15) ニコライ・ニコラーエヴィチ・ラエーフスキー、一八〇一―四三、プーシキンの親友。
(16) ニコライ・ニコラーエヴィチ・ラエーフスキー、一七七一―一八二九、一八一二年の祖国戦争に参加した将軍、アレクサンドル、ニコライ、エカテリーナ(オルローワ夫人)の父。
(17) ゲルツェンの記憶違い。実際には一八四三年に自分の領地にあるヴォローネジ県で死んだ。
(18) 第十二章を参照。
(19) 正確には八年後。
(20) 一七九二年チュイルリーを防衛するために死んだスイス国民軍の兵士を記念して、一八二一年に建立された。
(21) ベルテル・トーヴァルセン、一七七〇―一八四四、デンマークの彫刻家。
(22) ナターリア・ザハーリイナ(後に妻となる女性)。

(23) 正確には七月二十日。

第九章

(1) フョードル・イワーノヴィチ・ミレル、一八三四年にゲルツェンの逮捕にあたった。

第十章

(1) ドミートリー・イグナーチエヴィチ・ストゥデーニキン、モスクワ警察の官吏(一八三四—三六)。
(2) レフ・ミハーイロヴィチ・ツィンスキー、陸軍少将、モスクワ警視総監(一八三四—四五)。
(3) 一八三四年七月二十四日のこと。
(4) ゴーゴリの『死せる魂』第一巻第十章の「コペイキン大尉の物語」より。
(5) この委員会の活動は、一八三四年七月二十四日から八月七日まで続いた。
(6) アレクサンドル・フョードロヴィチ・ゴリーツィン(ジュニア)、一七九六—一八六四、ニコライの侍従武官。
(7) ニコライ・ジオミードヴィチ・オランスキー、モスクワ総督官房書記官、ゲルツェンらの事件の審理委員会の書記。
(8) ドミートリー・ペトローヴィチ・ブリャンチャニーノフ、一八三四年のモスクワ市警察署長。
(9) 一七六二年二月二十一日の勅令による。

(10) 一七六三年二月十日の勅令による。
(11) 一八〇一年九月二十七日の勅令による。
(12) アレクサンドル・イワーノヴィチ・メシチェールスキー、一七三〇—七九、ゲルツェンの父方の祖母の親戚。
(13)『死せる魂』第一巻第三章のセリファンの言葉の不正確な引用。

第十一章

(1) ダニール・アレクサーンドロヴィチ公によって一二二七年頃に建てられたが、一七八八年以降は兵舎として使われている。
(2) イワン・セミョーノヴィチ・セミョーノフ、一七九七—一八四八、クルチーツキー兵舎駐屯部隊長。
(3) エカテリーナ・セミョーノヴナ・セミョーノワ、一七八六—一八四九、悲劇女優。
(4) ツァーリの即位の日と名の日を祝う祭日。
(5)「手刻み」の意。
(6) フィリップ・ヴァウエルマン、一六一九—六八、飲酒や狩猟の情景を得意としたオランダの画家。
(7) ジャック・カロ、一五九二—一六三五、フランスの版画家、風俗画を得意とした。
(8) 一八三〇年から三一年にかけてのポーランド蜂起によってできたポーランド国民政府が、全権を委ねて各国に派遣した密使。
(9) ヨハン・フリードリヒ・リヒター、筆名ジャン・パウル、一七六三—一八二五、ドイツの作家。

第十二章

(1) イワン・パーヴロヴィチ・スカリャートカ、一八三四年の事件にあたり警察の委嘱を受けて挑発者として活動した。
(2) ソコローフスキーの作とされているが、ポレジャーエフの作とする説もある。
(3) スカリャートカの挑発した宴会は一八三四年七月八日に開かれた。
(4) ゲルツェンは一八三四年七月二十一日の夜に逮捕された。ソコローフスキーは七月十九日あるいは二十日にペテルブルクで逮捕された。
(5) アレクサンドル・ニコラーエヴィチ・モルドヴィーノフ、一七九二—一八六九、第三課官房長官、ベンケンドルフの直接の協力者。
(6) 現リトアニアのヴィリニュスの旧名。
(7) ヴヤチェスラフ・ヴェンツェスラーヴォヴィチ・ペリカン、一七九〇—一八七三、化学者。ヴィリノ大学教授および総長(一八二六—三〇)、ポーランド独立運動に反対の立場をとった。
(8) 一八三三年八月三十一日付のオガリョーフ宛ての手紙からの記憶に基づく不正確な引用。
(9) サン・シモン公ルイ・ド・ルヴロワ、一六七五—一七五五、フランスの政治家、回想記作者、社会主義者ルイ・サン・シモンの祖父。

(10) 一八三二年十二月に書かれたゲルツェンの論文「一月二十八日」のこと。この日付はピョートル大帝の命日。

(11) ルイ・アドルフ・ティエール、一七九七—一八七七、フランスの政治家、歴史家。

(12) 表題中「変動」にあたる原語は révolution。

(13) ゲルツェン、オガリョーフ、サーチン、オボレーンスキー。

(14) ゴーゴリの『検察官』第四幕第十一場。

(15) 判決の宣告は一八三五年三月三十一日に行なわれた。

(16) フョードル・ペトローヴィチ・ガーズ、一七八〇—一八五三、モスクワ監獄病院主任医師。

(17) アレクセイ・ワシーリエヴィチ・ウートキン、一七九六?—一八三六、一八三四年にゲルツェンらと共に逮捕され、一八三五年シリュッセルブルク要塞監獄に投ぜられ、一年後に獄死した。

(18) レフ・コンスタンチーノヴィチ・イバーエフ、一八〇四?—?、退役士官、一八三四年にゲルツェンらと共に逮捕され、ペルミに流され、一八四二年流刑を解かれた。

(19) アレクセイ・コジミッチ・ラフチーン、一八〇八—三八、ゲルツェンの大学時代の仲間、一八三五年に逮捕され、サラトフ県下に流刑になった。

(20) ミハイル・フョードロヴィチ・ソローキン、画家、一八三四年にゲルツェンらと共に逮捕され、コストロマー県下に流刑になり、一八四二年モスクワに戻る。

(21) 十九世紀前半にイタリアの統一と独立を目指し、自由主義運動を展開した秘密結社。

(22) ナターリアとの四月九日の面会について、ゲルツェンはナターリア宛ての手紙（一八三五年四月十日、三六年五月二十一日、十一月一日）および小説『第二の出会い』の中で語っている。
(23) ゲルツェンがここで回想しているのは、一八五一年の母と息子の死と一八五二年のナターリアの葬儀のことである。

訳者解説 1

一　ゲルツェン——遅れて来た近代人、早く来すぎたポスト近代人

「自画像」は近代人の自己意識の表白と言われる。これになぞらえて言えば、「自叙伝」もまた近代人の自己意識の表白と言えるだろう。確かに、「近代社会」は優れた自叙伝を数多く生み出してきた。例えば、フランスではルソーの『告白』(一七八二年、一七八八年刊)が、ドイツではゲーテの『詩と真実』(一八一一—一八三一年刊)が、そしてイギリスではJ・S・ミルの『自伝』(一八七三年刊)などがすぐに思い浮かぶ。ロシアでもこれらと並び「自伝文学の白眉」と称されるアレクサンドル・ゲルツェン(一八一二—一八七〇)の『過去と思索』(一八五二—一八六八年執筆)が生み出されたことは、この国が政治や経済の世界でこそ近代に程遠かったとは言え、文学や思想の世界では、「近代人」が確実に育っていたことを雄弁に証明している。「専制」と「農奴制」という後進ロシア

の宿痾《しゅくあ》を克服すべく、その変革の主体となる「近代人」を創り出すこと——これこそがゲルツェンの生涯を懸けた思想的課題であったとすれば、彼はこの作品によって、自らへの課題を見事に果たしてみせたと言えるだろう。

だが、ロシアにおける「近代人」の運命は、総じて、孤独にして悲劇的であった。というのも、彼らの数が圧倒的に少なかったということに加えて、西欧の「近代」そのものが早くもそのメダルの裏側を露呈させつつあったからだ。その意味で、彼らは言うなれば「遅れて来た近代人」だったのである。だが、「近代」のメダルの裏側を撃つということは資本主義と市民社会の批判者となるということ、即ち、この時代では、社会主義的視点を持つということでもあった。サン・シモン主義に逸早く関心を抱いたということが、そのことを示している。その点から言えば、彼らは「早く来すぎたポスト近代人」でもあったのである。

二　近代ロシアの知識人の運命

ロシアの近代は十八世紀初め、ピョートル一世の改革によって始まる。当時のロシアは「バルト海帝国」と呼ばれたスウェーデンとの、国の存亡をかけた大きな戦争の真只中にあった。今日「大北方戦争」と呼ばれるこの戦争は、世紀の初頭から延々二十年にわたり続き、これに勝利したロシアは自らを「帝国」と称し、一躍、西欧の政治世界に確固たる地歩を占めるにいたる。ピョートルの改革とは、この戦争を勝ち抜くための方便であった。

この時代、ロシアには政治や経済のさまざまな分野において、西欧からさまざまな技術や制度が移植された。その範囲は広範かつ多岐にわたるために、その一つひとつを今ここに列挙する暇はないが、この時西欧から移植された事物の内実を概括的に言えば、それはいかなる国でも利用可能な普遍的技法――すなわち、テクノロジーとしての「近代文明」であった。ロシアの近代化、文明化が皮相にとどまったのはそのせいだ。

しかし、ゲルツェンにとって近代西欧文明の精髄は、自我の目覚め、個人性の涵養、その結果としての人間の尊厳の意識、自由の意識の確立にあった。そして、ゲルツェンによれば、これらに悖《もと》る諸々の内的・外的障害との闘いこそが西欧の近代思想を鍛え、西欧に近代的な諸制度をもたらす原動力となってきたのである。ゲルツェンがピョートルを「帝冠を戴いた革命家」と評したのは、ピョートルが「近代」の諸制度をロシアに導入したからというよりは、ピョートルにロシア史上初めての「独立した個性」を認めたからである。

だが、この時この革命性は彼一人の個性にとどまった。ピョートルが後に遺した「新しいロシア」はモスクワ時代のツァーリズム以上に絶対主義的な専制国家であった。その「近代性」は官僚機構や軍事制度の整備に辛うじて現れてはいたが、これらの機構・制度を運用するべく人為的に創り出された新しい「貴族制度」は、旧に倍する農民の収奪——農奴制の強化——があって初めて可能であった。かくしてロシアは、一方に、皇帝(ツァーリ)という絶対者を頂点とする権力の位階秩序の中で、「貴族」とは名ばかり、その実、上司への阿諛《あゆ》と追従、民衆への横暴と収賄を主たる徳目とする大量の官僚や官吏の群れが、他方に、彼らによって奴隷的に支配されながら物言わぬ圧倒的多数の農民たちがいるという、粗野で粗暴で下卑《げび》た社会となってしまった。そして、この社会の上下貴賤を貫くものは「人間の不在」であった。

このように「粗野で粗暴で下卑た」ロシアを「洗練された優雅で上品な」西欧的な文化国家にしようという試みがなされたことがある。十八世紀半ば、エカテリーナ二世の時代——本書に即して言えば、ゲルツェンの父、イワン・ヤーコヴレフが人となった時代がそれである。彼女は最先端の西欧文化をロシアに導入しようとして、自らすすんで当時の先進的思想家たち、とりわけディドロ、ヴォルテール、ルソーなどフランスの啓蒙思想家たちと交際した。そのことにより、彼女は「啓蒙的専制君主」と呼ばれることになった。臣下たちもこれに倣《なら》った。ゲルツェンの父の蔵書はその名残りである。これらに読み耽ることによって、アレクサンドル少年が後の「ゲルツェン」となる素地を育んだというのは、歴史の皮肉というものかもしれない。

しかるに、エカテリーナが親交を結んだこうした思想家たちは、実を言えば、「市民革命」のイデオローグたちであった。プガチョーフの反乱(一七七三―七五年)やフランス革命(一七八九年)によって、彼らの思想の「恐ろしさ」に気づいた彼女は彼らと手を切り、その晩年は月並みな「専制君主」となり果てた。

だが、いかに皮相的といえども、また、いかに欺瞞的といえども、一旦知ってしまった「文明」や「文化」の味は、若い人々の心に残らないはずはなかった。それは彼らにとって、言うなれば、「禁断の木の実」であった。しかし、その「木の実」は専制体制下のロシアにあっては、決して甘美ではありえなかった。それは苦い汁に満ちていたのである。と言うのも、この果実を喰らってしまった青年たちは、ロシア社会の異常さの根源にある専制と農奴制の不合理と、「貴族」という自分たちの身分の不条理に気付かされてしまったからだ。かくして彼らは体制を批判すると同時に、自己の存立基盤そのものをも否定する者とならざるを得なくなった。このような、二重の批判者・否定者となることを敢えてした者たちを、ロシア思想史は「インテリゲンツィア」と呼んでいる。

彼らを待っていたのは「デクラッセ（脱階級者）」「デラシネ（根無し草）」そして「余計者」という運命であった。

エカテリーナ二世時代の末期にラジーシチェフ（アレクサンドル、一七四九―一八〇二）が蒙った受難は、この果実の「苦さ」を余すところなく示した。彼がシベリア流刑の憂き目をみる原因となった著作『ペテルブルクからモスクワへの旅』（一七九〇年刊）の根底にあった「人間の平等」や「人間の自然権」や「人民の革命権」といった思想は、エカテリーナ自身がつい先ごろ手を切ったフランスの思想家たちから学んだものに他ならなかったのである。彼の受難は後に続く「インテリゲンツィア」の受難の嚆矢《こうし》となった。

三　ゲルツェンの精神の目覚め――デカブリスト事件

ゲルツェン（アレクサンドル・イワーノヴィチ）は一八一二年三月二十五日（西暦四月六日）、父イワン・ヤーコヴレフ（四十五歳）と母ルイーザ・ハーク（十六歳）の間に、ナポレオンの侵攻直前のモスクワに生まれた。

父方のヤーコヴレフ家はロマノフ王家との縁戚関係を誇る名門貴族であったのに対して、母方の父はドイツの下級の役人であった。こうした年齢の差や身分の差の故か、二人は正式に結婚することはなかったため、アレクサンドルは庶子ということになった。アレクサンドルには母親を異にする兄（エゴール）がいたが、父イワンはこちらも庶子として遇し、二人にはドイツ語の Herz（心）に由来するロシア姓――「ゲルツェン」を創って与えた。だが、庶子とは言え、その生活は名門貴族の御曹司の名に恥じない、恵まれたものであった。とりわけ、父親の収集したフランス思想、中でも百科全書派の著作に読み耽ることによって、アレクサンドル少年は早熟で多感な少年に育った。ドストエフスキーは、後年、『カラマーゾフの兄弟』の中に少年ゲルツェンを擬した「コーリャ・クラソートキン」なる少年を登場させ、彼のことを大人びて小生意気ではあるが、豪胆で知力に溢れた少年として描き、彼に早くも一党の頭目たる風貌を与えている（第十篇「子供たち」）。

少年ゲルツェンを精神的に目覚めさせ、その生涯を貫く赤い糸となった「デカブリスト事件」（露暦一八二五年十二月十四日、以下、原則として露暦で示す）は「ナポレオン戦争」の申し子であった。

一八一二年、ナポレオンはイギリスに対する「大陸封鎖令」に従わないロシアを制裁するために、六十万にも上る大陸軍を率いてロシアの征伐に向かった。この遠征がナポレオン軍の惨憺たる敗北に終わったことは周知の通りだが、ナポレオンの敗北について広く言われていることに、ナポレオンは「冬将軍」に敗れたとする説がある。だが、これは正しくない。ロシアはこの時、官も民も、貴族も農民も、国民の全てが文字通り一丸となって祖国の防衛に立ち上がったのである。本分冊冒頭の回想からは、当時の愛国的昂揚の一端を垣間見ることができるだろう。

この出来事の思想史的意義は絶大であった。その意義の最たるものは、この戦争が若い貴族知識人たちと民衆との出会いの場となったことにある。戦場で寝食と苦楽を共にする中で、青年貴族たちはこれまで無知蒙昧にして粗野な存在としか認識していなかった民衆(ナロード)の中に、自分たち以上に強固な愛国心と、それを支える高い道徳性と深い精神性とを見出した。彼らは民衆の中にこそ、ロシアの民族性の真髄を見たのである。この発見は「民衆信仰」として、爾来、ロシアの変革思想と革命運動の根底にあり続けることになる。

だが、この戦争の勝利の真の立役者であった民衆の境遇は、戦後においてもいささかなりとも改善されなかった。このことに青年たちは不満であった。この不満は青年貴族の精華ともいうべき近衛連隊においてとりわけ強かった。かくして、ここに幾つもの秘密結社が生まれた。それらはやがて南部と北部の結社に集約された。その大まかな違いを言えば、南部結社が共和制を、北部結社が立憲君主制を目指していたところにあったが、いずれにしろ、帝政を守護すべき近衛の士官たちの間に、反帝政の秘密結社が形成されるという、由々しい事態が密かに進行していたのである。

まさにこのような時に、皇帝アレクサンドル一世が五十歳を前にして亡くなった(一八二五年十一月十九日)。その死が余りに突然であったために、帝位の継承を巡って混乱が生じた。本来の継嗣である弟のコンスタンチンはポーランド婦人と結婚していたために、すでに帝位の継承権を放棄していたのだが、この意志は兄帝による了解の次元にとどまり、公的機関によって法的に承認されてはいなかった。しかし、彼の即位辞退の意志は固かった。他方、二人の兄の黙約を聞かされていなかった末弟のニコライは、帝位の継承を躊躇した。こうして、ヨーロッパの一大強国に最高権力者が不在のまま、数週間が空転することになった。この混乱に乗じて、近衛連隊内の秘密結社の動きが顕在化する。その危機を察知したニコライは急遽即位を決意し、十二月十四日、近衛連隊による新帝に忠誠を誓う宣誓の式に臨んだ。しかし、連隊の内、秘密結社の影響下にある部隊は宣誓を拒否し、「ニコライ万歳」と叫ぶ代わりに「憲法万歳」と叫んだ。式場は混乱し、小さいながらも戦闘状態が生じ、死傷者も出しはしたが、「反乱」はすぐさま鎮圧された。

これが後に「デカブリストの反乱」と呼ばれる事件のあらましである。

この事件に対するニコライの対応は苛烈であった。大方の予想に反して、ニコライは首謀者と目される五名の近衛士官を絞首刑に処し、同じく、百名を超える士官たちをシベリアに追放したのである。以後、ニコライ治下のロシアは帝政下において最も整備された厳格な警察国家と化して行く。ゲルツェンの青年期はこのような時代の中で過ごされ、彼自身二度の逮捕・追放を経験することになる。

この「決起」は準備不足や理念自体が早熟だったこともあって、失敗を余儀なくされた。しかし、むしろ失敗することによってこそ、それは後世に向かって浪漫的な光彩をひときわ強く放つことになった。さらには、流刑された青年たちの受難に殉じて、彼らの妻や姉妹たちが首都での安逸な生活を捨て、酷寒の地シベリアに赴くという麗しいエピソードも続き、青年たちのヒロイズムをいや増しに掻き立てた。以後、デカブリストたちへのオマージュは数限りなく続くことになる。ゲルツェン少年とその生涯の盟友となるオガリョーフ少年による、「雀が丘」での「ハンニバルの誓い」もまた、そのようなヒロイズムの所産であった。

この「誓い」はそれ自体としては、年端も行かない少年の約束事として、あくまでも私的なエピソードの域を出るものではないはずだったが、二人がその盟約を違えることのない生涯を送り、しかも、その活動が「デカブリストの反乱」とそれ以後の革命運動との結節点となることにより、歴史的な意義を持つことになったのであった。

四　シラーとの出会い

しかし、この「誓い」の「歴史的意義」はこれに尽きるのではない。それはロシア思想の歴史においても大きな意義を有しているのである。その意義とは、二人を結びつけたものが、シラーへの熱愛であったということに由来する。

十八世紀の後半、シラーがゲーテと共に代表する「疾風怒濤」の時代、ドイツにおける文学活動は、十九世紀のロシアにおけるのと同様に、一種の政治活動の代替行為であった。と言うのも、ライン河の西側の国々、イギリスやフランスでは市民階級の成長により絶対王政が崩壊過程にあり、市民的自由をはじめ政治的な諸権利が獲得されつつあった時代に、ドイツは未だ封建的な領邦国家の分立状態の下にあり、そのことによる統一的市場圏の欠如が、ドイツにおける市民階級の成長を阻害していたからだ。そんな時代のドイツにおいて、「自由」と「独立」という近代思想に共鳴することにより、自らの人間としての尊厳と権利に目覚め、封建領主との闘いに立ち上がろうとしたドイツの青年たちは、その闘いの現実的基盤たるべき市民階級の未熟さにより、常に挫折を余儀なくされていた。かくして、彼らは闘いのエネルギーを文化や芸術において昇華するほかなくなるのであった。『群盗』や『ドン・カルロス』をはじめとするシラーの反権力的作品群はそのような「昇華」の表れであった。だが、この時代、このような志向が社会において主流となることは、未だなかった。シラーの作品の主人公たちが一様に辿る悲劇的な末路が、そのことの何よりの証しであった。しかし、それにもかかわらず、時として身の危険を冒しながらも、ここでは「自由」や「解放」の思想をいささかなりとも語ることはできたし、その声がやがて一つの運動となり、世紀を越えて、市民階級の形成と成長を助ける役割を果たすこともできたのである。十九世紀前半において、プロイセンを中心として統一国家が形成されるに至ったことは、そのことを表している。

だが、ドイツでこのように統一国家への道筋が見え、市民階級が形成されつつあった十九世紀にあっても、ロシアは未だに専制と農奴制の下にあり、そこには市民階級はその萌芽すら見えず、しかも、その政治体制は半世紀前のドイツ以上に抑圧的であった。そのような状況下にあってなお、デカブリストの衣鉢を継ごうという青年たちにとって、シラーの時代の体験は、イギリスやフランスの体験以上に身近であった。シラーの作品はそのような青年にとって道標《みちしるべ》となったのである。

だが、そのような青年は、シラーの時代のドイツに比べるべくもなく、ロシアでは圧倒的な少数者であった。その少数者がモスクワの一隅で出会い、そして、その志を生涯にわたって貫いたのである。これはまさに奇跡的な、そして、運命的な出会いであった。しかも、彼らの働きがロシアの「近代」を真に切り開くべき、新興市民階級を形成する先駆けとは遂になりえなかったということを考えれば、その出会いは悲劇的であったとすら言えるのである。さらに言えば、彼らがその生涯を懸けた「社会主義」が、一九一七年、「ロシア革命」として一旦は実現したかに見えながら、それは実は彼らの願う「社会主義」でなかったことは、その思想の悲劇性をいや増しに募らせることになった、とも言えるだろう。

五　『過去と思索』の成り立ち

第二分冊以降、ゲルツェンの人生は急転する。一八三五年にはサン・シモン主義を宣伝しようとしたということで流刑に処せられ、その期間は四〇年まで、五年に及んだ。次いで、ゲルツェンは一八四七年一月、自由な言論活動の場を求めて、家族ともども国境を越えた。彼の人生にとって、「第二幕」の始まりである。以後、彼とその一家がロシアの地を踏むことは遂になかった。更に、ゲルツェンは政府からの再三にわたる帰国命令に従わず、一八五〇年十二月、市民権を剥奪され、亡命者の身となった。

その彼を待っていたのは、妻ナターリアへの愛を巡るドイツ人亡命者ゲオルク・ヘルヴェークとの二年にわたる確執であった。この愛憎劇は一八五二年五月、ナターリアの死をもって幕を閉じる。

心機を一転すべく、この年の八月ゲルツェンは大陸を後にしてロンドンに渡る。この時から彼の人生の第三幕が始まることになる。回想記を書こうという気になったのは、ここ、ロンドンでのことである。

当初、彼がこの回想に託していたのは、亡き妻への黙《もだ》しがたい愛惜の念を昇華することであったが、この時、齢四十、生来活動的な彼が単なる回顧的な気分に長く浸っていられるはずはなかった。当時のヨーロッパには四八年革命の余波が収まらず、これは遂には一八七一年、「パリ・コンミューン」の惨劇へと至り着く。ゲルツェンが没する一年前のことである。他方、クリミア半島の政情はロシアにとって危機的状況へと進展しつつあり、クリミア戦争(一八五三—五六年)は既に指呼の間に迫っていたのである。この戦争の敗北がロシアに大きな改革を促すことになるのは、周知の通りである。

かくして、本書は単なる「過去の想い出」という性格を遥かに超えて、ロシアと西欧の過去と現在とをトータルに論ずるという、壮大な構想の書へと変貌を遂げたのである。

彼の「思索」の根底にあり続けたのは、人間の尊厳と言論の自由を守るという理念であった。彼はこの理念を旗印として高々と掲げて、激動してやまぬ十九世紀半ば、ロシアから西欧へと駆け抜けたのである。しかも、彼はいつどこにいても舞台の真ん中に立つ人であった。彼が「コーラス隊」の単なる一員であったことは、一度としてなかった。それは西欧にあっても変わらず、彼はこの地のいかなる「大立者」たちにも引けを取らない、ロシアの民主主義と革命を代表する「ソリスト」であり続けた。こうして、この本はロシアと西欧の精神史と社会運動史についての、第一級の証言となったのである。

それに加えて、ユーモアとウィットとアイロニーと、時には、過度とも思われるほどに辛辣な批評とを織り交ぜて語られる彼の巧みな人物描写は、本書に有名・無名を問わず、多彩な人びととの大小様々な無数の肖像画廊という趣を与えることにもなった。

回想は『過去と思索』と題され、一八五三年に彼がロンドンで開いた「自由ロシア印刷所」から刊行されたロシア国内向けの定期刊行物《北極星》に順次連載された。ソヴィエト科学アカデミー版『ゲルツェン三十巻著作集』の考証に即して、各部の執筆の進行状況を記せば、以下の通りである。

最初の三部は一八五二年から五三年にかけて書かれた。

第四部は一八五四年から五七年にかけて書かれた(推定。以下同)。

第五部には一八五三年に取りかかり、五六年には書き終えた。

第六部には一八五六年に取りかかり、六八年に書き終えた。

第七部は部分的には一八五〇年代の半ば頃書き始められたが、書き終えられたのは六七年になってからであった。

第八部全体は一八六七年に書き終えられた。最後の章(第三章)の最後の節「襲撃の後で」の日付は一八六七年十二月三十一日である。

いずれの部についても、後日書き加えられたところが何個所もあり、彼が最後の最後まで本書に筆を入れ続けていたことが窺われる。その意味で、形の上では一八五二年から一八六八年、ゲルツェンには四十歳から五十六歳まで、十六年にわたり書き継がれたことになってはいるが、これはまさにゲルツェンが己の人生の全てを注ぎ込んだ畢生《ひっせい》の大著なのである。本書がドストエフスキーの『カラマーゾフの兄弟』はおろか、トルストイの『戦争と平和』をも遥かに凌ぐ、ロシア文学最大の雄編となった所以である。

なお、この本が「完全」な形で刊行されたのは、本書が翻訳に当たり底本として用いたソヴィエト科学アカデミー版『ゲルツェン三十巻著作集』第八巻—第十一巻(一九五六—五七年)が最初である。

(長縄光男)

1830 年(18 歳)

7 月, フランス七月革命. **秋**, コレラ騒動. **11 月**, ワルシャワ蜂起.

1831 年(19 歳)

3 月, 政治学部マーロフ教授排斥運動により学内の牢に収監. **6 月**, スングーロフとその仲間逮捕される(翌年, スングーロフはシベリア流刑). この頃, ドイツ哲学に関心を持つスタンケーヴィチのサークルに対抗して, フランス社会主義に関心を持つゲルツェン=オガリョーフのサークル結成.

1833 年(21 歳)

7 月, モスクワ大学を卒業. 卒業論文「コペルニクスの太陽系の分析的解明」で銀メダルを受賞. この頃, 仲間と新雑誌の刊行を企画(逮捕によって実現せず).

1834 年(22 歳)

6 月, オガリョーフ, ゲルツェンらの逮捕のきっかけとなる「宴会事件」. **7 月 9 日**, オガリョーフ逮捕. **7 月 21 日**, ゲルツェン逮捕. その前日, ナターリアとの初めての逢い引き.

1835 年(23 歳)

3 月 31 日, 結審. ペルミに流刑と決まる(オガリョーフはペンザ県へ).

略年譜 1

(日付は露暦. これに 12 を加えると西暦になる. 年齢は各年の誕生日現在)

1812 年(0 歳)

3 月 25 日, モスクワのトヴェーリ並木大通りで生まれる. 父は名門貴族イワン・ヤーコヴレフ(1767-1846), 母はドイツ人官吏の娘ヘンリエッタ=ルイーザ・ハーク(1795-1851). **9 月 2 日**, ナポレオン軍モスクワ入城. **9 月 7 日**, 父イワン, ナポレオンに謁見. アレクサンドル 1 世への親書を託される.

1813 年(1 歳)

11 月, 終生の友, ニコライ・オガリョーフ生まれる(-1877).

1817 年(5 歳)

10 月, 未来の妻, ナターリア・ザハーリイナ生まれる(-1852).

1825 年(13 歳)

3 月頃, オガリョーフと知り合う. この頃, 共にシラーを愛読. **11 月 19 日**, アレクサンドル 1 世, タガンローク(南ロシア)にて崩御. **12 月 14 日**, ペテルブルクの元老院広場で「デカブリスト」の蜂起.

1826 年(14 歳)

7 月 13 日,「デカブリスト」5 名, 処刑される. **8 月 22 日**, ニコライ 1 世の戴冠式に列席.

1827 年(15 歳)

夏, オガリョーフとモスクワの「雀が丘」で「デカブリスト」のための復讐に生涯を捧げるという盟約を交わす(「雀が丘」の誓い. 26 年説もある). **秋**, 従兄「化学者」と知り合い, 自然科学への関心が高まる. この頃, ルソーを愛読.

1829 年(17 歳)

10 月, モスクワ大学理数学部入学.

過《か》去《こ》と思《し》索《さく》（一）〔全７冊〕　ゲルツェン著

2024年5月15日　第1刷発行

訳　者　金子幸彦《かねこゆきひこ》　長縄光男《ながなわみつお》

発行者　坂本政謙

発行所　株式会社　岩波書店
〒101-8002　東京都千代田区一ツ橋2-5-5
案内 03-5210-4000　営業部 03-5210-4111
文庫編集部 03-5210-4051
https://www.iwanami.co.jp/
印刷・三秀舎　カバー・精興社　製本・中永製本

ISBN 978-4-00-386040-3　Printed in Japan

読書子に寄す

——岩波文庫発刊に際して——

岩波茂雄

真理は万人によって求められることを自ら欲し、芸術は万人によって愛されることを自ら望む。かつては民を愚昧ならしめるために学芸が最も狭き堂宇に閉鎖されたことがあった。今や知識と美とを特権階級の独占より奪い返すことはつねに進取的なる民衆の切実なる要求である。岩波文庫はこの要求に応じそれに励まされて生まれた。それは生命ある不朽の書を少数者の書斎と研究室とより解放して街頭にくまなく立たしめ民衆に伍せしめるであろう。近時大量生産予約出版の流行を見る。その広告宣伝の狂態はしばらくおくも、後代にのこすと誇称する全集がその編集に万全の用意をなしたるか。千古の典籍の翻訳企図に敬虔の態度を欠かざりしか。さらに分売を許さず読者を繫縛して数十冊を強うるがごとき、はたしてその揚言する学芸解放のゆえんなりや。吾人は天下の名士の声に和してこれを推挙するに躊躇するものである。このときにあたって、岩波書店は自己の責務のいよいよ重大なるを思い、従来の方針の徹底を期するため、すでに十数年以前より志して来た計画を慎重審議この際断然実行することにした。吾人は範をかのレクラム文庫にとり、古今東西にわたって文芸・哲学・社会科学・自然科学等種類のいかんを問わず、いやしくも万人の必読すべき真に古典的価値ある書をきわめて簡易なる形式において逐次刊行し、あらゆる人間に須要なる生活向上の資料、生活批判の原理を提供せんと欲する。この文庫は予約出版の方法を排したるがゆえに、読者は自己の欲する時に自己の欲する書物を各個に自由に選択することができる。携帯に便にして価格の低きを最主とするがゆえに、外観を顧みざるも内容に至っては厳選最も力を尽くし、従来の岩波出版物の特色をますます発揮せしめようとする。この計画たるや世間の一時の投機的なるものと異なり、永遠の事業として吾人は微力を傾倒し、あらゆる犠牲を忍んで今後永久に継続発展せしめ、もって文庫の使命を遺憾なく果たさしめることを期する。芸術を愛し知識を求むる士の自ら進んでこの挙に参加し、希望と忠言とを寄せられることは吾人の熱望するところである。その性質上経済的には最も困難多きこの事業にあえて当たらんとする吾人の志を諒として、その達成のため世の読書子とのうるわしき共同を期待する。

昭和二年七月